21世纪经济管理新形态教材·工商管理系列

生鲜新零售理论与实践

洪 岚 ◎ 编著

清华大学出版社
北京

内容简介

本书主要从新零售发展历程、采购与供应链管理、质量管理、物流管理、第三方支付结算、成本结构等多个方面全面阐释新零售业态的主要内容与经营特色,并用相关基础理论证实新零售在互联网、大数据、物联网等新技术的推动与支持下,有满足消费需求升级、推动农业供给侧改革、化解农产品供需矛盾的内生机制,是生鲜零售市场衍化的必然结果。通过本书的学习,学生能够了解农产品流通体系创新发展变化,掌握新零售业态经营管理的主要内容,学会并运用相关理论与研究方法,分析农产品流通中的经济问题。

本书不仅可作为高校教材,还适合零售业从业者、互联网人、创业投资者以及所有对新零售感兴趣的读者阅读。

本书封面贴有清华大学出版社防伪标签,无标签者不得销售。
版权所有,侵权必究。举报:010-62782989,beiqinquan@tup.tsinghua.edu.cn。

图书在版编目(CIP)数据

生鲜新零售理论与实践/洪岚编著. —北京:清华大学出版社,2023.1
21世纪经济管理新形态教材. 工商管理系列
ISBN 978-7-302-62128-7

Ⅰ. ①生… Ⅱ. ①洪… Ⅲ. ①农产品-零售业-商业管理-高等学校-教材 Ⅳ. ①F762

中国版本图书馆 CIP 数据核字(2022)第 202844 号

责任编辑:张 伟
封面设计:汉风唐韵
责任校对:王凤芝
责任印制:朱雨萌

出版发行:清华大学出版社
网　　址:http://www.tup.com.cn,http://www.wqbook.com
地　　址:北京清华大学学研大厦 A 座　　邮　编:100084
社 总 机:010-83470000　　邮　购:010-62786544
投稿与读者服务:010-62776969,c-service@tup.tsinghua.edu.cn
质量反馈:010-62772015,zhiliang@tup.tsinghua.edu.cn
课件下载:http://www.tup.com.cn,010-83470142

印 装 者:三河市东方印刷有限公司
经　　销:全国新华书店
开　　本:185mm×260mm　　印　张:15.25　　字　数:326 千字
版　　次:2023 年 1 月第 1 版　　印　次:2023 年 1 月第 1 次印刷
定　　价:59.00 元

产品编号:096526-01

前　言

本书聚焦新零售模式与业态创新，通过将互联网金融、智慧物流、现代供应链管理、进口冷链食品追溯等典型案例融入课程思政元素，帮助学生了解农产品流通体系创新发展变化，引导学生深刻领会当前世界百年大变局下的中国大国担当与制度优势，培养掌握全球产业链布局中的电子商务运作规律、熟悉网络经济运行特征的高素质专业人才。

本书结合现实案例，从新零售概念出发，在对采购、供应链管理和质量安全管控等概念阐述的基础上，解释新零售实践中的金融结算体系、成本效益分析等问题，进而对新零售发展进行展望。因此，本书按照新零售的重要功能构成，分成九章进行详细介绍，分别为：新零售概念界定及理论基础，新零售采购与供应链管理体系，新零售生鲜质量安全管控，新零售互联网金融结算体系，新零售与智慧冷链物流，新零售与农产品供需，新零售下的消费者净福利与生产者剩余，新零售投资风险与成本效益分析，新零售模式评价与未来展望。

通过学习本书，学生能系统地掌握新零售经济学基础理论和相关的专业知识，了解新零售的运行机制和运行规律，理解物联网、大数据、云计算、区块链等新一代数字技术对零售业态的巨大推动作用，深入理解新零售有别于传统零售的运行特质，掌握新零售商务运作的基本方法和创新模式，树立客观、公正的商务伦理和商务价值观，具备利用平台经济、供应链管理、质量管理、成本核算等创造性思维解决生鲜产品商贸流通的专业能力。

本书的撰写要感谢北京物资学院经济学院张国胜院长、原玲玲副院长的鼎力支持，感谢卢悦、王琦、吕佳谕、周航、陈曦、周梦爽、冯国红、白云凤、杨学傲在案例提供、素材收集方面给予的帮助，感谢刘媛在文字整理、习题编写等方面投入的精力，感谢清华大学出版社张伟编辑的辛勤付出和耐心指点。本书资料除了已经注明来源的以外，部分来自腾讯网、百度、中信证券商业研究等网站、机构或出版物，在此一并表示感谢。

洪　岚

2022 年 7 月

目 录

第一章　新零售概念界定及理论基础 ········· 1
第一节　相关概念界定 ········· 1
第二节　理论基础 ········· 5
第三节　新零售发展历程 ········· 12
【本章习题】 ········· 21
【即测即练】 ········· 21

第二章　新零售采购与供应链管理体系 ········· 22
第一节　生鲜供应链体系概述 ········· 22
第二节　采购与合作伙伴关系管理概述 ········· 32
第三节　新零售采购概述 ········· 37
第四节　新零售合作伙伴管理概述 ········· 49
第五节　新零售生鲜供应链体系概述 ········· 53
第六节　新零售采购与供应链管理案例——本来生活 ········· 56
【本章习题】 ········· 60
【即测即练】 ········· 60

第三章　新零售生鲜质量安全管控 ········· 61
第一节　生鲜质量安全管控体系概述 ········· 61
第二节　新零售生鲜质量安全风险分析 ········· 74
第三节　新零售生鲜质量管控思路与对策 ········· 77
附录：新零售企业食品质量管控案例集锦 ········· 80
【本章习题】 ········· 90
【即测即练】 ········· 90

第四章　新零售互联网金融结算体系 ········· 91
第一节　第三方支付的基本情况 ········· 91

第二节　第三方支付平台的支付流程与盈利模式 …………………………… 96
　　第三节　新零售下的支付发展现状 …………………………………………… 98
　　第四节　典型第三方支付平台 ………………………………………………… 106
　　第五节　新零售新风口：支付＋供应链金融 ………………………………… 110
　　第六节　新零售支付的价值、挑战与展望 …………………………………… 117
　　【本章习题】 …………………………………………………………………… 119
　　【即测即练】 …………………………………………………………………… 119

第五章　新零售与智慧冷链物流 …………………………………………… 120

　　第一节　农产品冷链物流概况 ………………………………………………… 120
　　第二节　电商及新零售冷链物流主要模式及问题 …………………………… 133
　　第三节　智慧冷链物流与新零售 ……………………………………………… 139
　　【本章习题】 …………………………………………………………………… 149
　　【即测即练】 …………………………………………………………………… 149

第六章　新零售与农产品供需 ……………………………………………… 150

　　第一节　新零售与数字经济 …………………………………………………… 150
　　第二节　新零售与农产品供需均衡 …………………………………………… 162
　　第三节　新零售与消费需求升级 ……………………………………………… 169
　　第四节　新零售与农业供给侧改革 …………………………………………… 174
　　【本章习题】 …………………………………………………………………… 177
　　【即测即练】 …………………………………………………………………… 177

第七章　新零售下的消费者剩余与生产者剩余 …………………………… 178

　　第一节　消费者剩余 …………………………………………………………… 178
　　第二节　生产者剩余 …………………………………………………………… 185
　　第三节　社会福利 ……………………………………………………………… 190
　　【本章习题】 …………………………………………………………………… 192
　　【即测即练】 …………………………………………………………………… 193

第八章　新零售投资风险与成本效益分析 ………………………………… 194

　　第一节　新零售投资风险 ……………………………………………………… 194
　　第二节　成本结构概述 ………………………………………………………… 198
　　第三节　传统生鲜零售模式的成本效益分析 ………………………………… 200
　　第四节　新零售企业的成本效益分析 ………………………………………… 205

【本章习题】 218
【即测即练】 218

第九章 新零售模式评价与未来展望 219

第一节 新零售模式的特点与价值 219
第二节 新零售发展的瓶颈和问题 222
第三节 对策建议及未来展望 226
【本章习题】 229
【即测即练】 229

参考文献 230

第一章

新零售概念界定及理论基础

本章学习目标：
1. 掌握新零售的含义与特征。
2. 了解零售业态的发展脉络。
3. 掌握本课程的研究对象。
4. 熟悉本课程的研究内容。

2016年10月，阿里巴巴集团董事局主席马云在杭州·云栖大会上提出新零售概念，认为纯电商时代已经过去，未来十年是新零售时代。新零售开始受到广泛关注，且迅速成为行业发展的焦点。新零售是随着互联网发展而诞生的零售业态，对零售业态重塑已呈现不可阻挡之势。本章首先介绍了传统零售业、网络零售业和新零售的含义与特征；其次介绍了新零售相关基础理论，包括信息不对称理论、交易费用理论、农产品供需均衡理论和零售之轮理论；最后梳理了新零售业态的发展脉络。

第一节　相关概念界定

一、概念界定——传统零售业

传统零售业是零售业的一种形式，也是零售业最先出现的一种模式。之所以称为传统零售业，是相对于后期出现的电子商务来说的。传统零售业的交易平台是实体店面，交易的主体是围绕实体店进行经营活动的零售企业。简单地说，传统零售业是指基于时间和地点固定不变的场所来进行商品购销的一种零售方式。

根据《零售业态分类》国家标准，传统零售业的主要业态包括百货店、超市、专卖店、便利店、购物中心、城市综合体、折扣商店和仓储会员店等。

（一）百货店

百货店是在一个建筑物内经营若干大类商品，实行统一管理、分区销售，满足顾客对时尚商品多样化选择需求的零售业态。其一般位于市、区级商业中心或是历史形成的商业聚集地;目标顾客以追求时尚和品位的流动顾客为主;营业面积在 6 000～20 000 平方米;经营种类齐全,以服饰、鞋类、箱包、化妆品、礼品、家庭用品、家用电器等为主;商品售卖采取柜台销售和开架面售相结合的方式;餐饮、娱乐等服务设施和项目齐全。

(二) 超市

超市是开架售货、集中收款,以满足社区消费者日常生活需要的零售业态。根据商品结构的不同,超市可以分为食品超市和综合超市。其一般位于市区商业中心、居住区;辐射半径 2 千米左右,目标顾客以居民为主;营业面积在 6 000 平方米以下;经营包装食品、生鲜食品和日用品。食品超市与综合超市商品结构有所不同;采用自选销售,营业时间一般在 12 小时以上。

大型超市的实际营业面积在 6 000 平方米以上,品种齐全,是一种满足顾客一次性购齐的零售业态。根据商品结构,超市可以分为以经营食品为主的大型超市和以经营日用品为主的大型超市。其一般位于市区商业中心、城郊接合部、交通要道及大型居住区;辐射半径 2 千米以上,目标顾客以居民、流动顾客为主;以大众化衣、食、日用品为主,品种齐全,注重自有品牌开发;采用自选销售方式,出入口分设,在收银台统一结算;一般设有不低于营业面积 40% 的停车场;信息管理系统程度较高。

(三) 专卖店

专卖店是以专门经营或被授权经营某一主要品牌商品为主的零售业态。其一般位于市区级商业中心、专业街及百货店、购物中心内;目标顾客以中高档消费者和追求时尚的年轻人为主;营业面积根据商品特点而定;商品经营以销售某一品牌系列为主,销售量少、质优、高毛利;商品售卖采取柜台销售或开架面售的方式,商品陈列、照明、包装、广告讲究。专卖店与其他零售形式不同,其顺利运营主要依靠自己的品牌和优质的产品,是传统零售业的一种重要形式。

(四) 便利店

便利店是以满足顾客便利性需求为主要目的的零售业态。其商圈范围小,顾客步行 5 分钟内可到达,目标顾客主要为单身者、年轻人,顾客多为有目的的购买;营业面积一般在 100 平方米左右,利用率高;有即时消费性、小容量、应急性等特点,单品种类在 3 000 种左右,售价一般高于市场平均水平;营业时间一般在 16 小时以上。

(五) 购物中心

购物中心是多种零售店铺、服务设施集中在由企业有计划地开发、管理、运营的一个建筑物内或一个区域内,向消费者提供综合性服务的商业集合体。购物中心分为社区型购物中心、市区购物中心和城郊购物中心三种。

1. 社区型购物中心

社区型购物中心位于市、区商业中心;辐射半径5千米~10千米;营业面积在5万平方米以内;内部经营20~40个租赁店,包括大型超市、专业店、专卖店、饮食服务及其他店;商品售卖方式以各个租赁店独立展开经营活动为主;设有停车位300~500个;各个租赁店使用各自的管理信息系统。

2. 市区购物中心

市区购物中心位于市级商业中心;辐射半径10千米~20千米;营业面积在10万平方米以内;内部经营40~100个租赁店,包括百货店家、大型超市、各种专业店、专卖店、饮食店、杂品店及娱乐服务设施等;设有停车位500个以上;各个租赁店使用各自的管理信息系统。

3. 城郊购物中心

城郊购物中心位于城乡接合部的交通要道;辐射半径30千米以上;营业面积在10万平方米以上;内部经营200个租赁店以上,包括百货店家、大型超市、各种专业店、专卖店、饮食店、杂品店及娱乐服务设施等;设有停车位1 000个以上;各个租赁店使用各自的管理信息系统。

(六)城市综合体

城市综合体是以建筑群为基础,将一定区块中的商业零售、商业办公、会议会展、酒店餐饮、公寓住宅、次级游客服务中心等服务性产业中三项以上的功能进行组合,并在各部分间建立一种相互依存、相互助益的能动关系,从而形成一个多功能、高效率的综合体。城市综合体具备四大典型特征:室外大空间尺度、树型交通体系、城市景观设计、科技集成设施。大型城市综合体是经济发展的必然要求,根据特点可以划分为:①CBD(中央商务区)中心的城市综合体,如北京万达广场;②交通枢纽型城市综合体,如北京国瑞城;③城郊接合部城市综合体,如世贸天阶、蝶湖湾。

(七)折扣商店

折扣商店是一种店铺装修简单、提供有限服务、商品价格低廉的小型超市业态。其拥有不到2 000个品种,经营一定数量的自有品牌商品。其一般位于居民区、交通要道等租金相对便宜的地区;辐射半径2千米左右,目标顾客主要为商圈内的居民;自有品牌占有较大的比例,商品平均价格低于市场平均水平;以开架自选方式进行商品销售。

(八)仓储会员店

仓储会员店是以会员制为基础,实行储销一体、批零兼营,以提供有限服务和低价商品为主要特征的零售业态。其一般位于城乡接合部的交通要道;辐射半径5千米以上,目标顾客以中小零售店、餐饮店、集团购买和流动顾客为主；营业面积一般在6 000平方米以上；以大众化衣、食、日用品为主，自有品牌占相当部分，商品在4 000种左右，实行低价、批量销售方式；采用自选销售方式，信息管理系统程度较高，并对顾客实行会员制管理。

二、概念界定——网络零售业

网络零售业是相对传统零售业来说的一种新的零售业态，是互联网技术与零售业相结合的产物。网络零售业是通过为消费者提供网络平台从而进行商品、服务交易的经营活动，简而言之就是消费者的网购活动，通过网络平台搜索商品信息并进行商品选择，然后通过网上支付方式进行购买的一种网络购物方式。

网络零售业依据交易主体的不同主要分为B2C(business to customer,企业对消费者)和C2C(customer to customer,顾客对顾客)两种经营形式。

（一）B2C

B2C是企业与消费者之间进行交易的一种网络零售模式。企业通过互联网平台将产品信息展示在网页上，供消费者选择、购买，随后借助物流完成整个交易过程。网络零售业的一个主要模式就是B2C，其可以划分为平台式和自营式。平台式的典型代表是天猫商城，主要运作方式是企业给众多商家提供一个网络销售平台，从而进行线上销售，商家再通过第三方物流企业将销售的产品送到消费者手中。自营式的典型代表是京东商城，其典型特征是采用统一标准进行产品生产和采购，再通过自营物流将销售的产品送到消费者手中。

（二）C2C

C2C是个体经营者(小微企业或小规模纳税人)与消费者之间进行交易的一种网络零售模式，即个体经营者通过网络将产品卖给另外一个消费者。C2C的典型代表是淘宝网、一拍网，这种个体经营者对消费者个体进行买卖的模式来源于拍卖市场或二手商品交易市场，是没有中间商在其中的个体经营者与个体消费者的直接交易。C2C网络零售平台中包括信用评价机制、双方交流渠道、在线支付系统等程序，能够确保买家和卖家之间有效沟通，保证交易顺利进行。

三、概念界定——新零售

新零售并不是一种全新的零售业态，它只是在固有零售模式飞速发展的背景下，为了顺应零售业发展新趋势而产生的一种区别于传统零售业和网络零售业的新型零售模式。新零售是运用云计算(Cloud computing)、大数据(big data)等新技术对传统零售业和网络零售业加以创新、升级的一种零售模式，目的是实现线下门店或生产商和线上纯电商的升级改造以及融合发展,最终将产品和服务更好地展示给消费者,满足他们的个性需求,实现场景化的零售。其本质是运用"新技术""新物流"实现线上、线下与手机移动端的渠道三者结合,提高零售效率,增加市场份额,降低销售成本,更好地满足消费者购物、娱乐、社交多维一体需求的综合零售业态。

生鲜农产品具有鲜活性、易腐性、非标化、对冷链物流要求高等特点,长久以来主要通过线下销售。即使电商发展迅速,生鲜品的线上销售情况也一直未见起色。又由于生鲜具有高频刚需的特性,市场需求量巨大,因而有人说,生鲜电商是电商行业的最后一片"蓝海"。我国物流成本不断降低,冷链物流技术获得突破性发展,大数据与云计算等技术不断完善,为新零售的出现奠定了基础。新零售通过实现线上、线下融合发展,一方面对消费者的需求刻画更加清晰,能够有效减少农产品的生产盲目性和产销不衔接问题,避免了资源浪费;另一方面又能满足消费者的线下消费体验,避免了传统电商"图片与实物不符"的弊端。

第二节 理论基础

一、信息不对称理论

伴随着信息经济学的蓬勃发展,作为该学科领域中最重要的一个研究方向,信息不对称理论一直以来备受学术界的关注。其实,从古典经济学开始,就隐含了信息不对称理论的思想,只不过古典经济学强调的是信息的对称性和充分性,这是一个问题的两个方面。比如,古典经济学认为,市场会在亚当·斯密(Adam Smith)的"看不见的手"的作用下达到供给和需求的平衡,进而达到有效的资源配置。但是前提条件是,在这一过程中,信息必须是充分的、对称的,亦即消费者与生产者都拥有作出正确决策所需要的完全信息。然而在现实生活中,这一前提往往并不被满足,也就是说信息往往是不充分的,也是不对称的。由于这一前提条件对于古典经济学来说处于非常基础的地位,直到晚些时候,即古典经济学逐渐成熟之后,这些假设条件才开始被学者质疑。哈耶克在其论述中明确提出,市场中的信息是分散的,而不是充分的和对称的。随后,威廉·鲍莫尔(William Baumol)通过把信息划分为完全信息和不完全信息来分析两者的区别,以及对社会福利的影响。其后,赫伯特·西蒙(Herbert Simon)把信息的不完全归因于市场参与者的有限理性,把参与者的决策过程看作信息收集、评价和选择的过程。乔治·斯蒂格勒(George Stigler)提出了信息具有的搜寻成本问题。1970年,乔治·阿克洛夫(George Akerlof)发表了经典文章《次品市场》,指出市场上买方和卖方掌握的信息通常是有差异的,卖方拥有比买方更多的信息,在这种情况下,市场的效率将会受到影响,甚至会彻底失灵。自此,学术界开始对信息不对称的问题进行系统的研究,多位经济学家对这一理论进行了广泛研究,并应用于经济生活的各个领域,包括阿罗(Arrow)、赫什雷弗(Hirshleifer)、斯彭斯(Spence)、格罗斯曼(Grossman)、斯蒂格利茨(Stiglitz)等,他们分别在劳动力市场、保险市场及金融市场等很多领域对这一理论进行了拓展性研究,并提出了"逆向选择"理论、"市场信号"理论及"委托-代理"理论等信息不对称经济学的基石。因此,信息不对称理论被西方学者称为最近 20 年微观经济理论中最活跃的研究领域(辛琳,2001)。2001 年,斯彭斯、阿克洛夫、斯蒂格利茨三位美国经济学家由于对信息不对称理论的研究被授予诺贝尔经济学奖。

所谓信息不对称现象,指的是有关交易的信息在交易双方之间的分布是不对称性的,一方比另一方占有更多的相关信息。交易双方对于各自在信息占有方面的相对地位都比较清楚,由此造成在交易完成前后分别发生逆向选择和道德风险问题,严重降低市场运行效率。在极端情况下,甚至引发市场交易停顿。这里所谓逆向选择是指违背一般市场规律的扭曲行为,如物品市场的以次充好,在资本市场上表现为资金流向效益差的企业,以及劳动力市场上的高能低就、低能高就等现象。道德风险是指交易一方对另一方的利益损害行为,如在委托代理制的经济合约的执行过程中,代理方的行为背离委托方的利益最大化目标,律师不尽职尽责为客户提供法律服务,承建商不按设计图纸施工、误工减料等。

根据不同的角度划分,不对称信息有着不同的类型。从不对称信息发生的时间来看,不对称性可能发生在行为人进行交易之前,也可能发生在行为人进行交易之后,分别称为事前不对称信息和事后不对称信息。事前的不对称可以统称为逆向选择模型,事后的不对称则称为道德风险模型。根据不对称信息的不同内容来划分,研究不可观测行动的模型称为隐藏行动模型,研究不可观测知识的模型称为隐藏信息模型或隐藏知识模型,前者是指参与人一方的行为对另一方来说具有不可预测性,后者是指参与人一方所具的知识条件对另一方具有不可知性。我们将不对称信息对策中拥有信息优势的一方称为"代理人",将不具有信息优势的一方称为"委托人"。信息经济学的所有模型都可以在委托人-代理人模型的框架下分析。将信息不对称情形进行细分,得到五种不同的模型。

(一)逆向选择模型

代理人知道自己的类型而委托人不知道,因而信息是不完全的;委托人和代理人签订合同。一个简单的例子是卖者和买者的关系,即卖者(代理人)对产品的质量比买者(委托人)有更多的知识。

(二)信号传递模型

代理人知道自己的类型而委托人不知道,为显示自己的所属类别,代理人选择某种信号,委托人观察到信号之后与代理人签订合同。典型的例子是雇主与雇员的关系。雇员知道自己的能力,而雇主不知道,为了证明自己的能力,雇员向雇主提供接受教育水平的信号,雇主根据雇员受教育水平决定其工资高低。

(三)信息甄别模型

代理人知道自己的类型而委托人不知道;委托人提供多个合同供代理人选择,代理人根据自己的类型选择最适合自己的合同,并根据合同选择行动。典型例子是保险公司与投保方之间的关系。投保人知道自己的风险,保险公司不知道,保险公司针对不同类型的潜在投保人制定了不同的保险合同,投保人根据自己的特征选择保险合同。

(四)隐藏行动的道德风险模型

交易时信息是对称的;交易后,代理人选择行动(如雇员选择工作努力还是不努力),"自然"选择状态;代理人的行动和自然状态一起决定某些可观测的结果,而不能直接观测到代理人的行动本身和自然状态本身。委托人的问题是设计一个激励合同以诱使代理人从自身利益出发选择对委托人最有利的行动。典型例子是雇主与雇员之间的关系。雇主不能观测到雇员是否努力工作,但可以观测到雇员的任务完成结果,雇员报酬与其完成任务情况有关。

(五)隐藏信息的道德风险模型

交易时信息是对称的;交易后,自然选择状态;代理人观测到自然的选择,然后选择行动;委托人观测到代理人行动,但不能观测到自然的选择。委托人的问题是设计一个激励合同以诱使代理人在给定自然状态下选择对委托人最有利的行动。典型例子是企业经理与销售人员的关系。销售人员知道顾客特征,企业经理不知道;企业经理设计激励合同使销售人员针对不同顾客选择不同销售策略。

二、交易费用理论

交易费用理论是新制度经济学中的重要理论分支,罗纳德·哈里·科斯(Ronald H. Coase)于1937年最早提出"交易费用"的概念,此后奥利弗·伊顿·威廉姆森(Oliver E. Williamson)发展和完善了该理论。该理论的核心是应用比较制度的方法对于组织(契约)问题进行研究。交易费用理论采用了"交易费用"这一核心理念,比较不同制度的运行成本或效率,认为交易费用较小的制度相对更有效率。

交易费用是指在完成一笔交易时,交易双方在买卖前后所产生的各种与此交易相关的成本。交易费用大小受到三个因素的影响:一是交易商品(资产)的专用性,指商品本身的市场流通性弱,交易契约一旦终止,投资于本次交易的成本难以回收或很难转换使用用途;二是交易不确定性,指交易中各种风险的发生概率,由于人的理性是有限的,事先无法完全预测到交易可能发生的各种风险,在信息不对称的情形下,交易各方因此偏向于采取更多的安全防卫措施保障自身利益;三是交易频率,指同样的交易发生的次数,对于同一个核算单位来说,如果某一商品的交易需求次数多,那么就有可能采用准一体化的交易治理形式。

三、农产品供需均衡理论

供需均衡理论主要分为一般均衡与局部均衡分析。供需均衡理论以效用价值论为基础，重点分析产品市场供求均衡以及揭示社会经济体从不均衡状态向均衡状态转化的路径。

农产品供需链条包含种植、运输、储存、销售等多个环节，在农产品流转的各个环节，既产生正向的物流、资金流，同时也产生逆向的信息流和商流。农产品供需链条上的每个主体企业都不是孤立的个体，其生产经营活动都会影响其他成员的决策与运作。因此，可运用微观经济学与供应链管理中的基本理论或现象来解释农产品供需失衡原因。

（一）市场供需一般均衡理论

一般均衡理论（General Equilibrium Theory）认为，处于均衡状态的经济体市场，其所有消费品与供给要素价格存在一个稳态均衡价格，对应的产出与消费存在一个稳态的均衡数量。假设在完全竞争的市场均衡条件下，生产要素实现总收入与消费品总收入数量上相等。一般均衡理论的实质就是表明一个经济体可以达到稳定的均衡状态，在该状态下，消费者可以实现消费效用最大化，生产者企业或供应商可以获得利润最大化，生产要素所有者可以得到最大收益。边际效用是一般均衡理论分析的基础与起点，与马克思均衡分析思想不同，一般均衡理论认为价格与价值的决定是等同的，价格均衡即价值均衡；该理论认为各种产品和劳务的均衡价格与供求数量是相互联系并相互影响的，某一种产（商）品均衡价格或供求数量的变化都会对其他商品的价格或均衡数量产生影响，即一般均衡需要研究整个市场的全部商品供求变化。

（二）市场供需局部均衡理论

局部均衡理论（Partial Equilibrium Theory）分析的实质就是比较静态分析在经济分析中的应用，即研究在其他市场条件不变的情况下，仅分析经济体在一定时期某个变量的改变对市场均衡的影响。

局部均衡分析假设在其他条件不变的情况下，探讨某一种产品或生产要素的供求状况对该商品均衡价格及均衡数量的决定作用及影响程度，主要应用于价值理论与分配理论。

西方经济学供需均衡理论在指导实践中存在某些缺陷。一是对经济体的分析缺乏整体系统性，仅研究经济参与者单个厂商与消费者行为，把系统中的参与人看作互不联系的单个人；二是对供需市场均衡的分析缺乏市场特定环境考虑，忽视了经济体所处的制度环境、社会环境及人文环境对单个经济人行为的影响，仅仅分析某个条件与结果的均衡关系，对现实现象尤其是中国农村经济发展问题解释力较弱。

(三) 蛛网理论

蛛网理论是在20世纪30年代由美国霍华德·舒尔茨、荷兰简·丁伯根和意大利里奇分别提出的理论,1934年,英国尼古拉斯·卡尔多将这种理论命名为蛛网理论。农业生产受到产量变化、需求增加以及流动性资金等外部因素的影响,从而易陷入"蛛网困境",造成农产品市场供需失衡。蛛网理论引入时间变化因素,通过对不同时期的需求量、供给量和价格之间相互作用的考察,用动态分析的方法论述诸如农产品、畜牧产品这类生产周期较长的商品的产量和价格在偏离均衡状态以后的实际波动过程与结果。蛛网模型的分析涉及稳定均衡与不稳定均衡。

1. 蛛网模型的前提假设

(1) 完全竞争。每个生产者都认为当前的市场价格会继续下去,自己改变生产计划不会影响市场。

(2) 经验管理。商品的本期产量由上一期的市场价格决定,商品本期的需求量由当前商品的市场价格决定。

(3) 产品生产周期长。产品从生产到销售存在时间滞留。

(4) 生产的商品不是耐用品。产品本身不易存储,必须尽快销售。

2. 蛛网模型的类型

基于以上的前提假设,按照供给、需求与价格相互作用的关系不同,蛛网模型可以分为稳定的收敛型蛛网模型、不稳定的发散型蛛网模型和循环往复的封闭型蛛网模型三种。

1) 稳定的收敛型蛛网模型

(1) 特点:相对于价格轴,需求曲线斜率的绝对值大于供给曲线斜率的绝对值。

(2) 过程:当市场由于受到干扰偏离原来的均衡状态以后,实际价格和实际产量会围绕均衡水平上下波动,但波动的幅度越来越小,最后会回到原来的均衡点。这种情况如图1-1所示。

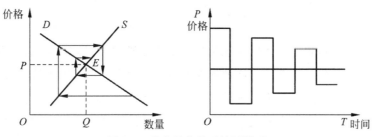

图1-1 稳定的收敛型蛛网模型

2) 不稳定的发散型蛛网模型

(1) 特点:相对于价格轴,需求曲线斜率的绝对值小于供给曲线斜率的绝对值。

(2) 过程:当市场由于受到外力的干扰偏离原来的均衡状态以后,实际价格和实际产量上下波动的幅度会越来越大,偏离均衡点越来越远。这种情况如图1-2所示。

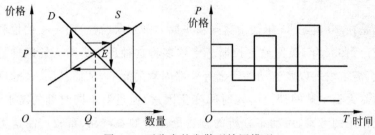

图1-2 不稳定的发散型蛛网模型

3) 循环往复的封闭型蛛网模型

(1) 特点:供给曲线斜率的绝对值等于需求曲线斜率的绝对值。

(2) 过程:当市场由于受到外力的干扰偏离原有的均衡状态以后,实际产量和实际价格始终按同一幅度围绕均衡点上下波动,既不进一步偏离均衡点,也不逐步地趋向均衡点。这种情况如图1-3所示。

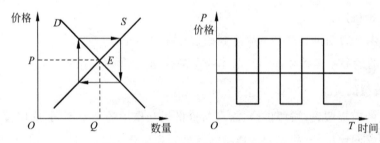

图1-3 循环往复的封闭型蛛网模型

(四) 牛鞭效应

供应链上因需求信息的变异而造成需求管理中一个特殊现象——牛鞭效应,其导致链上实际市场需求放大,致使供应链上游制造企业无法准确把握实际市场需求量,造成企业产品供给量远远大于市场需求量,增加了链上多余库存和支出成本,降低了供应链的整体竞争力。

牛鞭效应指需求订单沿着供应链流动时被不断变异放大,具体而言就是从末端消费者向上游农产品生产端所延伸波及。这种现象不可避免会产生农业生产的低效率。

对农产品供应链而言,链条各个成员之间交易会形成农产品零售市场、农产品批发市场、农产品产地市场和农产品生产市场。在农产品零售市场中,价格由供、求两方面决定,农产品需求属于原始的消费者需求,而零售端供给依赖于批发市场。农产品批发市场的价格同样由供需决定,该环节的供给是由农产品产地市场的供给引导而来,需求则是由零售市场的需求引导而来,正常情况下农产品批发市场的价格低于零售市场。同理,农产品产地市场的供给是由农产品生产市场的供给引导而来,而其需求是由农产品批发市场的引导而来。农产品生产市场属于生产资料市场,其供给为原始供给,但是其需求为农产品产地市场的需求(图1-4)。

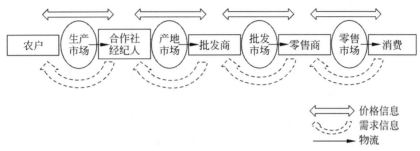

图1-4 牛鞭效应影响农产品供需机制

一方面,当数量需求信息从消费者传入上游批发市场、产地市场时会被逐级放大,农户种植的盲目性增加,造成供大于求的局面;另一方面,产品价格从农户到消费者也会被逐级扩大,驱使农户扩大农产品种植。因供应链节点之间无法准确把握需求信息,农产品的产量和实际需求量经常处于不对等的状态,导致对市场需求变化的过激反应,对农产品供应链造成消极影响。

(五)双重边际效应

1. 内涵

"双重边际效应"现象由斯宾格勒于1950年发现,是指农产品供应链上的各成员企业为了追求自身利益最大化,导致各企业分散决策,使得供应链整体收益低于集中决策的供应链收益。其根本原因在于个体利益最大化的目标与整体利益目标不一致,决策中的不确定性大,供应链上所有成员企业相互间缺乏信任。

2. 产生原因

一是农产品供应链的行为主体追求自身利益最大化,导致供应链失调。农产品供应链中的农户、批发商、分销商、零售商在实际经营中以自身情况为参考依据,很少考虑到上下游企业的目标以及供应链的整体目标。这种简单地追求自身利益最大化的运营方式,加剧了农产品供应链中上下游企业的冲突,最终导致农产品市场供需失调。

二是农产品供应链中各行为主体信息不对称,加剧双重边际效应的负面影响。在信息不完全对称的条件下,供应链不同阶段成员的目标可能发生冲突,在不考虑农产品供应链中其他成员的边际效益时,易使整个供应链的收益受损,造成资源浪费,各自的利益也不能达到最佳。

三是农产品供应链主体间缺乏信任基础,难实现合作共赢。农产品供需的深层次原因就在于供应链上的成员缺乏有效沟通且难以构建相互信任,长期内未能形成共同愿景,忽略了合作共赢的重要性。

四、零售之轮理论

新零售之轮理论是日本学者中正西雄在1996年基于零售之轮理论（Manair,1958）和真空地带理论而提出（Nielsen,1966）。该理论为零售业新业态的出现、形成动因以及新业态与原业态的竞争提供了理论解释。

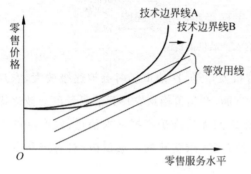

图1-5　技术边界线与消费者效用函数

新零售之轮理论主要从产业角度解释零售业业态变化过程与规律，其理论框架分为技术边界线、等效用线、零售价格和零售服务水平四个要素。其中，技术边界线用来描述零售业态在某一服务水平约束下的最低零售价格水平线，受到当地管理技术、信息技术水平及物流技术水平等因素的限制。如图1-5所示，在直角坐标系中，技术边界线由于受到收益递减规律的影响，是向右上方延伸的曲线。位于技术边界线下方意味着零售企业提供的是低价格、低服务的组合，在其上方则是高价格、高服务。在各种技术水平恒定的情况下，零售企业提供的价格服务组合越是接近于技术边界线，就越具备竞争优势，而零售企业的最佳价格服务组合则只限于在技术边界线上。零售业内企业间的竞争，往往体现在提升服务水平或降低价格，即在技术边界线上移动。

需要注意的是，前文中提及的技术边界线制约条件，一旦发生物流、信息流或管理等技术革新，则会促使原有的技术边界线发生位置变动。往往新技术的应用，会引发技术边界线向右下方移动，形成新的价格和服务组合，以赢得市场竞争优势。此时，会带来零售业新业态的出现。

第三节　新零售发展历程

一、传统商超

我国传统零售业真正的发展是从改革开放后实行经济体制改革开始的，在这之前虽然也有零售业的存在，但由于实行的是计划经济，所以并不能真正称之为零售业。从改革开放开始，我国传统零售业经历了萌芽期、发展期、成熟期，如今逐渐进入衰退期，结合我国零售业态的演变过程，将我国传统零售业的发展时期分为五个阶段。

(一) 改革开放初至 1989 年底，传统百货商店处于绝对主导地位

改革开放前，我国已经存在百货商店，且并没有太多其他业态的零售模式，改革开放的实施，给我国零售业带来了变革的步伐。通过利改税、经营承包制、利润留成制和放宽经营自主权等有利政策的实施，百货商店得到了快速发展，从 1986 年后的 3 年间，我国大型百货商店的新建数量达到了中华人民共和国成立以来百货店数量的总和。

(二) 1990—1994 年，各种零售业态出现，呈现百花齐放的局面

1991 年，上海"联华超市"的成立标志着超市形式的零售业态进入我国零售行业，冲击了传统百货商店的主导地位。这段时间，外资零售商逐渐打开中国市场，它们的进入带来行业竞争的同时也推动了我国零售业的国际化进程。我国零售业结构逐步完善，形成了以百货店、超市和连锁店为主体，多种业态共同发展的局面。

(三) 1995—1999 年，跨国零售商的进入加速了我国零售业现代化进程

面对中国巨大的市场，从 1995 年开始，家乐福、麦德龙、沃尔玛等国外大型零售商纷纷打开中国市场，通过现代化的管理方式给我国零售业带来了新的活力，但随之而来的还有竞争的加剧。1995 年开始，我国百货业经营出现困难，经过两年的调整仍未见好转，随后部分百货店停止营业，另一部分在外资带动下调整经营战略，实现了二次发展。

(四) 2000—2009 年，零售业进入高速增长时期，竞争加剧

这段时间，外资零售企业加速布局我国市场，导致零售业竞争加剧，加上零售商也积极拓展市场份额，开展管理变革，采用外资零售业先进的管理方法，从采购、库存管理、流通和销售等多方面入手，规范经营，实现规模效应，创造经济效益。随着我国改革的深入，我国经济保持了高速发展，人均收入不断提高，传统零售业在 21 世纪初的 10 年间保持快速增长。

(五) 2010 年后，传统零售业开始增长缓慢进入衰退期

传统零售业面对网络零售业发展的冲击，开始出现滑坡。据统计，百胜集团作为第一家外资百货，从 2010 年开始利润出现滑坡，2011 年至 2015 年利润分别为 11.53 亿元、8.8 亿元、3.72 亿元、2.46 亿元和 −1.83 亿元。近几年，百货和大型超市纷纷利润下降、倒闭关店，从本土百货到国际零售巨头，都未能幸免。

立足于中国生鲜赛道多年的永辉超市近年来也出现了大额亏损，2021 年前三季度财报显示，永辉超市营收 698.35 亿元，同比下降 3.90%，利润亏损 21.78 亿元，同比下降 207.37%，净亏损 18.28 亿元[①]；国际零售巨头沃尔玛也面临关店风波，从 2016 年到 2020 年，沃尔玛在

---

① 永辉超市_2021 年三季报利润表，https://stock.qianzhan.com/item/lirun_601933.SH_2021.3.html.

国内已经关闭了80多家门店,仅2020年就关闭了11家。截至2021年11月,沃尔玛在中国市场已关闭107家门店。① 除此之外,根据《新京报》记者的不完全统计,受疫情影响,联华超市2020年上半年关店148家、中百集团关店47家、北京京客隆关店12家、家家悦关店6家。②

二、电子商务

20世纪90年代,伴随着互联网商业化运营,电子商务应运而生,并在接下来很长一段时间内,改变着商业零售的运作模式,给人们的生产、生活乃至整个社会经济都带来了极大的发展。

(一)电子商务发展条件

电子商务的产生和发展不是偶然,而是技术水平发展到一定程度所催生出来的产物。其产生和发展需要具备以下几个条件。

1. 计算机的广泛应用

计算机是电子商务应用的重要物质载体。近30年来,计算机的处理速度越来越快、处理能力越来越强,价格反而愈加低廉,因而其普及程度也越发广泛,这为电子商务的发展提供了坚实的基础。

2. 互联网的普及和成熟

互联网因其信息存储量大、有价值的信息能够得到有效整合、信息可以不受时间和空间的约束进行交换、信息交换成本低廉等优势,得到广泛的应用,全球互联网用户每年都在呈几何倍数增长,为电子商务的发展提供了应用条件。

3. 互联网结算体系的完善

零售交易必然离不开支付环节,网上交易催生出无现金支付,以第三方支付为代表的互联网结算体系的发展与完善,为开放网络上的电子商务提供了一个健康、安全、便捷的交易环境。

4. 物流运输业的发展

在整个电子商务的交易过程中,物流承担着将商品和服务完整地转移到消费者手中的责任,没有物流做保障,电子商务的便捷度将会大打折扣。近年来,我国物流以其低成本、高效率,为电子商务的发展提供了重要保障。

---

① 沃尔玛为什么关闭那么多店,沃尔玛在中国关闭的原因,https://www.zgdjw.com/index.php?c=article&id=3789。

② 新京报:数读商业半年报,https://news.sina.cn/gn/2020-09-11/detail-iivhuipp3748082.d.html?code=$keyword。

（二）电子商务发展历程

我国网络零售业的发展可以追溯到1998年，世纪互联通信技术有限公司的第一笔网上交易的完成，拉开了我国网络零售业发展的序幕。发展至今历经20多年，其间网络零售业经历了从萌芽到成长、从爆炸式增长到逐步回归稳定的过程。按照网络零售业的发展特点及生命周期理论，可将这段时间分为四个阶段。

1. 1998—2002年，网络零售业发展的萌芽阶段

我国网络零售业开始于1998年，8848、易趣网、阿里巴巴、携程网、当当网等电商在随后的3年中相继建立，但是历经互联网泡沫，网络零售业经受洗礼，到2001年只有几家企业维持运营。

2. 2003—2007年，网络零售进入成长期

这段时间，网络零售业务呈现出由面向企业到面向个人的转变，随着互联网技术的发展、网民人数的不断增加，网购使消费者足不出户就能购买所需要的商品，逐渐成为消费者购物的重要方式。2003年，淘宝网成立，开展C2C网络零售业务，逐渐发展成为亚洲最大的购物网站；2004年，京东涉足B2C业务。与此同时，不同细分市场的网络零售平台相继出现，网络零售业加速发展。

3. 2008—2012年，网络零售呈现爆发式增长期

这段时间是网络零售发展的大爆发时期，市场规模加速增长。2008年，淘宝设立B2C商城，2012年更名为"天猫"；苏宁、国美等纷纷实行电商策略，唯品会、1号店、聚美优品等细分网络零售平台纷纷上线，推动网络零售业发展。

4. 2013年至今，网络零售进入后爆发时期趋于成熟

这段时间，网络零售业交易规模不断扩大，但增长率有所放缓。截至2021年6月，我国网民规模达10.11亿，随着我国网民人口规模逐渐见顶，网络零售的流量红利逐渐消失，网络零售业进入调整期，横向、纵向整合趋势日益明显，需要寻找新的增长点。

（三）农产品电子商务发展历程

农产品电子商务是指在农产品生产、销售、管理等环节全面导入电子商务系统，利用信息技术，进行供求价格等信息的发布，并以互联网终端、手机移动端为媒介，依托农产品生产基地与物流配送系统，以线下、线上多种网上支付服务为保障，使农产品交易与货币支付迅捷、安全地同步实现。农产品电商的发展大致经历了以下四个阶段。

1. 起步期（1994—2004年）

（1）农产品信息化开始起步。自1994年中国农业信息网和中国农业科技信息网相继开通以来，信息技术在农业领域得到了应用，这标志着我国农产品信息化开始起步。典型例子是 1995 年郑州商品交易所集诚现货网（中华粮网的前身）成立。

（2）强计划农产品实现网上交易。1998 年 12 月,我国第一笔粮食成功实现网上交易；1999 年,全国棉花交易市场开始进行网上交易。粮食和棉花都是计划性很强的农产品,它们的网上成功交易,打破了电子商务的传统定义,即计划性很强的农产品不可能实现网上交易的"定律"。

2．成长期（2005—2012 年）

（1）生鲜电子商务出现。2005 年,易果生鲜成立,标志着我国生鲜电子商务起步。2008 年,和乐康、沱沱工社也开始进行生鲜农产品交易。之后的 5 年时间内,不断涌现出一大批农产品电商网站。

（2）品牌农产品电商出现。从 2012"褚橙进京"事件[①]到 2013 年"京城荔枝大战"事件[②],许多生鲜农产品电商开始探索品牌运营,顺丰优选、1 号店、本来生活、沱沱工社等获得资金注入,品牌农产品电商成为一种趋势。

3．发展期（2013—2018 年）

（1）农产品电商模式创新发展。B2C、C2C、C2B（消费者到企业）、O2O（在线离线/线上到线下）等各种农产品电商模式竞相推出,使农产品电商发展进入一个崭新的阶段；除此之外,宽带电信网、新一代互联网、云计算、大数据等新一代信息技术以及微博、微信等社交工具的出现为各商家提供了更多的选择工具。

（2）农产品电商开启融资潮。2014 年,大量农产品电商进入融资高峰期,本来生活、美味七七、京东、宅急送、阿里巴巴、青年菜君等先后获得了大量融资,这些融资大都注入农产品电商。

（3）兼并重组成为常态。2015 年,阿里巴巴持股苏宁,京东入股永辉超市、投资天天果园等,我国农产品电商进入整合时期,兼并重组成为常态。

4．成熟期（2019 年至今）

2019 年,我国进入数字农产品电商阶段。2019 年颁发的《数字乡村发展战略纲要》提出了数字乡村建设 2020 年、2025 年、2035 年、2050 年四个阶段发展目标,标志着我国数字农产品电商新时代的到来。随后相应配套政策陆续出台,如 2020 年 1 月《农业农村部 国家发展改革委 财政部 商务部关于实施"互联网＋"农产品出村进城工程的指导意见》提出要充分发挥数字网络对农产品销售的作用；2021 年 7 月,国务院办公厅出台《国务院办公厅关于加快农村寄递物流体系建设的意见》强化物流与电商融合发展；"十四五"规划提出"完善城乡融合消费网络,扩大电子商务进农村覆盖面"全面助力数字农产品发展。

---

① "褚橙进京"事件：褚橙种植者褚时健赋予褚橙品牌价值和网络话题量,利用互联网媒介对褚橙进行推广营销,借助电商平台"本来生活"进行销售,最后证明这一网络营销模式获得极大成功。

② "京城荔枝大战"事件：为了在 B2C 领域有所突破,顺丰优选、沱沱工社、本来生活、京东有机频道等各大生鲜电商对荔枝从原产地、速度、服务、营销等方面进行了规模比拼。

三、新零售

新零售就是指个人、企业以互联网为依托,通过运用大数据、人工智能等先进技术手段并运用心理学知识,对商品的生产、流通与销售过程进行升级改造,进而重塑业态结构与生态圈,并对线上服务、线下体验以及现代物流进行深度融合的零售新模式。新零售的核心在于利用科技和数据的力量,将线上、线下相融合,推动线上和线下向一体化的方向发展。线上和线下将不再相互冲突、相互制约,而是相互融合、相互促进,共同满足消费者日益增长的多元化消费需求,带给消费者更好的消费体验和感受,实现消费模式的转变。

(一)新零售发展背景

自 2017 年 3 月起,新零售模式出现了爆发式的崛起,便利蜂、果小美、盒马鲜生等一大批新零售企业开始出现,不断改变着消费者的消费模式和消费习惯。

1. 消费背景

新零售的特征之一是"以消费者为中心",契合了当前中国消费拉动经济增长的大趋势。目前,我国消费环境发生了很大变化,由于消费者收入水平的总体提升和居民消费观念的变化,人们的消费能力和消费方式都发生了巨大的改变,消费升级的趋势倒逼传统零售和电子商务的变革;除此之外,以 80 后、90 后、00 后为代表的新消费群体正成为消费主力军,这部分消费群体更加注重的是多样化、便捷化、体验化的零售服务,这些消费特质为零售业态的发展变迁提供了动力引擎。

2. 技术背景

新零售的核心特征就是"依托新一代信息技术",因此,新零售的出现依赖于各种新型信息技术的发展成熟。比如,互联网技术及配套服务的完善发展帮助新零售企业实现网上交易平台的构建;大数据的建立和使用能够帮助精准刻画消费者画像,使产品投放更加精准;物流技术如自动化仓储、智能排线、温控系统等的发展,大大提高了物流运输效率;支付宝、微信等各种在线支付手段的普及,支撑交易在不同场景的迅速实现。

3. 政策背景

新零售的产生和发展离不开国家政策的推动。在国家宏观经济总体稳定的大环境下,政府出台了许多政策推动零售业的变革。2016 年 11 月 11 日,国务院办公厅发布《国务院办公厅关于推动实体零售创新转型的意见》,在促进线上、线下相融合的问题时强调:"引导实体零售企业逐步提高信息化水平,将线下物流、服务、体验等优势与线上商流、资金流、信息流融合,拓展智能化、网络化的全渠道布局。"2019 年 8 月,国务院办公厅印发《国务院办公厅关于加快发展流通促进商业消费的意见》,从顺应消费变革和消费升级的趋势、引导电商培育新消费、拓宽生态产品线上线下销售渠道到调整电商零售,提出了相应措施;2020 年

9月,国务院常务会议确定了支持新业态、新模式加快发展带动新型消费的五大措施;2021年两会,"推进线上线下更广更深融合,发展新业态新模式"被写入政府工作报告。

(二)阿里巴巴新零售布局

阿里巴巴于 2014 年开始布局新零售。2014 年,阿里巴巴收购银泰集团,投资 53.7 亿港元进行战略投资。在此之后,阿里巴巴于 2015 年进一步进入苏宁,并开通了双方线下平台,为全渠道业务模式创造机会。2015 年 8 月,阿里巴巴宣布将投资 280 亿元人民币战略,即阿里巴巴将成为苏宁网的第二大股东,苏宁网也将以 140 亿元人民币的价格认购不超过 2 700 万股的阿里新股份,双方将通过股权认购提高整体生产经营效率。2016 年 1 月,阿里巴巴投资 1.5 亿美元成立盒马鲜生,首店上海金桥广场店于 2016 年 1 月 15 日营业,当年营业额达 2.5 亿元,坪效约 5.6 万元。① 自 2017 年以来,阿里巴巴先后在联华超市、三江购物等零售企业中入股,以线上与线下相结合的方式创造新的零售模式。2017 年 2 月 20 日上午,阿里巴巴在上海横山大酒店宣布与百联集团达成战略合作,推出新的零售模式。2018 年 4 月 2 日,阿里巴巴以 95 亿美元全资收购饿了么,以提升其"最后一公里"配送能力。2020 年 10 月 19 日,阿里巴巴以 280 亿港元的价格增持高鑫零售的股份,控股高鑫零售,高鑫将重点发展社区团购、前置仓等新零售业态。② 2021 年 5 月 26 日,阿里巴巴发布了服务实体零售行业的数智化 SaaS(软件即服务)"翱象",使用"翱象"后,单商户线上单量平均提升 25%,仓内拣货人效提升 15%,带动 GMV(商品交易总额)超 5.5 亿元。③ 阿里巴巴致力于打造全渠道运营模式,同时借助智能化的技术,对线上、线下平台的零售运营模式进行创新和变革,逐步实现无人零售化。这些变革的过程体现了新零售的重心从传统的商品本身逐步向满足消费者需求转移,阿里巴巴通过借助现代物流、大数据、互联网技术等,实现零售企业向数字化转型。

(三)新零售发展趋势

1. 新零售与新技术连接更加紧密

新技术的发展提升了零售企业的信息化水平和智慧化程度,是这些企业进行新零售扩张的主要工具。随着人工智能、大数据、5G、AI(人工智能)等新技术发展更加成熟,研发成本降低,应用门槛下降,越来越多的企业将不断应用最新科技,提升消费者体验,降低运营成本。

2. 新零售愈加注重消费者体验

传统零售中,商家一直处于商业活动的主导地位,新零售的出现使话语权逐渐转移到

---

① 坪效是计算商场经营效益的指标,指每坪的面积可以产出多少营业额。坪效=销售额/门店营业面积。
② 阿里控股高鑫零售,高鑫将与阿里新零售深度融合,https://36kr.com/p/932025557842051。
③ 阿里发布"翱象",新零售再落一子,https://36kr.com/p/1244019047844866。

了消费者手中。未来的新零售发展将呈现两大特点:一是增强场景化体验,利用人工智能与虚拟现实构造使用场景,引发消费者共鸣;二是实现个性化定制,利用大数据资源分析消费者偏好,满足消费者的个性化需求,优化产品和服务。

3. 新零售拓展全渠道发展

对于零售企业来说,全渠道经营即将网络销售平台、线下商店等多种渠道进行整合,使前后台系统实现一体化,为顾客提供无缝化的消费体验;对于消费者来说,全渠道经营即可实现挑选、体验、支付在不同渠道的分离,使消费者购物更加便利。[①] 未来的新零售发展将不断拓宽全渠道经营模式,将实体零售与线上零售深度融合,模糊二者边界,进一步提升消费体验。

4. 新零售重构供应链模式

传统供应链低效复杂,线上、线下分离发展,未来新零售发展将重构供应链模式,包括:①智能分仓,即在全国各地建立仓库,将消费者订单与距离最近的仓储基地进行匹配,就近配送,如每日优鲜[②]通过下设前置仓,大大缩短了仓库到消费者的距离,提高了配送效率;②店仓合一,即线下实体零售店同时也是储存货物的物流配送点,如盒马鲜生,店仓合一能够有效解决生鲜行业对于"最后一公里"配送的高要求。

5. 新零售向下沉市场推广

近年来,农村居民的人均可支配收入和人均消费支出增速都实现了较大飞跃,网络直播、网络文学、网络音乐等泛娱乐消费领域在农村的迅速发展,折射出下沉市场的消费崛起。基于此,新零售商业模式"下沉"农村消费市场、激发农村消费潜能,也将成为新零售未来发展趋势之一;网络零售阶段下阿里巴巴的农村淘宝和拼多多的渠道下沉就能很好地预判这一发展趋势。

四、传统零售、网络零售、新零售的对比

(一) 交易方式

传统零售以现金、汇款等为主。这种交易方式的缺点显而易见,一方面在客流量较大时易造成结账排队、零钱不足;另一方面在大数据时代难以获取消费者信息,未能与客户建立有效的连接。

网络零售和新零售是通过更新支付方式(一般有支付宝、微信支付等),创造信息资源流。尤其是新零售模式中的手机移动支付,让便捷的线上支付与线下场景不断融合,消费者掏出手机,通过输入密码,或是指纹识别,抑或是人脸识别就能完成支付动作。

[①] "新零售"未来十大发展趋势,https://zhuanlan.zhihu.com/p/36616888。
[②] 该公司由于经营不善,已于2022年7月28日宣布破产。

（二）盈利来源

传统零售常采用面销、打电话、展览会等方式进行业务联系，企业的经营者依托线下实体门店来向消费者提供商品获得营业收入。

网络零售模式和新零售模式下，一方面可以通过出售商品获取营业收入，另一方面可以通过提供高质量的增值服务收取一定的服务费或者会员费。

（三）宣传方式

传统零售往往是在电视媒体、杂志、公交车以及户外架台广告等进行宣传卖货。网络零售和新零售是通过在互联网展示，利用社会化媒体平台宣传，写软文、做关键词等。

（四）经营模式

传统零售采用全国连锁经营模式，代理、直营等开实体店。网络零售采用构建网络销售平台、网站、商城等方式。新零售则是将线下实体店与线上商城深度融合。

（五）地域性

网络零售和新零售具有跨地域性，而传统零售在销货时由生产商、批发商到个人之间有很强的地域性。

（六）商品价格

传统零售模式下，零售商与中间商之间存在多级批发商，批发提成拉升了商品价格。而在网络零售中，流通过程较为简化，批发商环节被大大压缩，节省了物流成本，因此其商品价格要低于传统零售商中的商品价格。但由于存在末端配送、质量把控、保障服务等环节，新零售商品价格高于网络零售。

（七）信息获取成本

传统零售存在固定场所和固定营业时间，消费者获取相关产品信息比较麻烦，信息获取成本高。网络零售与新零售不受时空限制，消费者可在任意时间查询任何地方的产品，信息获取成本较低。

（八）运输成本

传统零售中，由于批发商层级较多，商品在流动过程中的整体运输成本较高。近年来，随着网络电商的快速发展，我国快递业务呈爆发式增长，大数据和人工智能技术在快递业的运用、智能化的物流数据平台的构建，大大提升了物流运输速度且降低了物流成本。新零售的运输模式有产地直采运输或通过当地经销商购货、再运输的方式，总体来说降低了运输成本。

（九）交易成本

与传统零售相比，网络零售和新零售更多使用电子支付而非银行卡和现金支付，这节省了交易支付时间和消费者提取现金的时间精力，促使交易成本下降。

（十）风险成本

传统零售开设实体店铺，成本投入高于网络零售业，因此在遇到经济波动时，其损失的固定成本远远高于网络零售业。网络零售不受实体门店的限制，能够根据经济波动自由调整销售模式，从而能够控制风险成本。新零售将实体店面与网络销售深度融合，辅以大数据和人工智能等技术，能够精准把握消费者消费趋势，其风险成本低于传统零售和网络零售。

传统零售、网络零售和新零售的对比分析见表1-1。

表1-1 传统零售、网络零售和新零售的对比分析

特征对比	传统零售	网络零售	新零售
交易方式	现金、付款等	第三方支付	第三方支付
盈利来源	营业收入	营业收入、增值收入	营业收入、增值收入
宣传方式	电视媒体、杂志、公交车广告位等	互联网平台	互联网平台
经营模式	连锁经营	网上商城	线上、线下结合
地域性	销货时具有地域性	跨地域	跨地域
商品价格	高	低	中
信息获取成本	高	低	低
运输成本	高	低	中
交易成本	高	低	低
风险成本	高	中	低

【本章习题】

1. 简述新零售业态的定义。
2. 试总结收敛型蛛网模型、发散型蛛网模型和封闭型蛛网模型的特点，并画图分析。
3. 简述牛鞭效应的形成过程。
4. 新零售发展趋势包括哪些？

【即测即练】

第二章

新零售采购与供应链管理体系

本章学习目标：
1. 了解新零售供应链的采购与供应链管理现状。
2. 熟悉伙伴关系管理。
3. 掌握识别供应链管理中主要风险的能力。
4. 熟悉新零售企业生鲜农产品供应链体系构建思路。

随着居民收入水平不断提高，消费日趋多样化、个性化。生鲜农产品作为居民日常生活必需品，其供应链各环节面临的市场环境日趋复杂，传统生鲜农产品供应链需要重构以适应市场变化。供应链管理的目的就是在满足消费者需求的前提下，各供应链主体相互协作以实现整个供应链的利润最大化；新零售作为一种全新的零售模式，有助于实现消费者与各供应链主体间的有效衔接，新零售采购与供应链管理主要包括采购管理、库存管理、物流管理、合作伙伴关系管理、质量安全管理等。生鲜品类的采购与供应链管理是新零售业务中核心的内容。

第一节 生鲜供应链体系概述

一、生鲜供应链管理相关概念

（一）生鲜的定义

生鲜，是指未经深度加工且在常温环境下不易长时间保存的农产品，也称鲜活农产品（Agri-fresh Produce），主要包括蔬菜、水果、花卉、肉、蛋、奶以及水产品等。生鲜农产品的鲜活程度是决定生鲜价值的重要指标。

（二）生鲜的特点

相较于标准化的百货产品，生鲜产品具有鲜活性、易腐性、即食性、难储存性、非标准化等特性，具体如下。

1. 自身易腐、易变质

生鲜是一种易腐品，采摘后与空气长期接触容易腐烂变质，或者由于运输途中受到剧烈颠簸造成损伤，需要在短时间内完成配送和销售，否则有损新鲜度，将会对供应链各环节主体造成严重经济损失。

2. 产量受自然条件影响

农产品的生产周期普遍较长，生长过程受制于自然条件，在种植之后，不能短时间内控制农产品的产量，而且一旦遇上恶劣自然条件（如大风、暴雨、洪水、旱灾等）终止生产，前期投入的人力、物力、财力很可能无法收回。农业产量一直存在较大的波动，给生鲜农产品市场供给带来很大的不确定性，加剧了市场风险。

3. 生产具有分散性

我国的小农生产模式决定了生鲜农产品生产上的分散性。以家庭为单位的生产经营模式集约化程度低，生鲜农产品往往要经历一级收购商、大型批发商、分销商等诸多中间环节才能到达消费者手中。

4. 物流条件要求高

由于消费者越来越追求生鲜农产品的多样性，大量生鲜农产品跨区域流通，需要专门的冷链物流设备。为了保证农产品价值，储运过程中需采取低温防潮、烘干去水、防虫害等一系列措施，对生鲜农产品物流的各个流通环节进行科学、规范、严格的控制（包括温度、质量、湿度等）。

5. 非标准化

由于光照、水分、养料等生产条件的不同，各个生鲜品的成长成熟条件也不相同。因此，各自的大小、口感、外观、重量、营养成分等无法做到完全统一，个体差异性显著。

6. 供需弹性小

由于生鲜农产品是日常消费品，且不易存放，消费者对其购买量通常不大，但购买频率很高，从而形成零散型购买活动，市场中的总需求量基本稳定，因而需求往往缺乏弹性。由于生产周期受限，生鲜农产品的供给同样缺乏弹性。

（三）供应链管理

根据国家标准《物流术语》（GB/T 18354—2006），供应链（SC）指生产及流通过程中，涉及将产品或服务提供给最终用户活动的上游与下游企业所形成的网链结构。

供应链管理（SCM）指利用计算机网络技术全面规划供应链中的商流、物流、信息流、资金流等，并进行计划、组织、协调与控制。

供应链管理的概念被引入农业领域后，逐渐形成农产品供应链管理的思想。农产品供应链是在农产品的生产和流通过程中，将产品送到消费者手中由农资供应商、农户、加工企业、批发商、零售商直到最终消费者连成整体的功能网链结构。

(四) 生鲜供应链管理体系

生鲜农产品的供应链管理就是在掌握客户需求的基础上,通过对生产、加工、销售等各个环节参与者的管理,以更高的效率满足最终消费者的需求。理解供应链从三个原则开始：信息互通、风险共担、利益共享。生鲜农产品供应链各主体建立战略联盟伙伴关系,通过有效整合整个生鲜农产品供应链资源,发挥各主体的主导作用,并建立合作契约协议,以使各个主体之间能够保持稳定持久的协作关系,使得各主体可以利益共享、风险共担;利用现代信息手段,实现信息的实时处理和传递,在信息技术上实现信息共享。

二、国外生鲜供应链管理模式与借鉴

国外对农产品供应链的研究较早,以美国、荷兰、日本为典型代表的农业发达国家,其农产品供应链管理已经达到了相当高的水平,通过先进农产品供应链管理改善了自身服务、提升了产品质量,并为众多的农业企业搭建了良好的合作、交流平台,在农产品供应链管理实践中已探索出一套行之有效的先进的管理经验。

(一) 美国的"生产者＋零售商＋消费者"模式

据《中国统计年鉴 2021》的统计数据,2021 年美国 3.28 亿人口,不到我国人口数的 1/3(2020 年我国人口为 14.12 亿人),却是世界上生鲜农产品生产和出口大国之一,这得益于其优越的自然条件、生产专业化机械化、发达的交通网络和完善的物流基础设施。其生鲜农产品供应链采取"生产者＋零售商＋消费者"模式,主要通过市集、社区、小型零售超市等渠道卖给消费者和通过大型超市、机关、餐厅等渠道销售,具体组织形式如图 2-1 所示。

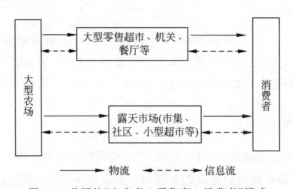

图 2-1　美国的"生产者＋零售商＋消费者"模式

该模式具有三大优点：第一,降低交易成本,农产品周转次数少,有效减少农产品损耗;第二,避免农产品多次加工与长途运输,保持较高的新鲜度;第三,增加信息透明度,避免牛鞭效应产生的信息扭曲。

(二) 日本的批发模式

20世纪80年代,日本凭借先进、成功的农业产业化链条经营与农产品供应链管理手段,农业生产取得了高效益增长。日本国小地少,其农产品的生产规模也较小,小规模农业生产和大市场之间存在着矛盾,批发市场作为生鲜农产品供应链的关键环节,在最大限度地满足买、卖双方的需求,如图2-2所示。

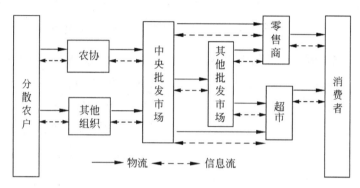

图 2-2 日本生鲜农产品批发模式

日本政府制定了《农业协同组织法》,并以此法为依据,在全国范围内以自上而下的方式成立了覆盖国家、地方、基层三个层次的农业协同组合联合会,在农产品流通领域,农协扮演了生产者与批发商的中介角色,其集服务、流通、销售、信贷、保险等为一体,覆盖了农业生产的各个环节,维护了农民的经济利益。

日本批发模式的优点有:第一,将货源集中,减少供应链环节,节省费用;第二,可以综合多渠道信息,实现信息共享,调整供需平衡;第三,由小规模农产品聚集形成大市场,可有效避免价格垄断,维持市场稳定。

(三) 荷兰的拍卖模式

荷兰的农业生产为分散的家庭农场,虽然规模不大,却具有世界领先水平的自动化和专业化生产,且农户的组织化程度高,农户积极参与农业合作社。农业合作社是荷兰农产品流通的中坚力量,在流通中扮演了重要的角色,承担市场流通职责,主要包括研究预测市场、建立分销网络、从事拍卖交易。

荷兰拍卖方式的优点有:第一,减少了生产者之间的直接竞争,有效地降低了农产品的损耗,避免价格战的加剧;第二,供需对接,有利于信息共享;第三,保护生产者权益,避免恶意压价行为;第四,拍卖场监督农产品以合理价格流入市场;第五,缩短生鲜农产品的销售周期,有利于优化供应链。如图2-3所示。

以美国、日本、荷兰为典型代表的农业发达国家,它们通过不断摸索,建立高效的生鲜农产品供应链管理模式,找到适合本国农业生产情况的农民增收之路。美国模式是典型的以零售商为核心的直销模式,生产者、零售商、消费者之间的关系比较简单,风险控制与管

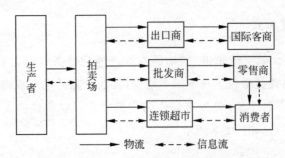

图 2-3　荷兰以拍卖为主导的鲜活农产品供应链管理模式

理比较容易,但中国生鲜农产品的生产不是区域化、规模化的大农场,而是区域性的分散生产,采用直销模式,成本高。荷兰、日本生鲜农产品规模化、区域化程度较小,生产经营分散,但农产品生产者的组织化程度高,批发市场或拍卖市场能够保证供应链的运转以及抑制价格波动,中国生鲜农产品交易也是基本通过批发市场,但批发市场的管理和建设没有统一的标准,再加上信息不对称、供需不均衡问题,导致生鲜农产品供应链风险不易控制。

三、我国生鲜供应链模式

(一) 生鲜供应链的传统模式

1. 以农副批发市场为核心的模式

这是一种比较传统的农产品供应链管理模式,现如今在我国依然占据着主导地位,有70%以上的生鲜农产品交易量经由农副批发市场,实现从田间到餐桌的消费。其参与者主要包括农产品生产商(农民专业合作组织)、农产品批发商和农产品零售商等。农贸批发市场交易品类与数量庞大,经营主体众多。生鲜超市、生鲜电商等零售商的绝大多数生鲜农产品来源于农副批发市场的驻点采购(图 2-4)。例如某些生鲜电商的高品质供应模式,对外宣称原产地"直采""直供",实际上其水果等产品主要依赖于批发市场的众多经销商,是采用批发市场的"直供"。① 该模式的缺点是农产品质量安全存在隐患,因经过多级批发销售,生鲜农产品损耗严重。

2. 以农业合作社为核心的模式

农业合作社连接农户和市场,农户通过与农业合作社建立合作关系,根据农业合作社提供的农产品市场信息进行生产。该模式的缺点是农业合作社与农户之间的合作关系不够稳固,且跨区经营的农业合作社数量较少,难以完成生鲜农产品跨区域的转移运送。一些地理标识产品,由于品牌经营权掌握在合作社或行业协会手中,从产前的种子化肥、产中

---

① 中国论文网:生鲜电商"伪直供":批发市场全包办,https://www.xzbu.com/1/view-11475767.htm。

的种植到产后的分级、预冷、包装、冷链贮藏或运输,都由合作社把控(图2-5)。

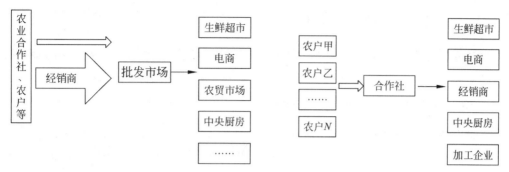

图2-4　以农副批发市场为核心的模式　　　图2-5　以合作社为核心的模式

四川省广元市昭化区农民专业合作社是成功运用该模式的一个范例。该合作社利用农民熟悉的技术推广方式,推广化肥、大棚种植技术,使时令农作物产量增长,实现反季销售;建设各类交易市场,与农产品流通企业签订订单,保证销路通畅,当地的水果蔬菜、生猪家禽、木耳蘑菇等各色农作物、农产品基地在此种模式下,形成了规模与系统,促进了当地农业发展。①

3. 以加工企业为核心的模式

该模式是指生鲜农产品不经过批发商这个中间环节,直接由主导供应链的加工商销售给各个零售商。在这个模式下,加工商具有强大的市场控制力量,且以农产品加工商为核心可以使农产品的生产活动稳定地进行。如生鲜零售企业日配产品中的鲜牛奶、酸奶等,其供应链核心主体是乳制品加工企业。

如君乐宝首创全产业链模式,即牧草种植、奶牛养殖、生产加工全产业链一体化生产经营模式,优化供应链业务流程,与冷链物流企业共建共享冷链信息系统,结合市场需求,制定科学的季度、月、周、日计划,并安排配送车辆,保障奶源即时供应的同时降低成本。②

4. 以超市为核心的模式

超市作为生鲜农产品供应链的核心,利用自身在市场信息、经营管理等方面的优势,到产地建立种植(或养殖)基地,通过多种方式(参股、长期合同等)将品牌(或特色)生鲜农产品引入企业的市场体系中,最终将品牌(或特色)生鲜农产品销售给消费者。在该模式下,超市对生鲜农产品的数量、质量严格控制,消费者对超市生鲜农产品的信任程度较高。

在山东济南地区,很多市民买海鲜都会选择家家悦。家家悦从威海起家,海产品新鲜,很多人甚至乘公交10公里专程来买海产品,成箱购买的现象也屡见不鲜。家家悦的供应链环节

---

① 昭化区农民专业合作社,http://www.doc88.com/p-31399004530876.html。
② 全国人大代表、君乐宝乳业集团总裁魏立华:优化供应链流程　推动高质量发展,https://www.sohu.com/a/300865120_120004713。

少,产地直达,品质好,消费者信任,复购率高,周转快,损耗少,费用低,利润自然提升。[①]

(二)生鲜供应链的新零售模式

在新零售背景下,生鲜供应链通过"线上+线下+物流"的深度融合衍生出各种模式,打破了时间和空间的限制,形成"大供应、大市场、小配送"的格局。

1. "超市+农业企业"的农超对接模式

该模式供应链的核心是超市,超市在获取一定共享资源的基础上,将生鲜农产品供应链上下游各个环节进行整合,实现各环节共享资源的整合利用,整合程度依托于超市的共享资源。该模式的特点是基于个别共享资源优先构建局部资源型生鲜农产品供应链。如永辉"超级物种"线下实体店为消费者提供购买生鲜食材、店内即烹即食的服务;线上以永辉生活 App 为主体,连接微信小程序、扫码购等消费入口,购物后由第三方平台"饿了么"提供配送服务。"超级物种"主打线下业务,辅之以线上业务,通过线下门店向线上引流。

2. 生鲜供应链消费众筹模式

以生鲜价值为核心,售前通过各种媒体在线上充分展示生鲜农产品的种植、养殖、收获等环节,并与消费者互动,吸引消费者关注,线下店铺进行预售,加强用户体验,通过汇集分散的用户需求,实现以销定产、规模化采摘以及冷链配送。根据消费者众筹时点及介入点的不同,现已形成按众筹订单配送、按众筹订单收获和按众筹订单生产三种类型的生鲜农产品预售模式,如表 2-1 所示。

表 2-1 基于消费众筹的生鲜供应链预售模式

典型案例	类　　型	众筹时点及介入点	消费者的权益主张
尝鲜众筹	按众筹订单配送	位于收获与配送过程之间	获得高性价比的特色生鲜
大家种	按众筹订单收获	位于生产与收获过程之间	获得绿色安全的生鲜及采摘加工体验
有机有利	按众筹订单生产	位于生产过程开始之前	获得原生态的生鲜及其田园休闲体验

1) 尝鲜众筹[②]

参与尝鲜众筹的步骤:打开尝鲜众筹网站,完善个人资料成为尝鲜众筹会员,并登录。当在网站上浏览到满意的产品时,选择需要支付的金额,进行在线支付后,即可完成参与尝鲜众筹,众筹成功后即可获得商品。

2) 大家种[③]

对于用户来说,"大家种"会寻找推荐健康安全的农场,让农场的生产过程完全透明、推

[①] 从家家悦看生鲜超市的"相"与"如来",https://xueqiu.com/7955260278/133035817。
[②] 尝鲜众筹,https://vibaike.com/3936/。
[③] 大家种,https://baike.so.com/doc/7914433-8188528.html。

荐的产品具有非常高的性价比;对于农场来说,"大家种"会提供预售平台、为产品品质树立品牌效应、提供直达消费者的机会。

3) 有机有利[①]

有机有利是国内领先的互联网+农业众筹平台,让消费者定制农产品,开展土地众筹、农业众筹、生态农产品定制等。通过认证的原产地农场企业直接发起众筹项目,消费者参与支持并获得回报,如图 2-6、图 2-7[②] 所示。

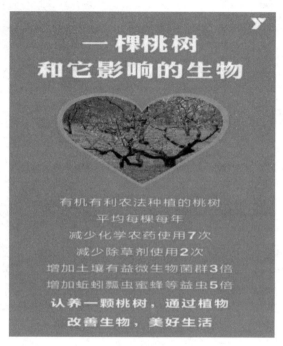

图 2-6 一棵桃树和它影响的生物

3. 基于消费者需求的供应链协同整合模式

在新零售中,生鲜供应链以需求为导向,生鲜供应链的运作都在围绕消费者的需求,由于市场信息的反复变化,供应链的各个环节必须高度协同服务,实现生鲜供应链一体化。

新零售背景下的市场,产业信息千变万化,生鲜供应链从线上到线下的每个环节都必须协调融合、多方位协作,给消费者最高质量的服务。盒马鲜生在一线城市创造出自己的品牌,下沉到中小城市,盒马菜市、盒马 mini、盒马小站,以及针对办公楼商务餐的盒马 F2 (fast & fresh)、Pick'n Go,实现线上、线下高效融合,不管是线上下订单还是线下门店体验,都能满足消费升级需求,通过获取、分析消费数据,了解消费者的需求,控制生鲜供应链成本,可以提供最适合消费者消费心理的产品以及最合理的价格。

---

① 有机有利-农业众筹网,http://www.cnnclm.com/service/518/。
② 11.11 心愿,你需要的是一树桃花源,https://mp.weixin.qq.com/s/bmmH2uc8GdkcBuyMBlpQ4g。

图 2-7 般若桃园认筹

四、农产品供应链管理体系中存在的主要风险

(一)农产品供应链中参与主体带来的风险

农产品供应链参与主体非常多。在生产环节,由于农户生产经营者众多且独立分散,再加上自然环境影响、个别生产者过度使用农药化肥等,农产品质量参差不齐。在流通环节,供应链上加工经营企业物流环节多、信息收集困难,经销商对供需信息的预测难以准确,导致价格波动。在消费环节,每个消费者的个人偏好和产品预期存在较大差异,让经营企业难以把握。综上,影响供应链的不确定因素众多,因而实现标准化、高效率的供应链管理难度大。

（二）农产品供应链各个环节的衔接与合作带来的风险

1. 信息风险

信息风险主要是信息传递不及时、信息失真、信息不对称导致无法实时掌握供需变化情况，由于信息化程度低、牛鞭效应等不利于信息传递，农产品供应链上出现产品积压、延时交货、产品损耗等问题。农产品供应链的信息风险主要体现在两个方面：一是消费者的逆向选择；二是组织或个人的不诚信或抱有侥幸心理引发事故，即道德风险。

2. 合作风险

供应链企业之间通过签订合同建立合作伙伴关系，但由于市场的复杂多变，供应链主体利益可能分配不均。当威胁自身利益时，合作的积极性降低，合同一方可能选择违约，造成其他合约方遭受违约损失，从而出现信任危机，造成供应链不稳定、运行效率低。

3. 物流风险

农产品易腐、易变质的特点，对供应链的物流服务水平要求高，传统的流通体系和物流设施不能满足农产品保质保鲜的需求，而且农产品流通主要依靠批发市场，流通环节多、速度慢，影响农产品的质量。

五、我国生鲜供应链管理现状与问题

（一）生鲜供应链采购环节

生鲜农产品企业根据产品季节性和市场反馈情况采购不同种类的农产品，或者企业与生产者签订采购合同，生产者定期为企业供应相应农产品，采购过程经过多级供应商，涉及多个环节。随着互联网的不断发展，采购不再单纯依赖采购人员的经验，电子商务的发展使网络采购十分普遍、信息沟通成本降低，但供需方之间信息并不完全，农户不能及时掌握农产品的真实价格和销售情况，经销商对农产品供求变化无法完全了解，导致采购环节出现问题。

（二）生鲜供应链物流环节

由于生鲜农产品具有鲜活性、难存储、易腐烂等特点，生鲜农产品的物流不同于一般工业产品，必须具有相应的物流设备，来保障农产品的质量。生鲜农产品生产的区域性以及消费者的分散性使物流配送网络复杂、物流节点众多。[①] 各个供应链节点的整合是供应链管理的重点，供应链的资源整合不当使各主体之间产生利益冲突，由于各个供应链主体能力参差不齐，缺少规范的运作流程，物流基础设施不完善，特别是无法做到全程冷链，生鲜农产品在运输和存储过程中造成大量损耗。

---

① 2020年中国生鲜农产品供应链研究报告，https://mp.weixin.qq.com/s/KgyG7AHiLCjPypnifKcaxQ。

(三) 生鲜供应链销售环节

电子商务的技术优势弥补了传统销售模式的不足,生鲜电商的出现极大地缩短了产地与消费者之间的供应链条,凭借强大的时效保障和优质的食用鲜度迅速占据了消费者的心。新零售更加注重消费体验、价值增值、与消费者长期合作,阿里巴巴的"盒马鲜生"、永辉超市的"超级物种"、京东的"7Fresh"都是这个新兴行业里的典型代表。由于生鲜供应链面临的外部环境不确定性因素众多,而且生鲜由上级批发市场采购,生鲜农产品在销售时难以形成品牌化。

第二节 采购与合作伙伴关系管理概述

一、采购

(一) 采购的定义

采购是为了确保以合理的成本从外部购买各种必要的产品和服务而进行的各种管理与运作活动,其作用是满足组织不能够或不愿意内部提供(即自制)的产品或服务的需求。采购作为一种古老的商业行为,代表人类文明关系发展的一个阶段,它使人们通过贸易交换而不是征服、掠夺或占据的方式来获得想要的东西。随着社会的发展与进步,采购逐渐从被动的交易业务演变为主动的战略性业务活动,已成为企业重要的战略职能与变革动因。

采购的概念可以有以下多个称谓:采购、购买、采办或获取、物资管理、供应管理、采购和供应链管理等,这些词汇在某种意义上可以互换,关于它们各自的定义并没有统一的说法。采购相关概念的比较如表 2-2 所示。

表 2-2 采购相关概念的比较

低 ←—————	对企业的战略贡献	—————→ 高
购　买	采　购	供　应
了解需求	采购效率	确保企业在采购方面的公平和公正
找寻供应商	批量决策	创造价值与节约成本同样重要
处理订单	节约成本	参与构造并影响整个供应链
价格谈判	采购政策	与供应商建立战略合作伙伴关系
货物交运	程序管理	供应商的早期介入
文书记录	防止差错	机会最大化
重在交易	重在管理	重在关系和资源的整合
传统业务活动		面向增值的业务活动

资料来源:宋玉卿,沈小静,杨丽.采购管理[M].北京:中国财富出版社,2018.

（二）采购的主体与客体

1. 采购的主体

采购的主体可以是组织和个人，而组织又包括营利性组织（即企业）、公共部门以及非营利性组织。组织类型与性质将影响主体购买的产品数量、类型以及购买方式。本章节主要分析新零售背景下的农产品供应链相关议题，而供应链需围绕核心企业开展研究，所以本书涉及的采购偏重于营利性组织（即企业）采购。

营利性组织是由独立的个人或一些独立个人所构成的组织建立和拥有。大多数企业是在竞争性市场中经营的，只要在法律允许的范围内，在本质上企业可以按照自己的意愿采用任何方式进行经营。企业采购供应职能的设置，通常随着企业规模的不同而有所区别。

（1）中小型企业。与大型企业相比，中小型企业生产规模较小，供应商议价能力低，只能从中间商处采购原材料，导致其采购成本较高。因此，专业化的采购职能对于中小型企业来说非常重要。

（2）跨国公司。与中小型企业相比，跨国公司拥有更多的产品和服务，对供应商议价能力强，可以通过集中采购获得更低的价格。跨国公司的采购专职人员都由部门内部专家构成，可根据公司战略制定出最佳的采购战略与计划。

（3）大型本土化企业。这类企业的优势与劣势介于中小企业和跨国公司之间。在大型本土化企业中，一般都建有独立的采购部门，采购部门得到了充分发挥。

2. 采购的客体

采购的客体即采购对象，主要可分为有形的产品和无形的服务。

（1）产品。产品包括主要原材料、辅助材料、半成品、零部件、成品、燃料、工具、修理备用件、动力、机械设备。在农产品供应链中，主要存在：农产品生产者（农户或合作社）对种子、肥料、设备、农药等农资物品的采购，农产品经销商（批发商或加工企业）对农产品、加工或储运等机械设备的采购，农产品零售商对农产品、储运设备的采购等。

（2）服务。企业采购的典型服务包括管理咨询、培训、交通与住宿、会议、餐饮、物流、物业、广告、保险、人力资源、装修、设计等。农产品供应链中涉及的服务采购主要包括专业的冷链运输、储存、包装、加工、信息等。本章节主要研究农产品供应链中，农产品零售商针对鲜食的蔬菜水果、水产品、肉类等生鲜产品的采购议题。

（三）采购方式

1. 按照采购组织模式划分为集中采购与分散采购

（1）集中采购。集中采购是将集团所有采购工作集中到集团层面办理，组织结构上属于管理责任一元化结构。在这种制度下，各分公司、各部门都无采购权力，只在公司总部设有一个中心采购部门。集中采购适用于大宗和批量物品的采购,关键零部件或其他战略资源的物品采购等。其优点在于:通过大额采购,增强企业谈判能力,有利于获得价格折扣,降低采购成本;有利于采购作业流程标准化,提高采购效率;实现与供应商的长期稳定合作。集中采购的缺点主要有两个方面:一是采购流程较长,不利于进行紧急、临时采购;二是采购绩效很难评估。

(2)分散采购。这种采购模式是采购工作通过分公司或分部门来完成,即授权下放采购相应的职责和工作。各分公司或分部负责完成自己的采购,无须向总公司汇报。分散采购适于小批量、低价值、总支出在产品经营费用中占比小的物品的采购。其优点在于:采购工作紧凑,能够有效应付紧急采购任务;有利于地区性采购,各部门可因地制宜,灵活制定规则;反馈及时、针对性强、方便灵活。但分散采购不利于企业统一协调和监控采购活动,同时采购数量分割,难与供应商形成长期稳定关系,不利于获得优惠的价格和服务。

2. 按照所采购产品与服务的目的划分为直接采购与间接采购

(1)直接采购,也称生产性采购,指用于产品生产及销售的物料与服务的购买,服务于外部客户。例如,原材料、产品包装、物流服务等产品与服务的采购。

(2)间接采购,也称非生产性采购,是指为支持企业的产品生产及销售,以及维持企业正常运营的物料及(或)服务的采购。间接采购活动中采购的商品和服务不直接进入最终产品来销售。

3. 其他采购方式

其他采购方式还包括国际采购、联合采购、第三方采购、绿色采购及电子采购等。这里只介绍前三种采购方式。

(1)国际采购。国际采购指超过国界,在多个市场领域中购得产品或服务的过程,具有采购程序复杂、采购风险大、采购价格低等特点。国际采购的关键在于确定产品规格细则和获得市场准入权。其采购途径包括直接采购,以及通过进口代理商或销售代理、进口经营商、贸易公司、国际采购中心等中介实施的间接采购。

这里的"直接"和"间接"可理解为采购渠道的类型。直接采购指采购主体直接向物品制造厂家采购的方式,一般指企业从物品源头采购,满足生产所需。其优点在于:环节少、时间短,信息反馈迅速,易于供需双方交流。间接采购则是通过中间商实施采购行为,最常用的间接采购方式是委托贸易公司、物资公司等流通企业,或专门的采购中介组织采购。间接采购可以分散采购风险,充分发挥企业各自的核心能力。

(2)联合采购。联合采购指对同一货物或服务有需求的许多买方合并各自需求,以一个综合采购商的形式向供应商统一订货,从而扩大采购批量,降低采购价格或采购成本。采用联合采购方式,不同企业可以合并各自的采购计划,从而强化整体的采购能力,形成规模效益。采购联盟的组织方式主要有三种:一是行业协会领头组建的中小企业采购联盟,二是中小企业自行结盟组建的采购联盟,三是专门从事采购业务的第三方营利组织运营的采购联盟。

(3)第三方采购。第三方采购服务的基本概念源于"外包",即企业将非核心业务外包给专业、高效的产品与服务供应商(第三方采购公司),最大限度提高采购效率,使得企业专注于核心竞争力的一种采购方式。依据第三方采购商的类型,可将第三方采购的主要模式划分为招标代理模式、网站模式、采购联盟模式、第三方物流模式、采购公司模式和贸易公司模式。第三方采购通过为其他企业做采购,集小订单成大订单,获得采购规模效应;直接与制造商交易,保障产品质量,实现信息有效传递。但值得注意的是,这种采购方式很可能存在泄露企业重要信息的风险。

(四)采购业务流程

采购业务流程就是详细论述采购部门职责或任务的运营指南,是采购活动具体执行的标准。采购业务流程如图2-8所示,这些步骤基本上根据采购业务的实际活动列出,表明了采购活动的基本规律。其中,比较重要的采购业务流程包括:明确需求与制订计划、供应商管理、获取报价与谈判和协同式供应链管理。

(五)采购的发展趋势

首先,进入21世纪,全球经济一体化的步伐不断加快,资源在全球范围内的流动和配置大大加强,直接推动了全球化采购的发展。如今的高层管理者都意识到,采购是公司的一个重要价值来源,其对于公司的贡献已不限于战术层面,而上升至战略层面,用于支持公司战略目标的实现。

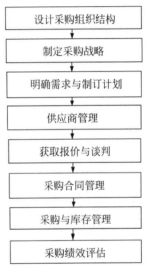

图2-8 采购业务流程

其次,理论界已普遍接受这样一种观点,即与相对较少的供应商建立战略性的合作伙伴关系是最佳的采购实践。这种合作伙伴关系逐渐从以成本为基础转向以价值为基础。供应链中各个成员得到的补偿将与其所附加的价值更加紧密地对应起来。

再次,采购中的关键内容一直是降低成本,然而目前已经从关注产品成本发展到战略性成本管理,以及分析所有权总成本和供应链前景。战略性成本管理包括更多的供应链成员,他们共同合作,寻找成本降低的机会,从而实现"多赢"。分析所有权总成本和供应链前景表明,下一步可能需要识别采购如何影响最终产品价格和规模,从而影响销售收入的增加。

最后,随着互联网技术的发展以及企业的跨国业务不断增加,企业一方面将继续向国外现有供应商采购产品和服务,另一方面将利用供应商的能力帮助自己扩展业务。

二、供应商管理

供应商管理是采购业务能够顺畅进行的重要环节,下面主要就供应商管理进行介绍。供应商是企业的重要合作伙伴,主要指那些向买方提供产品或服务并收取相应货币作为报酬的实体,可以是生产企业,也可以是流通企业。供应商对企业采购物资的质量和价格水平产生巨大影响,好的供应商可以提供稳定可靠的货源,买卖双方互相支持、共同协调。

供应商管理就是对供应商的了解、选择、开发、使用和控制等综合性管理工作的总称,主要包括采购前供应商的认知、事中供应商关系的管理,以及事后供应商绩效的考核。

(一)事前供应商认知

由于不同产品在质量、价格、交付、运输、包装、服务等方面的要求不尽相同,企业对供应商的要求也不是一成不变的。因此,企业必须有一套完整、科学、全面的综合评价指标体系对供应商作出全面的评价,从而选择合适的供应商。供应评估与选择的基本步骤包括:第一步,建立供应商评价与考核工作小组;第二步,结合公司战略目标等因素确定供应商评价指标;第三步,识别与筛选供应商;第四步,通过公开信息源、调查问卷或拜访供应商等渠道对供应商深入调研;第五步,对供应商进行加权评分,确定供应商的最终等级。

(二)供应商关系分类

供应商关系管理是一种以"扩展协作互助的伙伴关系、共同开拓和扩大市场份额、实现共赢"为向导的企业资源获取管理的系统工程。

1. 供应商评估

确定符合企业战略的供应商特征,对所有供应商进行评估,企业可以以采购物品的金额、采购商品的重要性等因素将供应商分为交易型、战略型和大额型。交易型供应商指为数众多但交易金额较小的供应商;战略型供应商指企业战略发展所必需的少数几家供应商;大额型供应商指交易数额巨大、战略意义一般的供应商。此外,企业还可以利用80/20规则、供应商关系谱法、供应商分类模块法对供应商进行细分,以此针对不同类型的供应商制定不同的管理方法,实现有效管理。

2. 长期战略合作伙伴关系

长期战略合作伙伴关系是指企业与供应商之间所达成的最高层次的合作关系,它是指在相互信任的基础上,由双方为共同的、明确的目标而建立的一种长期的、合作的关系。成功的供应商伙伴关系要求具有较高水平的相互协调、相互信赖、共享信息、共担风险、共用技术与革新。

企业在对供应商进行分类后,可通过以下几个步骤确定对各类供应商采用何种关系发展策略：首先，与战略供应商和大额增长型供应商在总体目标、采购类别目标、阶段性评估、信息共享和重要举措等方面达成共识，并记录在案；其次，与相关部门开展流程改进培训会议，识别并发现有潜力改进的领域；再次，对每位供应商进行职责定位，明确其地位与作用；最后，双方达成建立供应商关系的框架协议，明确关系目标。

（三）事后供应商绩效考评

供应商绩效管理的目的是了解供应商的表现，为供应商的奖惩提出依据；同时在供应商之间比较，继续同优秀的供应商合作，淘汰绩效差的供应商。

供应商绩效考评主要指标可归纳为四大类：一是质量指标，包括来料批次合格率、来料抽检缺陷率、质量信息等；二是供应指标，包括准时交货率、交货周期、订单变化接受率等；三是经济指标，包括价格水平、付款及时性等；四是支持、配合与服务指标，包括合作态度、参与开发、售后服务等。

第三节　新零售采购概述

本书将生鲜采购界定为，农产品供应链中的零售商为了确保以合理的成本从外部购买各类生鲜农产品（或生鲜产品）而进行的各种管理与运作活动。

一、基本采购类型

根据本章第一节内容的介绍可知，我国生鲜农产品主要的流通模式包括批发市场主导型、龙头企业主导型、农超对接模式等（图2-9）。其中，生鲜农产品生产者主要包括传统农户、种养大户、农民合作社、农业企业；生鲜农产品零售商（端）主要包括农贸市场的经营户、餐饮店、超市、便利店以及生鲜电商。

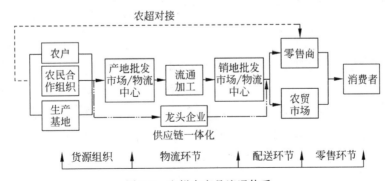

图2-9　生鲜农产品流通体系

资料来源：汪旭晖，张其林.电子商务破解生鲜农产品流通困局的内在机理——基于天猫生鲜与沱沱工社的双案例比较研究[J].中国软科学，2016(2)：39-55.

生鲜农产品零售商是生鲜农产品流通到消费者手上的最后一个环节，经由这个环节，生鲜农产品才真正地实现了价值。与零售商的其他活动相比，生鲜的采购就和制造商的生产一样重要。对于零售商而言，保证采购的商品质优价低，就像制造商要产出质优价低的产品，这直接决定了企业的生存与发展。本章节主要从流通渠道中的零售端视角，对我国生鲜农产品基本采购类型进行介绍。

（一）按照采购的权利归属可划分为总部采购与门店采购

1. 总部采购

总部采购即集中采购，这种采购方式把采购权力集中在总部，由专职的采购部门负责，采购权不下放。门店采购无决定权，但有建议权。其优点在于，连锁店不负责采购，可专心致力于做好门店销售工作；可发挥集中议价功能，有利于降低采购成本；价格形象一致，利润较易控制；促销活动易于规划，易掌握货源。其难点在于，采购数量众多且种类繁杂，需要专业的采购管理人员以及科学系统的采购管理体系。

总部采购是连锁超市、连锁餐饮企业非食品以及食品中干杂食品最常用的采购方式。以连锁超市为例，处于同一区域的各门店定期上传交易与需求数据至区域总部的集中采购中心，由区域总部制订统一的采购计划，包括采购品类、采购批量以及采购价格等。以餐饮企业为例，大型连锁餐饮企业通过自建的集中采购中心直接对接上游供应商；中小型餐饮企业则逐渐通过电商采购管理平台，或以采购联盟的形式，集中订单，实现规模采购和运输，从而降低采购成本。[①]

2. 门店采购

门店采购即分散采购，由各零售店自行采购生鲜农产品。门店采购价格由门店自定，有较好的经营主导权。但门店采购较难发挥大量采购、以量制价的功能。随着时代发展，这种采购方式已逐渐被连锁超市、连锁餐饮企业等零售商所淘汰。

（二）按照采购地域可划分为当地采购与跨地区产地采购

1. 当地采购

当地采购主要适于因保鲜原因不易远途运输的生鲜农产品，采购渠道又可分为农产品批发市场和城市周围农产品生产基地。适用于当地采购的生鲜农产品的品类包括：蔬菜中的速生叶菜类；按照政府规定必须从当地肉联厂采购的鲜肉类产品；鲜活水产品；部分副食产品、半成品等。以盒马鲜生为例，其货源有一定比例为当地采购，主要包括盒马鲜生旗下系列自有品牌——日日鲜，主打不过夜蔬菜、肉、蛋和奶类等生鲜食品。

---

① 8 000亿的餐饮供应链市场，O2O可以这样玩！［EB/OL］. https://www.sohu.com/a/6197867_115106.

2. 跨地区产地采购

跨地区产地采购的生鲜农产品主要是可以在一定时间和距离内远途调运,或者经过保鲜加工处理的生鲜农产品,包括:具有耐储存、大批量特色的大宗菜(大白菜、洋葱、土豆和冬瓜等);部分果实类水果(柑橘、苹果、香蕉和箱装水果等);冷冻水产品;干鲜产品和保鲜封装的初级加工制成品。

(三) 按照采购渠道可划分为产地直采与中间商采购

1. 产地直采

产地直采即零售商不通过任何中间环节,依靠自建的采购团队,向生鲜供应商采购农产品,其中生鲜供应商主要包括农户、农业合作社、种植养殖基地、龙头企业等。简要来说,其优点在于:真正减少供应链环节、取得价格优势;易于双方交流且信息传递迅速;最大限度实现"个性化定制";时间短,利于提高产品新鲜度、降低退货概率。但产地直采的最大难度一方面在于对上游供应端的管控,另一方面在于资源整合成本以及物流成本较高。具体来看,产地直采的优点主要有以下几方面。

(1) 产地直采取消了原来流通渠道中的众多采购环节,没有了一级批发商、二级批发商、本地供应商的层层利润盘剥,可以节约流通过程中的成本费用,提高农民收入,增加消费者剩余。

(2) 零售商在挑选产地时,会设立一系列标准,只有产品符合采购标准的产地、合作社(龙头企业),才会与之签订长期合同。

(3) 实行订单农业,实现产销对接,零售企业由原来产后采购逐步转变为产前订购。突破传统商业经营体制,由单一的零售经营转变为产销一体化经营模式。

(4) 零售商委托合作社、专业第三方服务商或龙头企业按照采购计划定时定量采摘农产品、检测农残、包装并配送到门店销售,并由它们从源头控制生鲜农产品的质量与价格、生产流程,追溯相关信息。

(5) 结款账期短,支付方式灵活。

从采购品类来看,产地直采适于销量比较大的单品、地理标识产品或特色农产品。我国农产品供应链上游极度分散,各地生鲜品种、质量、价格不统一。为了便于种植模式的可复制性,各大产区倾向于种养植一两种核心品种。[①] 以苹果为例,我国不同地区种植的品种不同,包括陕西的洛川苹果,山东的栖霞苹果、富士苹果,甘肃的花牛苹果,新疆的阿克苏苹果以及云南的昭通苹果等。2019 年 2 月,中央一号文件进一步提出,加快发展乡村特色产业,培育农产品品牌,倡导"一村一品""一县一业"。以农村淘宝为例,2017 年农村淘宝开始"一县一品"试点,该模式下,阿里巴巴提供大数据赋能、消费标准输入和供应链输入,以直

---

① 兴业证券:2019 年中国生鲜行业供应链行业深度研究报告[EB/OL]. http://www.cawa.org.cn/home/Html/hangyeshow38274.html。

供直销模式进行选品、采购、品控。下一步,"一县一品"模式将升级为"一县一业"。①

从流通模式来看,产地直采在生鲜电商平台以及大型超市的采购体系中占据一定比例,其中以永辉超市、家家悦为代表的线下大型超市,深耕生鲜领域多年,拥有更为完善的直接采购以及供应能力,其在选品、品类丰富度、品控等方面都有强劲优势。而生鲜电商直采盈利能力有待进一步提高,长期经营效果尚未显现。

从采购地域来看,随着通信技术、冷链物流以及设施设备发展水平的提高,零售企业直采的范围越来越大,从本地采购发展到跨地区、跨国采购。如盒马鲜生采购团队在世界范围内采购水产、肉制品、果蔬以及乳制品,其采购人员不仅包括国内买手,同时还有来自韩国、法国、加拿大、美国等当地买手。

2. 中间商采购

中间商采购则是通过中间商实施采购行为,最常见的中间商是批发市场、物流园区、代理商或经销商、B2B(企业对企业)生鲜电商平台、采购联盟、贸易公司等。中间商采购可以分散采购风险,充分发挥企业各自的核心能力。下面针对批发市场采购、B2B生鲜电商平台采购、采购联盟这三个典型进行简要概述。

1)批发市场采购

我国生鲜农产品流通模式以批发市场为中心,零售市场和超市为基础。近年来,生鲜农产品零售端爆发了生鲜电商、社区团购等多种以线上化或线上线下一体化为代表的生鲜流通新模式,该流通模式受到了冲击,但从宏观来看,我国生鲜流通渠道仍以多级批发市场为主。批发市场作为传统渠道,优势在于:价格低廉,SKU(stock keeping unit,最小存货单位)种类丰富,同时批发市场的价格变动具有标杆和警示作用。其劣势在于:产品质量难以把控,产品同质化现象严重,产品难以溯源,存在较高质量安全隐患。

冗长的多级批发模式使得生鲜农产品从生产源头到终端消费者的流通过程呈现出多元交叉的特点。各类零售商可以从二、三级批发市场进货,也可以从产地或销地的大型批发市场进货。以永辉超市为代表的具备较强的资源整合能力与供应链运营能力的大型连锁超市,还会直接与农户或合作社签订订单,实施产地直采。②

我国生鲜农产品批发市场自20世纪70年代以来经历了多个发展阶段。2009年至今,批发市场在消费升级和信息技术的催动下加速整合、集成,形成集团化发展,逐渐摆脱低效能、高成本的运作形态,但相比发达国家成熟的批发市场模式,依然有较长的路要走。

2)B2B生鲜电商平台采购

电子商务对于生鲜农产品流通效率提升、交易成本优化等方面有着巨大价值。B2B平

---

① 洪涛:2019年中国农产品电商发展报告[EB/OL]. http://www.cawa.org.cn/home/Html/hangyeshow37823.html,2019-4-15。

② 兴业证券:2019年中国生鲜行业供应链行业深度研究报告[EB/OL]. http://www.cawa.org.cn/home/Html/hangyeshow38274.html。

台打破了传统的市场、空间隔阂和交易模式,通过一个联系供需双方的平台,将不受数目限制的双方联系在一起,允许买卖双方多对多的关系存在,其所形成的业务规模效应,有助于实现对农产品流通过程中的各个环节和分散的市场资源的整合。近年来,随着互联网技术的普及,我国农产品 B2B 交易得到了迅速发展。2021 年,中国农产品网络消费额达 7 893 亿元[①],并出现了以拼多多、网库、美菜、一亩田、社员网等为代表的农产品 B2B 交易平台模式。[②]

目前,通过 B2B 生鲜电商平台进行采购的末端零售商主要包括超市、餐饮企业、生鲜品牌零售店。对于中小餐馆、社区生鲜店、便利店等数量众多且规模较小的零售商而言,运营的症结在于货源。由于目前并没有一个全品类生鲜集散平台,小店店主采购不同品类的产品时,需要分别跟不同供应商采购。通常,由于单一商品的订量无法达到送货要求,店主只好起早贪黑到批发市场进货,从而导致零散订货成本和人力、运输成本居高不下,也难以控制货品的质量。相比较而言,具备商品管理体系和系统后台的成熟的 B2B 平台,支持各店当日下单,次日上午送货到店。平台上各类产品的每日流通累积形成数据,反过来指导采购和运营管理人员了解不同区域、不同消费人群甚至不同天气的消费偏好。通过统一采购、统一配送,B2B 电商平台生鲜产品质量稳定、可追溯,且有成本优势。

随着时代的发展,B2B 生鲜电商平台除了提供常规供需信息外,已延伸出其他的增值服务,如代理采购、下单采购、财务结算等。以一亩田为例,这家打造了全国领先的农产品 B2B 交易平台的移动互联网公司,采用 App+B2B 移动网络模式,提供包括发布生鲜农产品行情信息、订单发布、抢单报价、在线商谈、智能排名、精准匹配等一系列以大数据为核心的买卖撮合服务功能;提供资金结算、信誉评价、纠纷处理等环节的辅助交易的服务功能;此外,还提供物流、农贸、农技等交易周边服务功能。[②]

3)采购联盟

第三方运营的采购联盟作为一个采购服务提供商,通过为多家企业做采购,集小订单成大订单,获取采购规模优势。该联盟直接与生鲜供应商交易,减少中间层级,降低成本的同时可以保障产品质量。

采用这种采购方式的末端零售商主要包括餐饮企业和机关单位。以美菜网为例,这家生鲜移动电商平台通过汇集下游近千万家中小型餐厅的订单,实施集中采购,并为它们提供分拣、配送等物流服务,从而降低餐厅供应链成本,提高其运营效率。而众美联则是由小南国、外婆家等连锁餐饮企业发起的,由国内 200 家中大型连锁餐饮企业参与所形成的采购联盟,主要联合会员企业集中采购,降低采购成本。[③]

---

① 农货电商行业数据分析:2021 年中国农产品网络消费额将达 7 893 亿元[EB/OL]. https://www.iimedia.cn/c1061/81751.html。

② 洪涛:2019 年中国农产品电商发展报告[EB/OL]. http://www.cawa.org.cn/home/Html/hangyeshow37823.html,2019-4-15。

③ 8 000 亿的餐饮供应链市场,O2O 可以这样玩![EB/OL]. https://www.sohu.com/a/6197867_115106。

3. 自建基地

自建基地,即零售商通过自有的种植养殖基地,实行自己的生产标准,整合生产、采购、加工、包装等增值环节,进而建设自有生鲜品牌。这种发展自有品牌农场的理念,是农超对接模式下产地直采的延伸。自建基地实行统一引种、饲料、防疫消毒,形成生产、加工、销售一条龙体系,有利于生产效益的提高,并从源头上对农产品的质量安全进行把控。其优势在于,零售商可以自己决定生鲜农产品品类和种植计划,品质有保障,加价少;其劣势在于前期投入较多,产品品类有限,同时难以形成规模化效应。一些实施农超对接的大型零售超市,如麦德龙、乐购等,多采用这种模式。与产地直采模式相比较,这种自产自销的方式需要双方签订战略联盟合作协议,共同进行种植养殖、加工厂、物流配送、冷链技术、冷链设备等方面的投入与发展。

二、生鲜采购业务特征

(一) 采购品类繁多

造成我国生鲜零售端采购品类较多的原因主要有两点:一是生鲜农产品种类繁多;二是 C 端消费者的消费需求多样。采购品类繁多导致我国生鲜农产品采购标准化发展过程受阻。

首先,我国国土辽阔,生鲜种类繁多。据统计,我国的食用蔬菜有 229 种,常用蔬菜高达 150 种,而美国常用蔬菜只有几种。[1] 其次,我国丰富的饮食文化使得消费者对生鲜的品种以及新鲜度要求较高,消费者的购买行为呈现高频次、小批量的特点。与之相比,欧美国家多食用冷冻食品,生鲜品类较少,消费者通常一次购买一周所需食材[2],且上游产地农产品标准化程度高。我国分散且繁多的生鲜品类使得采购价格、采购品质等指标难以实现标准化。[2]

(二) 采购过程复杂

我国生鲜零售端采购过程的复杂性体现在两个方面:一是供应链上、下游参与者的分散性;二是采购渠道的冗长复杂性。

首先,我国生鲜供应链上、下游参与者较为分散,这严重阻碍了生鲜农产品规模采购的发展进程。从上游看,农户及农业合作社分散,且组织化程度仍处于较低水平。截至 2020 年,我国依法登记的农民专业合作社共有 220 万家,入社农户成员约 1.22 亿户,普通农户成员占比达 95.4%。[3] 合作社结构松散、规模较小,缺乏科学的管理素质和技术创新观念,在内部运

---

[1] 兴业证券:2019 年中国生鲜行业供应链行业深度研究报告[EB/OL]. http://www.cawa.org.cn/home/Html/hangyeshow38274.html.

[2] 赵晓娟:新零售如何影响了一颗苹果的一生[EB/OL]. https://www.sohu.com/a/218498209_168553.

[3] 张红宇:我国农民合作社的发展趋势[EB/OL]. https://baijiahao.baidu.com/s?id=1682636191705910368&wfr=spider&for=pc.

行、财务管理、科技运用、生鲜市场洞察、政策法规把握等方面较为落后,大大制约了合作社的规范化发展。[①] 较高的上游分散度增加了采购成本,降低流通效率。从下游看,一方面,农贸市场[②]零售摊位的分散性限制规模化采购;另一方面,分散的小型生鲜零售商及餐饮企业的生鲜品种需求与质量标准繁杂,增加了零售端的采购难度。以餐饮业为例,尽管当前我国餐饮门店数是日本的9倍,但在门店集中度、市场规模集中度上都远远低于日本、美国等发达国家。[③]

其次,我国农产品流通仍处于以多级批发市场为主的运作模式。这种渠道中的多级采购模式,不仅提高了最终产品的销售价格,而且损耗率较高,影响生鲜的品质。近年来,大型超市以及部分生鲜电商平台,凭借较强的资源整合能力与互联网技术,纷纷采取直接采购模式,整合分散的上下游资源,实现了规模采购和运输。但由于物流成本、资源整合成本较高,目前超市直采只占一定比例,而电商直采盈利能力较差,长期经营效果尚未显现。[②]尽管如此,产地直采作为一种减少供应链中间环节,提升采购效率的模式,势必成为未来生鲜农产品流通的趋势。

(三) 采购风险较高

生鲜农产品具有易破损、易腐坏等特点。在冷藏状态下,新鲜水果一般可以保存5~7天,新鲜蔬菜一般可以保存4~5天,新鲜乳品冷藏保质期通常是7天。但由于我国生鲜农产品生产地域较分散,产销地分离决定了农产品需要进行长距离的运输。当产品到达销售场地时,保质期仅剩短短几天。此外,新鲜农产品一般质地鲜嫩,含水量较高,在流通过程中易在不同程度上受到损害,从而导致腐败变质。由于生鲜农产品经营成本高、损耗大,采购环节稍有不慎,就有可能使得零售商出现亏损。

三、新零售企业生鲜采购发展趋势分析

(一) 新零售对传统生鲜采购的变革

新零售即线上线下与物流深度融合的新型零售模式,其本质是要提高运营效率,降低运营成本,保障商品质量,提高购物体验,其核心是大数据。大数据贯穿了新零售运营的整个流程,也是新零售与传统零售差别最大的地方。新零售通过构建新的购物体验环境,结合线上、线下的销售渠道,基于大数据整合实现精准预测,从而满足消费者的多样化需求。

---

① 兴业证券:2019年中国生鲜行业供应链行业深度研究报告[EB/OL]. http://www.cawa.org.cn/home/Html/hangyeshow38274.html.
② 贸易金融网:2019年中国生鲜行业供应链行业深度研究报告[EB/OL]. http://www.sinotf.com/GB/136/Report/2019-06-14/5MMDAwMDMzNDY5Mg.html.
③ 8 000亿的餐饮供应链市场,O2O可以这样玩![EB/OL]. https://www.sohu.com/a/6197867_115106.

新零售这一崭新的模式,与传统的零售业模式、纯电商经营模式均存在较大的差异,而差异之一就体现在零售业的关键环节,即采购环节。采购作为零售业运作中关键的一环,同时也是十分复杂的一环。传统零售业的采购管理目的就是补充库存,避免造成缺货;供应商选择标准少且单一,一般选择价低者进行合作;采购部门和销售部门相互独立,采购人员不了解销售情况,采购与其他职能缺乏协调,存在诸多弊端。传统采购模式与新零售下采购模式的主要区别如表2-3所示。

表2-3 传统采购模式与新零售下采购模式的主要区别

项　　目	传统采购	新零售下采购
供应商关系	对立	共赢
合作关系	短期的	长期的
采购渠道	线下	全渠道
采购数量	大批量	小批量
运输策略	单一品种整车发送	多品种及时发送
与供应商沟通	采购订单	网络
信息沟通频率	离散的,比较少	连续的,随时随地
设计流程	先设计产品后询价	供应商与消费者均参与设计

资料来源:苏宗荣.新零售下麦德龙生鲜产品采购管理优化研究[D].徐州:中国矿业大学,2019:18-19.

1. 订单驱动采购

由于季节性因素以及农产品产量的不确定性,传统的生鲜采购过程中针对采购品种和数量的预测会过度依赖采购员以往的判断经验,无法及时根据市场情况作出反馈,进而导致产品供过于求或者缺货短货的现象。新零售环境下,企业基于大数据、云计算、物联网(the internet of things, IoT)等技术,可以实现以销定产,利用销售端订单驱动包括采购在内的供应链运作流程。新零售背景下的订单农业模式,不仅可以采购符合销售端需求的产品,而且能够帮助上游产地根据市场需求开展生产、改良品种等活动。①

2. 数字化转型

新零售的核心是以数据重构生态创新。借助大数据、人工智能、物联网等技术,零售企业整体的采购框架可以数据为核心进行改进与创新,进而降低公司经营风险,提高收益。首先,以消费者需求来驱动的新零售可以利用消费端收集的大数据,明确所在区域消费能力、消费习惯、产品实际状况等,从而根据消费者的需求,最大限度地实现"个性化定制"。其次,通过以网络为基础的信息交流平台,生鲜供应链上每个环节的信息传递效率加强,在采购端,则显现出渠道多元化、订单碎片化和执行即时化的特征。以盒马鲜生为例,盒马在商品采购预测环节,依据阿里大数据和盒马自己的客户数据,可以做到精确门店的商品选

---

① 赵晓娟:新零售如何影响了一颗苹果的一生[EB/OL]. https://www.sohu.com/a/218498209_168553.

品与采购计划,以及库存分配计划。

3. 优化采购渠道

现阶段,我国生鲜农产品采购渠道多样化,零售端的各类企业依据自身的经营规模以及生鲜农产品供应链中配送体系的完善程度,选择不同的渠道采购农产品。但对于生鲜电商、大型超市,以及各类直接面向消费者的零售业态而言,真正能形成品种、价格和新鲜度等渠道优势的仍是产地直采这种模式。产地直采帮助零售企业深入生产环节,直接掌握产品本身的质量。随着超市以及电商平台生鲜销售占比的进一步提升,提升采购效率的产地直采模式是未来发展的必然趋势。

4. 丰富采购品类

我国大量的生鲜农产品生产仍处于非标准化阶段,采购依赖采购人员的经验;销售端的流量无法支撑可以形成规模效益的批量采购。这些原因,造成我国生鲜农产品零售端缺乏经营特色,同一地区产品品种同质化现象等问题。新零售的出现,使得零售企业可以与上游供应商即时沟通,根据市场反馈的信息及时调整采购品类,生产满足消费者需求的优质农产品;借助互联网、大数据、物联网技术,发展智慧农业,构建现代化农村经济体系。

此外,在供应商管理方面:应建立一个适宜的评估体系,尤其要注重供货质量及供应及时性;对于能够保证货源的供应商,签订长期合作,应急供应商则进行短期合作;针对不同品类的供应商,需要对其提供的产品以及质量进行归类与登记,便于持续评估供应商的表现。

5. 赋权采购职能

货源是商品流通的起点,尤其对于生鲜农产品供应链而言,采购是其中的重要环节。我国零售业一直以供应商利益为导向,即"供应商给什么,零售商就采购什么",这样就导致零售采购的腐败问题。新零售背景下,零售采购从业人员需要承担相应的责任,将注意力放在挖掘好产品与优质货源上。由于新零售供应链的上下游体系扁平化,信息一体化,零售商和供应商之间能够实现信息互通、数据共享,采购人员需要基于大数据以及个人经验,结合销售端数据,分析消费者的消费偏好,综合考虑季节、国家等因素,最终选择要采购的产品。此外,采购人员应对销售负责,在考核绩效时需要考虑销售端的数据。

(二)生鲜新零售采购渠道变革

1. 新零售+产地直采

掌控优质的生鲜农产品生产基地是提供优质农产品的基础,同时也是保证供应链持续、稳定运营的关键。零售商通过多种途径掌控产品的核心产地,常见的有收购、参与运营、合资等方式。产地直采可以减少多级分销环节,避免多次运输,降低成本,提升供应链运营效率,同时保障生鲜农产品的质量安全。值得注意的是,这种渠道优势的发挥程度,与零售企业生鲜经营规模(销售量)和供应链中配套产业以及配送体系的完善程度密切相关。

结合新零售的情景与特点,我们总结产地直采渠道的特征。

1) 采购选品定制化

首先,新零售背景下的产地直采模式可以为消费者带来差异化的优质生鲜农产品。传统的多级批发市场模式下,生鲜农产品历经较多中间环节,使得利润在流通过程中消耗,从而导致生产型企业和种植大户不敢投入成本去培育中高端的产品。[①] 新零售的目标消费群体是消费能力较强,且对优质、安全的产品需求较大的中产阶级;而新零售信息一体化的特点可以帮助零售端企业深入生产环节,从产地把控生鲜农产品质量,提高产品优质率。同时,零售端可以结合供应链中的大数据与销售端的需求信息,精确制订采购选品计划。生产者也可以根据市场反馈信息调整农作物的种植,以销定产,生产符合消费者需求的生鲜农产品,从而在一定程度上实现养殖种植环节的标准化生产。

其次,结合大数据与消费者的需求信息,产地直采可以根据消费者对生鲜农产品尺寸、口味等方面的要求,通过"预售"等模式,最大限度地实现"个性化定制"。例如,位于不同城市、不同区域的盒马鲜生(以下简称"盒马")门店,可以为消费者量身定制符合当地当区特性的生鲜农产品以及产品加工等服务。

此外,对于新产品的引进不但要与季节相匹配,更需要捕捉市场热点。因此,对于新品的采购甄选标准不仅要考虑线下客流、销售、毛利等运营数据,也要看线上引流和转化数据。

2) 采购标准规范化

我国生鲜农产品零售端分散且繁杂的采购品类导致采购标准化实施较为困难。新零售背景下,企业利用大数据、云计算等技术手段,收集大量的销售数据,上游的农户可以根据消费者需求,有针对性地选择种植养殖品种,并进行产品改良。以盒马鲜生为例,位于新疆喀什的维吉达尼电子商务公司与盒马进行合作,将新疆的优质苹果送往盒马的仓库。在合作的过程中,盒马根据平台收集的用户数据,对于苹果的甜度、果径等采购指标方面有相应的标准和要求。[①]

采购过程中对生鲜农产品的尺寸、来源、外观等基本要素的标准化管理,能够大大提高生鲜产品的仓储效率,提升用户消费体验感。例如,盒马的买手团队采购的波士顿龙虾的大小多在450~500克,适合单人尝鲜,采购团队还会根据采购产品的信息给予终端销售价格参考建议。[②]

值得注意的是,采购的标准化管理与强调个性化的线下客户体验可能会存在冲突。采购标准化的实施有助于SKU的标准化管理,但标准化的产品可能会被个性化消费者所抛弃。例如盒马鲜生的水果、蔬菜、肉类都已经预先包装好,按份售卖,其每份蔬菜都在300~

[①] 赵晓娟:新零售如何影响了一颗苹果的一生[EB/OL]. https://www.sohu.com/a/218498209_168553。

[②] 揭秘盒马买手制:爆款帝王蟹、正宗三文鱼是这么来的[EB/OL]. https://www.sohu.com/a/251640412_734932。

500克,正好供三口之家炒一盘菜的分量,但这样的标准并不适用于所有消费者。①

3) 采购批量规模化

新零售背景下的采购为提高终端响应性,具有小批量的特征。基于双线订单的销售端数据,以及供应链数据渠道内共享,零售商可以整合门店以及分级分销机构的采购量,从而利用大数据实现大规模采购。例如,盒马与中粮合作的肉食计划,利用倒推的精确的链路设计来确定采购数量,从而实现终端订单的整合。具体来看,位于江苏台东的屠宰场,根据盒马共享的数据,算出屠宰时间、物流时间来安排养殖计划。链条上共享数据的分级分销机构,直接对接生产企业,使得不同零售终端实现采购共享,利用大数据进行集中采购,达到降低采购成本的目的。

4) 采购计划精准化

新零售背景下,零售商与供应商之间实现信息互通、数据共享。零售商基于采购信息库中生鲜农产品的特点、主要产地、市场情况、历年进货量和销售量、商品价格变化等内容,同时结合供应链中的大数据与销售端的需求信息,精确制订采购计划。计划内容包括确定产品标准、采购量、采购价格、采购地等项目。以盒马鲜生的海鲜产品为例,买手们需要对每个门店有多少个水缸,能够引进产品的上限值作出判断,再根据每个门店的动态销售数据,决定最终采购量。对于车厘子,盒马的买手通常一次采购3~5天的销量,并根据当天门店返回的销售数据,决定2~3天后还是5天后采购下一批。②

5) 供应商关系战略化

传统零售行业的零供关系更多的是基于规模和品牌力的博弈。新环境下,零供关系更需要合作共赢。零售企业可通过实地调研以及网络人脉搜索等渠道,结合销售数据以及消费者的偏好,积极寻找货源,有选择性地开发农产品基地。其选择标准除了基本的指标外,需要着重考虑涉及食品安全的品质类指标,以及反映供货及时性的响应性指标。盒马的国际采购团队在筛选供应商时,首先需要进行市场调研:一方面,深入各大零售超市、水产、水果交易市场,记下产品价格;另一方面,通过网络、人脉等途径收集各大供应商信息,了解各渠道价格。随后,买手们在盒马的全球购系统里,列出几家到十几家供应商信息,研究资格证书、综合供货量、产品质量、价格等因素。最终,筛选出几家需要进一步考察的生产基地,并深入源头进行考察。②截至2020年5月,盒马鲜生宣布已经拿下全国500家基地,其1/3的生鲜产品来自战略合作基地,品类覆盖果蔬、肉禽蛋、海鲜水产等几大品类,随着基地不断扩大,直采生鲜占比将持续增长。③

零售商可以通过多种方式与供应商形成长期稳定的合作形式,降低市场波动带来的风

---

① 林梦龙:看看"新零售"之盒马鲜生的供应链物流[EB/OL]. https://new.qq.com/omn/20180223/20180223G0T9HK.html.

② 揭秘盒马买手制:爆款帝王蟹、正宗三文鱼是这么来的[EB/OL]. https://www.sohu.com/a/251640412_734932.

③ 盒马建立500家生鲜基地[EB/OL]. https://www.sohu.com/a/396053703_120681494.

险;签订长期战略合作协议,建立以厂家直供为核心的供应模式;加大与品牌商、生产商联合开发定牌定制产品;共同探索生熟联动,提升产品性价比,增加体验式消费场景;通过C2B订单农业,取消进场费、去消费、新品费等渠道费用,构建零售商与供应商的"新零供"关系。

2. 新零售+自有品牌建设

新零售背景下,差异化的优质货源是生鲜供应链持续稳定运营的关键。随着线下超市行业积极发展线上业务,线上零售平台不断创新业态模式,深耕生鲜供应链多年的传统线下超市与具备线上流量优势的生鲜电商纷纷开展产地直采业务,争夺优质的货源。当所有企业都开始源头直采,品牌带来的形象、口碑价值等方面的效应就显得尤为重要了。线下渠道为生鲜农产品带来的品牌影响有限,而线上流量能给生鲜品牌化、标准化提供成长空间,通过多渠道融合来赋能生鲜品牌是未来较为可行的策略。因此,新零售最重要的价值是帮助产地培育和孵化更多优质品牌。结合新零售的情景与特点,我们总结自有品牌建设模式的特征如下。

1) 保障品质,减少成本

自有品牌建设使得零售商涉足种植养殖环节,推行自己的生产标准,真正实现源头控制,保证生鲜农产品的质量。为满足顾客每日的生鲜产品需求,盒马提出"日日鲜"计划,将第二日的销售计划发给崇明合作农场基地,农户根据计划进行采摘、包装、冷链送到门店,进行统一包装、统一定价。这种B2B的冷链供应模式避开了其他生鲜店每单30元的运输成本,最大限度避免了传统生鲜电商20%~30%的损耗,使得盒马在毛利仅为10%的情况下,实现了"日日鲜"。

2) 推动生产规范化、标准化

零售企业相关质量控制部门指导并监督生鲜农产品的种植、检测、采收、冷藏、包装、配送等生产加工程序,通过专用配送设备从生产农场直接将农产品送往商场销售,真正做到"从农场到餐桌"的一体化管理。盒马帮农民制定种植标准、土地、无公害水资源的要求,从源头进行统一标准,增加消费者对生鲜农产品的信任度。

3) 满足需求差异化

新零售背景下,零售企业锁定目标人群,刻画消费场景,了解各场景中消费者线上和线下消费频次、支出和价值诉求等消费偏好,结合大数据积极发展和引入新产品,不断满足消费者差异化、个性化需求。

2017年,盒马推出的"日日鲜"计划,与崇明农场、中粮、安佳等大品牌合作,以一、二线城市具有消费能力,追求新鲜、安全、健康的生鲜产品的年轻用户为目标群体,涉及蔬菜、鸡肉、猪肉、牛奶、鸡蛋、菌菇等系列产品。[①] 截至2019年10月,盒马自有品牌产品占比已超

---

① 亿欧:盒马与纽澜地战略合作,是又一次供应链的深度探索[EB/OL]. https://www.sohu.com/a/332858671_115035.

过10%,在国内零售行业里是最高的,基本涵盖消费者日常型、改善型和极致型消费需求。其中,盒马蓝标、盒马工坊、盒马日日鲜等品牌主要满足大众日常生活需求;主打进口食材的帝皇鲜和盒马金标品牌则面向追求高品质的人群;盒马黑标主要是全球稀缺商品,满足极致型消费需求。[①]

第四节 新零售合作伙伴管理概述

一、新零售视角下生鲜供应商细分

供应商细分是指在供应市场上,采购者依据采购物品的金额、重要性以及供应商对采购方的重视程度和信赖性等因素,将供应商划分成若干群体。只有在细分的基础上,采购方才有可能根据细分的不同情况实施不同的供应商关系策略。这里我们根据供应商关系谱法将生鲜供应链的供应商分为不可接受的供应商、可考虑的供应商及五级不同层次已认可的供应商(表2-4)。

表2-4 生鲜供应链供应商关系类型

层次	类型	特征	表现形式
5	伙伴型供应商	优化协作	零售企业与产地/品牌供应商
4	共担风险供应商	强化合作	零售企业与产地/品牌供应商
3	运作互联供应商	公开、信赖	零售企业与产地/品牌供应商
2	持续接触供应商	价格博弈	零售企业与批发市场经销商
1	触手可及供应商	现货买进	小型零售企业与农贸市场
—	可考虑的供应商	新出现	潜在的供应商
—	不可接受的供应商	不能满足需求	不合适的供应商

(一)触手可及供应商

处于该层次的供应商"触手可及",因采购价值低,他们对零售企业显得不重要,无须与其靠得太紧密。现实中,小型零售店和农贸市场的关系与之类似,处理这类关系可采取现货买进方式。

(二)持续接触供应商

该层次供应商需要对供应市场有一定的把握,如了解价格发展趋势等,采购的主要着力点是对供应市场保持接触,在市场竞争中买到价格最低的商品。现实中,零售企业与批发市场的关系与之类似。

---

① 庄怡:盒马宣布自有品牌占比超10%,称要让供应商以与盒马合作自豪[EB/OL]. https://www.guancha.cn/ChanJing/2019_10_21_522110.shtml.

(三) 运作互联供应商

处于该层次的供需双方运作相互联系，其特征是公开、互相信赖。通常这类供应商提供的生鲜品对零售企业来说属于战略品，但可选择的供应商可替代且不唯一。一旦选定，双方须坦诚合作。这类供应商可以录入零售企业的采购系统，考虑长期合作。现实中，零售企业从产地直接采购模式下可能存在这种供需关系。

(四) 共担风险供应商

该层次属于一种长期合作关系，其重要特征是双方都力求强化合作，通过合同等方式将长期关系固定下来。现实中，零售企业从产地直接采购模式下可能存在这种供需关系；零售企业与批发市场上的大型经销商长期合作的情况下也会存在这种供需关系；零售企业与专业的蔬果供应链企业（B2B 电商）也有可能存在这种供需关系。

(五) 伙伴型供应商

该层次也属于长期的合作关系，是双方互相配合形成自我发展型供应商关系。这种关系意味着双方目标相同、协同作战，最具代表性的活动就是供应商主动参与到零售企业的产品开发业务中来，且零售企业也依赖供应商在其产品领域内的优势来提升自己的产品竞争力。现实中，零售企业从产地直接采购模式下可能存在这种供需关系；零售企业与专业的蔬果供应链企业（包括 B2B 电商）也有可能存在这种供需关系。

新零售生鲜供应链中的零售双方关系主要有运作互联、共担风险和伙伴型三种模式。由于产地直采以及自有品牌建设是新零售背景下生鲜农产品的主要采购模式，因而共担风险和伙伴型这两种长期合作关系成为零售企业关注的重点。以盒马鲜生为例，处于盒马全球采购系统里的供应商和盒马鲜生之间的关系属于运作互联式；安佳、正大等农产品品牌供应商属于共担风险型供应商；纽澜地、上海崇明农场等与盒马共建品牌或创建自有品牌的供应商属于伙伴型供应商。①

二、新零售视角下生鲜合作伙伴关系建立

新零售背景下，零售商与供应商的关系比从前更需要合作共赢。本书认为新零售生鲜供应链中的合作伙伴关系主要包括运作互联、共担风险以及伙伴型三种形式，下面主要从供应商开发和供应商选择两个方面探讨构建新零售生鲜合作伙伴关系的措施。

(一) 供应商开发

供应商开发是采购方为了满足企业长期或短期的供给需求而进行的提升供应商绩效和能力的努力。经分析，我们提炼出三类供应商开发行为：直接参与、激励和强制竞争。直

---

① 亿欧：盒马与纽澜地战略合作，是又一次供应链的深度探索[EB/OL]. https://www.sohu.com/a/332858671_115035.

接参与包括供应商认证、实地考察、供应商表彰、供应商反馈、培训等。激励指利益均沾的承诺。强制竞争指选择多个供应商以使供应商相互竞争。笔者选择四类供应商行为作为新零售背景下生鲜供应商开发行为,包括:信息共享,直接投资与资金支持,技术支持,培训和教育供应商员工。

1. 信息共享

信息共享是买卖双方对关键信息的一种交流,及时经常地与供应商信息共享对供应商开发来说非常重要,有效的信息共享能够增强双方的理解和解决问题的能力。新零售的重要特征就是利用大数据,在供应链内部实现即时准确的信息沟通与传递,指导农业生产、运输、销售、加工等整个流程。

2. 直接投资与资金支持

直接投资与资金支持是零售商对供应商直接的财力支持。对供应商的直接投资和资金支持会加速供应商能力的提升。此外,买方企业往往通过预付部分货款来缩短付款周期的方式对供应商进行资金支持,从而保障其采购质量和绩效。家乐福为了适应农村地区的实际情况,特别加快了与农民专业合作社的结账时间,同时支付方式也更加灵活。此外,家家悦、永辉等开展农超对接模式的大型超市,都会设置专项资金,针对贫困户预先垫付农资费用;同时为上游农户或合作基地提供资金支持,扩大种植规模。

3. 技术支持

技术支持是指买方企业为供应商提供产品生产的直接技术指导,帮助供应商提高产品质量。在现代农产品供应链中,超市为提高经营效益和达到商品标准,往往会帮助合同农户采用先进技术。家家悦利用信息、技术、管理等优势,提供有针对性的技术指导,帮助其建立绿色有机农产品基地,建立可追溯制度。沃尔玛会为合作的基地提供专业的农产品种植养殖技术,并对合作方进行生产、加工、包装、物流及市场运作等全方位的专业培训与咨询,从生产源头保障食品安全。

4. 培训和教育供应商员工

培训和教育供应商员工属于直接供应商开发行为。通过该行为,零售企业可以为供应商直接输入先进的理念与思想,从而达到知识共享、信息互换等目的,增加买方企业和供应商之间的互动,从而保证采购质量。例如,家乐福会专门针对农民合作社负责人、社员代表、基层干部等,举办农产品质量安全及风险防范方面的培训。

(二)供应商选择

对于零售业来说,生鲜产品的质量和价格取决于采购,而选择合适的供应商是零售业采购的第一步,也是采购管理的重要组成部分。新零售下消费升级,消费者关注层面不再仅仅停留在价格上,而对生鲜的质量、健康、安全越加重视。未来的生鲜新零售将集中在更安全、更新鲜、更快这三个维度,这也成为零售企业对供应商选择的衡量标准。下面主要介绍新零售背景下生鲜供应商选择的指标。

1. 供应商选择的衡量标准

从产品角度考虑,生鲜供应商应具备提供优质、安全的生鲜农产品的资源和能力,包括:是否具备可追溯体系,是否符合规范化生产,是否具备初级加工、分拣、包装、配送等基本能力。

从响应性角度考虑,生鲜供应商应具备一定的柔性和灵活性,可以根据客户的需求调配生产安排。

从信息化角度考虑,生鲜供应商应具备管理信息系统以及信息处理平台,从而可以实现供应链内部数据共享。

从合作能力角度考虑,生鲜供应商应具备自我发展以及共同成长的意愿,双方可以互相借助彼此的优势,共同打造农产品品牌。

2. 供应商选择的评价指标

结合国内外研究成果,本书选取质量安全、价格水平、交货速度、服务设施、信息化服务水平及合作发展能力这六个一级指标;选取相对价格竞争力、订单满足率、售后服务满意率等为二级指标;结合新零售背景的特点,增加危害检测合格率、生鲜产品可追溯率等新指标,构建新零售视角下生鲜供应商选择评价指标体系(表2-5)。

表2-5 新零售视角下生鲜供应商选择评价指标体系

目标层	一级指标	二级指标
新零售视角下生鲜供应商选择评价指标体系	质量安全	新鲜程度
		生物、化学、物理性危害检测合格率
		包装检测合格率
		农产品认证(个数)
		生鲜可追溯率
	价格水平	相对价格竞争力
		批量折扣率
	交货速度	订单满足率
		常规状态交货时间
		紧急订单交货时间
	服务设施	ISO 9000实施率
		HACCP实施率
		保鲜配送技术水平
		售后服务满意率
	信息化技术水平	信息化系统使用频率
		信息化系统使用范围
		产品可控性
		信息共享程度
	合作发展能力	财务状况
		企业规模
		人员素质

需要注意的是,零售商可以结合销售端的需求信息与销售数据,调整供应商选择评价指标。此外,不同生鲜品类的供应商标准不同,选择评价供应商时,应根据实际情况灵活调

整二级指标的内容。

第五节 新零售生鲜供应链体系概述

一、新零售生鲜供应链发展现状与问题

(一) 生鲜新零售主要业态

新零售的基本形态以消费者为中心,线上、线下逐渐融合,前提和基础在于大数据、云计算、物联网等新技术,目的在于提升购物体验和满足消费者个性化需求。根据新零售基本形态的内涵与特征,我们将生鲜新零售的主要业态总结为前置仓模式、社区超市以及社区团购模式。

1. 前置仓模式

按照面积大小及定位不同,可将市场上的生鲜新零售前置仓分为大型、中型和小型三类(表2-6)。其中大型前置仓即前店后仓、以店代仓,覆盖半径3千米,其特征在于产品品类齐全,且具有非常强的品牌效应,以盒马鲜生、沃尔玛为代表。中型前置仓即严格意义上的前置仓模式,每个门店作为中小型仓储配送中心的纯仓模式,覆盖半径以及库存单位量都比大型仓少,以每日优鲜、叮咚买菜、美团买菜为代表。小型前置仓包括门店生鲜自提区、社区自提区等类型,以苏宁菜场为代表。

表2-6 生鲜新零售大、中、小型前置仓比较

项 目	大 型	中 型	小 型
面积	>1 000 m²	200~400 m²	<100 m²
SKU	>3 000 个	800~1 500 个	约 100 个
类型	以店代仓,前店后仓	纯仓模式	门店生鲜自提区
覆盖半径	3 km	1.5~3 km	500 m
代表	沃尔玛、家乐福、盒马鲜生	每日优鲜、叮咚买菜、永辉生活到家	苏宁菜场、鲜小厨
特征	家庭全品类、强品牌形象	精选餐桌食材,区域化明显	前端轻落地,重后端生鲜供应链运营能力

资料来源:36氪公司咨询分析报告 https://mp.weixin.qq.com/s/qQxIEk3BaSW-5WHezPkuFQ。

本书仅针对中型前置仓的优缺点进行分析。

中型前置仓模式具有两个显著的优点:首先,前置仓模式具有及时性。由于前置仓一般选址于离消费者较近的地方,消费者下单后,商品从最近的仓库发货,可在短时间内送到客户手里。其次,复制快且开店灵活。由于前置仓模式所使用的面积不大,开店成本与前期投入都较低,相对于前店后仓而言模式较轻。

中型前置仓模式的缺点主要在于以下两方面：首先，客单价与订单量存在较大的不确定性，从而导致损耗的不确定性增加；其次，缺少线下的购买场景，顾客在商品送达后才能对商品有所感知，并没有真正实现线上、线下双渠道的融合，从而无法获取稳定的流量。

2. 社区超市

社区超市或 mini 店，兼具了中型前置仓配送及时、开店灵活的特点，以及大型前置仓线上、线下一体化的优势，使得消费者具有进门店感受线下购物的体验。依据定位不同，可将生鲜社区超市分为综合性生鲜社区超市和垂直生鲜社区超市。前者以盒马 mini、永辉 mini 为代表，后者以经营肉菜为主的钱大妈、谊品生鲜为代表。

社区超市的优势主要有三个方面：首先，基于社区周边 500 米范围，满足消费者生鲜进场景拣选、体验等需求，从而保证稳定的流量；其次，作为履约节点，提供到家配送服务，同时针对预售或拼团订单支持到店自提；最后，支持食材现场加工，补充家政、维修等低频刚需消费服务。社区超市的运营难点主要有以下两方面：首先，涉及门店运营；其次，需要完善的生鲜产品供应链作为支持。

3. 社区团购

社区团购是基于地理位置服务定位熟人社交场景，通过招募的团长组织用户开展线上拼团活动，再经由平台将商品统一配送至团长处，最终由用户自提的模式。

社区团购的优点有以下几个方面：首先，穿透力更强，且易于向"下沉市场"渗透；其次，通过集中采购、集中配送的方式，规模化地降低中间流通成本；最后，通过拼团、预售等模式，以采定产，减少中间流通链长度以及搬运次数。其缺点主要在于两方面：一是缺乏对供应链上下游渠道的把控，从而导致生鲜农产品损耗率较高；二是对于团长的忠诚度要求较高，若团长出现"倒戈"，将会使平台企业损失大量顾客资源。

（二）新零售企业生鲜供应链存在的问题

现实中，深耕生鲜供应链多年的传统线下超市拥有更为完善的供应链体系，但难在吸引流量；具备线上流量优势的生鲜电商可以为生鲜品牌化、标准化提供发展契机，但很难在短期内形成稳定可靠的供应链；新零售作为新生业态，能够解决传统业态存在的部分供应链问题，但仍存在弊端。下面我们从三个方面探讨新零售背景下我国生鲜供应链存在的问题。

1. 种植养殖端非标准化

生鲜零售主要比拼的是供应链，决定生鲜供应链能力水平的关键因素是生鲜种植养殖环节的标准化程度。种植养殖环节的标准化体现在农产品育种、育苗、栽培、病虫害防治、采购管理每个环节都具备一套标准。日本生鲜农产品的种植养殖业利用几十年时间建成了一套完整、成熟的体系。在农产品种植端，JA 农协制定了一系列种植标准，从产品种植、种什么、怎么种、怎么采、怎么销售等全面实施流程把控，有效提高了种植端的标准程度。

我国农产品的产量很高,但种植养殖环节缺少标准体系指导。以果蔬种植为例,产地端存在种植缺乏规划、采摘过程粗暴、采后管理粗糙等不规范问题。

种植养殖端的非标化,进而影响了下一环节——采购。我国在生鲜农产品的采购标准,往往由采购方决定,每个零售商都有自己的采购标准,缺乏统一,导致与种植养殖端对接存在困难。

2. 供应链运营能力缺乏

新零售供应链运营能力的缺乏主要表现在采购、加工、运输、仓储配送等环节。当前我国生鲜农产品主要通过批发市场流通至零售端,这种流通模式致使源头产品质量难以保证。与此同时,果蔬等生鲜农产品缺乏采后管理以及产地加工包装等过程,在一定程度上造成了果蔬损耗率高。此外,由于冷藏冷链技术以及配套基础设施落后,我国生鲜农产品在运输以及仓储配送等环节损耗严重。

3. 产业配套不完整

生鲜供应链体系从农业、物流到零售横跨三个产业。生鲜供应链能力高低,取决于二、三产业与第一产业的融合程度。首先,我国农产品冷链物流自动化水平低、物流成本较高、冷链流通效率低、尚未形成完善的冷链物流体系,基础配套设施亟须完善;其次,当前我国农业普遍存在现代化信息化程度低、供求信息不通畅的问题。日本鼓励二、三产业与农业产业协作,其二、三产业在生鲜农产品的供应链端与流通环节起到了关键作用。例如,日本汽车制造业与日本制冷产业共同为生鲜配送开发专业的冷链车,生鲜配送在冷鲜、冷冻、常温品类搭配上,冷链车可以一次配送多品类的生鲜产品。

二、新零售企业生鲜供应链体系构建途径

新零售的出现推动了传统生鲜供应链体系的重构,逐渐形成"供应—交易—配送"三环节模式。由此可知,生鲜供应链的两个重要变革方向是供应链一体化和流通环节减少。下面根据"供应—交易—配送"三环节模式,探讨如何构建新零售视角下生鲜供应链体系。

(一)前端深入产地,挖掘品牌价值

新零售背景下,生鲜零售企业必须深入前端,与上游有实力的供应商合作,保证稳定、优质、安全的货源。在源头建立直采基地,整合生产、采购、加工、销售等功能,减少中间环节,降低零售终端价格,保持有利的竞争价格。而提升自有品牌占比则是未来的发展方向。自有品牌建设使得零售商把控种植养殖环节,推行自己的生产标准,把握加工、包装、分拣等增值环节,推动生产标准化与规范化,真正实现源头控制,保证生鲜农产品的质量。

盒马鲜生积极在全球和全国生鲜原产地开拓货源,建立以厂家直供为核心的供应模式。此外,盒马也计划在全球建立自己的种植基地、养殖基地、捕捞基地,并与品牌商、生产

商联合开发盒马专供的定牌定制商品,形成了自有品牌商品体系。

(二) 末端攻入社区,实现冷链配送

线上、线下渠道融合是新零售生鲜供应链的显著特征之一。在满足配送及时性的同时实现配送经济性,新零售配送环节需要充分利用局域分仓(门店仓或幕后店),降低库存与配送成本,这离不开城市配送和社区配送体系的完善。目前可针对社区配置短期冷库存储设备,利用社区临时的冷藏设备,进行合并订单配送和冷鲜管理,提高配送网络的柔性。

(三) 交易依托数据,共享信息传递

新零售时代,前置的零售交易环节转移到线上,新技术以及数字化推动供应链各环节的数字化变革。首先,我国传统生鲜农产品价格、品质等条件很难做到标准化。企业通过供应链信息平台收集大量用户数据以及销售信息,借助平台扁平化、透明化的特点,实现信息交互、资源共享。农户通过市场信息可以精准了解用户需求,按照用户需求进行品种改良与生产,减少盲目生产,从源头上有效地解决了农产品滞销问题;其次,利用消费者行为数据,建立更加精准且贴近消费者的需求预测能力,提高预测前瞻性;再次,基于平台共享的同步化数据,生鲜农产品各环节、各节点能够建立协同关系,拓宽农产品销售渠道、加快产品流通,有效缩短了供需双方的距离,提高了农产品流动速度与效率。此外,企业通过供应链信息平台,可以提高生鲜供应链各环节商品库存订单数据信息的即时性和透明度,灵活应对更加分散、经常波动的订单量。

第六节 新零售采购与供应链管理案例——本来生活

本来集团创办于2012年7月,是一家具备农产品供应链全程化管理服务、自有品牌塑造、媒体整合营销、自有冷链物流、线上生鲜电商、社区生鲜连锁新零售等综合能力的生鲜全产业链集团公司,致力于改善食品安全现状、倡导健康生活方式,凭借在生鲜领域的不断探索与创新,已发展成为中国生鲜新零售的开拓者与领导者。

2018年,本来集团旗下B2C业务主体本来生活网入选"京津冀农产品流通体系创新项目示范企业",在实践京津冀农产品流通体系创新建设中发挥了示范带动作用,也在企业发展过程中探索出了新的操作模式。

一、本来生活的采购与供应链体系

在采购环节,集团拥有约200位经验丰富的买手,覆盖全球优质农产品产区,进口商品约占31%;在物流仓储环节,在北京、上海、广州、成都、武汉等8个城市建有仓储冷库,生

鲜食品全程无缝冷链,保障食品安全与品质。

本来集团在北、上、广设有中央配送中心(总仓),重点覆盖京津、长三角、珠三角地区,已建成9万平方米冷库,从25℃到-60℃实现常温、恒温、冷藏、冷冻、超低温等8个温区的分类储藏。自建冷链可配送60个城市。

订单商品出库后,由本来生活网自有物流微特派进行配送,提供今夜达、次日达冷链物流配送业务。此外,本来生活网还充分利用社会资源,与京东、顺丰等第三方物流公司合作,弥补配送运力不足的情况。在配送效率方面,14小时妥投率80%,24小时妥投率99.5%,行业领先;"今夜达"服务覆盖上海外环内、北京五环内,"今夜达"即当天12点前下单,当晚送达。

2019年10月,本来集团获顺丰大股东明德控股2亿美元的D1轮融资,与中国物流巨头战略协同发展,未来将在生鲜供应链、物流、生鲜社区等方面提升本来生活的新零售运营能力。2019年12月18日,本来生活网升级生鲜冷链,生鲜配送区域扩展至全国28个省级行政区。

2019年9月18日,集团与全球领先的检测、鉴定、测试和认证机构SGS达成战略合作,打造农产品全程可追溯品控体系。褚橙、坚果、粽子、月饼四大品类将由SGS出具检测报告并在App前台呈现。

2021年12月,本来生活网完成2 000余个规格的脱贫县农产品合规化品控及上线,探索建立产地供应链全程化管理体系试点。

在品质控制方面,本来生活网通过"ISO 9001质量管理""ISO 14001环境管理"及"OHSAS18001职业健康安全管理"三大体系认证,对本来生活网的商品品质、供应链管理及服务质量等方面起到更好的保障作用,确保满足用户对高品质农产品的要求。利用ISO管理体系持续优化思路,对四大模块——供应商管理、验收检测、加工巡检、配送质量推进管理,9道关卡每个环节无缝衔接、高效运行。

二、本来生活创新的4D供应链模式

过去,国内农产品生产端生产规模和方式分散而落后,组织化程度低,流通体系建设滞后,缺少龙头企业和行业协会规范指导。从田间地头到消费者终端,多层级、低效率、高损耗、商品化程度低的流通模式,造成生鲜农产品非标准化、无品牌低价值,劣币驱逐良币。随着生鲜消费的升级,市场对农产品的品质有了更高的要求。

近年来,本来集团深入上游原产地,打造4D生鲜供应链模式,通过产地直采(direct sourcing)、深度定制(deep customization)、独特营销(distinctive branding strategy)、数据驱动(data-driven approach),建立了高性价比、高品质、有特色的供应链,为用户提供"更近、更鲜、更多、更快、更好、更省"的消费渠道,实现生产端与消费端科学、可监控的有效连接。

（一）产地直采

本来集团已经拥有超过 500 个直采供应商,直采比例达到 65％。其中 300 多个进口供应商遍布五大洲四大洋上百个国家,产品包括美国加州车厘子、美国安格斯牛肉、加拿大北极虾贝、厄瓜多尔白虾、阿根廷红虾、意大利橄榄油、挪威三文鱼、乌克兰葵花籽油、马来西亚榴梿、澳洲净谷牛排、新西兰佳沛奇异果、维必滋鲜奶等数百款进口高端食材。

（二）深度定制

集团深度参与上游的标准化、规模化以及品牌化过程,从设定生产标准、监测加工环节、规范包装到规范储运等流程,协同品牌一起开发,实现双方利益最大化。定制近 50 个独家、自有以及合作品牌。同时,集团设计团队针对不同企业的需求和定位进行针对性的开发,从商品预算、目标客户、配品选择、礼盒设计、物流售后等多个方面出发,"一对一"进行商品专属规划服务。与携程、巨人等行业 5 万家名企跨界合作,提供企业员工专属福利定制服务。

（三）独特营销

建立在品质基础上的品牌思维,是生鲜公司打造竞争门槛的有效手段,而这也是本来集团制定的行业标准。从"褚橙进京"开始,本来集团便开创了中国农产品品牌塑造工程,用互联网思维塑造农产品品牌,让良心农人获得良心回报。通过本来孕育打造了褚橙、俞三男大闸蟹、李玉双五常大米、蒲江丑柑、红旗坡 100 冰糖心、石板大米等知名农产品品牌。

（四）数据驱动

通过数据反向推动上游,提高了供应链的效率,降低损耗、提升效益。数字化分析和预测、预售已经成为主要的销售方式,有效解决生鲜的短保和损耗问题。例如,针对车厘子、奇异果、蓝莓等高端进口的生鲜产品,本来集团广泛采取 C2M 预售模式,先收集消费者订单,再定制生产发货,保证商品的新鲜度。另外,通过长期宅配订单锁定用户需求,向供应商预约定制生产,如新西兰维必滋鲜奶 72 ℃巴氏杀菌,96 小时空运直达,每周新鲜到货;线上第一家提供可选择的有机蔬菜宅配,满足用户对生鲜的高品质需求。

三、B2C 到 O2O＋B2C,本来生活的生鲜模式创新

一方面,本来集团继续开拓 B2C 模式——本来生活网;另一方面,集团积极探索生鲜 O2O 业务,开设线下社区生鲜店——本来鲜,坚持"新鲜、方便、实惠"的核心定位,打造社区生活基础服务商,于 2017 年 7 月正式从成都、武汉起步,立足社区,坚持"质优价平,极致新鲜"。截至 2019 年 8 月底,本来鲜已经迅速拓展至成都、武汉、郑州、天津、长沙、上海等多个

城市，门店数超过400家，直采比例超过70%。本来鲜运作方式为直营店和加盟店，支持以下购买方式：一是线下直接到店购买；二是线上购买，到店自提或自提点自提；三是线上下单选择送货到家，最快15分钟即可送达。

本来集团从用户、时效、流量和市场四个方面分析近年来生鲜市场的变化。首先，用户的消费需求变为"近、快、多"。其次，社区生鲜店能满足30分钟到家的实效要求。再次，社区生鲜店一方面将线上消费者引导至社区门店消费、体验，增强消费者的信任感；另一方面，良好的实体店体验也可以将更多的顾客吸引到线上消费，加强了线上与线下的融合，打通了线上、线下的客源流量，核心是对线下流量的重新认知和整合。最后，传统生鲜零售渠道即线下消费市场占生鲜市场的90%，线上B2C占比10%，目前线下占据生鲜消费绝对优势，线上、线下的融合是未来发展趋势。

基于以上几点，本来集团成功建立起O2O（社区生鲜连锁本来鲜）+B2C（本来生活网）的新零售模型。该模式可以同时满足时效、新鲜度、流量、履约成本的要求，通过线上、线下渠道的打通、互补，围绕供应链、零售端、用户端创造价值。O2O可以实现生鲜抵达消费者的及时性和便捷性，B2C则能满足消费者对食材的丰富性和特色化的要求。此外，线上与线下的融合为消费者提供了全场景的消费体验，助力主体客群的互通与扩大，实现生鲜流量的自给自足。

本来集团认为，任何有关生鲜的商业模式，都离不开门店，但生鲜门店最大的价值在社区。社区生鲜将融合目前主流的生鲜模式，并将成为社区乃至城市的基础设施。社区生鲜竞争力的关键是科技和供应链。

在过去的艰苦探索中，本来集团探索出了生鲜O2O+B2C业务的基础商业逻辑。以社区家庭主妇为主要目标人群，开店选址无限接近用户家门口，可实现"30分钟生鲜送达"服务。并且实现多种店型灵活组合，密集分布覆盖区域，坚持只做社区家庭餐桌所需，坚持以季节性大品为根基，以质优价平极致新鲜为灵魂的经营哲学，为社区用户提供五星级商品，只收取三星级商品的价格，像服务家人一样服务社区用户，培养有主人翁精神的人才。

四、本来生活扶贫农产品供应链模式

本来集团将已有的供应链、品牌营销、资源整合能力应用到扶贫事业中，形成独特务实的扶贫模式——全新农产品品牌赋能平台。本来集团借助B2C业务带动社会化资源，反推贫困地区农产品的标准化、规模化、信息化、品牌化，同时帮助爱心扶贫企业更加专业化进行扶贫工作，从而真正带动当地实现产业脱贫。

本来集团在扶贫事业进程中不断思考和探索，探索出的"生鲜扶贫模式"即以产业链赋能为代表的赋能式的扶贫模式，从根本上解决了贫困地农产品销售问题及长远市场竞争力。该模式解决了贫困地区农产品上行的三个痛点难题：①本来自建的仓配体系，解决了生鲜产品物流运输保鲜难题；②本来的品控体系解决了扶贫农产品上行的问题，同时解决贫困地区的农产品质量与消费者对高品质要求的矛盾；③本来的品牌打造能力，不仅解决了一部分的销售问题，还推动了品牌溢价效应。

这个赋能平台，细化来说可以分为五方联动，即政府＋生鲜集团＋帮扶机构＋合作社/龙头企业＋农户（贫困户），通过整合社会资源和政府力量，让贫困县农产品重塑产品力、重塑品牌力、重塑渠道力、重塑资源力，真正走向市场。

未来，本来集团的目标是"百县百品"，即帮助贫困县创建支柱型产业，将其塑造成为具有市场竞争力的农产品品牌，实现产业扶贫的可持续发展。

资料来源：搜狐网.美团买菜、本来生活、地利生鲜……生鲜巨头如何通过供应链运营玩转流量？https://www.sohu.com/a/432053361_747096。

【本章习题】

1. 简述生鲜新零售的业态及各自特点。
2. 实现新零售企业生鲜供应链体系构建的途径有哪些？
3. 试分析传统采购模式与新零售下采购模式的主要区别。

【即测即练】

第三章

新零售生鲜质量安全管控

本章学习目标:
1. 了解农产品从田间到餐桌的生产、加工、流通各环节的质量安全体系。
2. 掌握新零售供应链质量管控手段。
3. 熟悉质量安全风险产生的薄弱环节。

近年来,频繁发生的食品质量安全事件不仅危害了消费者的健康甚至生命,也给整个行业和我国的国际声誉带来了沉重打击,对我国食品尤其是生鲜食品的质量管控提出了更高要求。同时,随着人们的生活和消费水平不断提升,人们对生鲜产品的品质和安全要求也在提高。作为生鲜农产品"新零售"模式,电商在生鲜农产品的销售比例虽然还不高,但却是优质(如有机、绿色等农产品)生鲜农产品的主要分销渠道之一,更好地满足了人民日益增长的美好生活需要,契合了人民群众消费升级需求。那么,在新零售模式下,生鲜电商是如何对生鲜进行质量管控的呢?本章将首先介绍生鲜的质量管控体系,进而针对新零售下的生鲜质量安全风险提出相应的管控思路与对策。

第一节 生鲜质量安全管控体系概述

一、立法与监管

针对农产品和食品质量安全,我国首先从立法和监管等方面作出了相关规定。在立法方面,2006 年我国颁布《中华人民共和国农产品质量安全法》(2018 年修正),首次从国家立法高度明确了各方主体的法律责任,并严格规定了农产品产地、生产、包装和标识等相关规定和农产品质量安全标准;2015 年 4 月 24 日,新修订的《中华人民共和国食品安全法》(2018 年、2021 年修正)审议通过,被称为史上最严食品安全法,首次明确"实行预防为主、风险管理、全程控制、社会共治,建立科学、严格的监督管理制度",首次提出国家建立食品安全全程追溯制度,强制要求食品生产经营者建立食品安全追溯体系,强化了食品安全全程治理的立法理念。在监管方面,经过 2018 年政府机构改革,目前由我国农业农村部负责食用农产品从种植养殖环节到进入批发、零售市场或者生产加工企业前的质量安全监督管理；国家市场监督管理总局负责食品安全监督管理综合协调和食品安全监督管理，包括覆盖食品生产、流通、消费全过程的监督检查。

2017年，国务院办公厅颁布《国务院办公厅关于加快发展冷链物流保障食品安全促进消费升级的意见》，提出着力构建符合我国国情的"全链条、网络化、严标准、可追溯、新模式、高效率"的现代化冷链物流体系，满足居民消费升级需要，促进农民增收，保障食品消费安全。

2019年5月，中共中央、国务院发布《中共中央 国务院关于深化改革加强食品安全工作的意见》，提出到2035年，用最严谨的标准、最严格的监管、最严厉的处罚、最严肃的问责，"产"出来和"管"出来两手抓，确保"舌尖上的安全"。政府将依法进行全链条、全流程、智慧监管；从农田到餐桌的产地环境、农业投入品、粮食收储、食品加工、流通销售、餐饮服务；"互联网＋食品"监管，建立基于大数据分析的食品安全信息平台，推进大数据、云计算、物联网、人工智能、区块链等技术应用。2021年，国家卫生健康委员会与国家市场监督管理总局共发布72项食品安全国家标准与5项修改单，对食品添加剂质量规格及相关标准提出了要求。

二、质量安全认证体系

目前，我国在农产品生产、加工、流通等环节均已建立起了农产品质量安全把控体系，以期保证农产品在各个环节的质量安全。

（一）生产、加工环节

在生产和加工环节，我国农产品和食品安全按照"分段监管为主，品种监管为辅"的监管方式，逐步形成了产品认证为主、体系认证为辅的质量安全认证体系。产品认证和体系认证的主要区别在于其认证对象不同，产品认证的对象是特定产品或服务，既有自愿性认证，也有强制性认证，而体系认证的对象是生产企业的管理体系，包括质量管理体系、环境管理体系等，一般属于自愿性认证。

1. 产品认证

产品认证主要包括"三品一标"，即无公害农产品、绿色食品、有机食品和农产品地理标志，在"三品"中，无公害农产品是基础，绿色食品为主导，有机食品为补充。2021年中央一号文件明确强调要发展绿色农产品、有机农产品和地理标志农产品。[1] 据统计，截至2021年6月，全国绿色有机地标农产品获证单位超过2.3万家，产品总数超过5万个。[2]

---

[1] 中华人民共和国中央人民政府：http://www.gov.cn/zhengce/2021-02/21/content_5588098.htm。
[2] 中华人民共和国农业农村部：信息公开：http://www.moa.gov.cn/govpublic/XZQYJ/202106/t20210629_6370559.htm。

1) 无公害农产品

无公害农产品认证标志如图 3-1 所示。无公害农产品是指产地环境、生产过程和产品质量符合国家有关标准和规范的要求,经认定合格的未经加工或经初加工的食用农产品。截至 2012 年底,已颁发有效无公害农产品产地证书 76 686 个、产品证书 74 529 个,无公害农产品产地和产品认证证书有效期均为 3 年。① 2017 年 12 月 29 日,农业部办公厅印发了《农业部办公厅关于调整无公害农产品认证、农产品地理标志审查工作的通知》(农办质〔2017〕41 号),启动无公害农产品认证制度改革工作,将无公害农产品产地认定与产品认证合二为一,下放省级农业行政主管部门及工作机构负责。截至 2019 年底,我国无公害农产品生产主体 4.4 万个,产品数量 8.6 万个。②

图 3-1　无公害农产品认证标志

随着我国农业进入高质量发展新阶段,无公害农产品面临着目标定位滞后、市场导向不突出、推动手段不足等问题。因此,农业农村部下一步计划加快推进无公害农产品认证制度改革,适时停止无公害农产品认证,全面推行农产品合格证制度,构建以合格证管理为核心的农产品质量安全监管新模式,并从 2017 年起在浙江、山东等 6 个省开始了试点工作。③

2) 绿色食品

绿色食品认证标志如图 3-2 所示。绿色食品是指产自优良生态环境、按照绿色食品标准生产、实行全程质量控制并获得绿色食品标志使用权的安全、优质食用农产品及加工品,具体分为 AA 级和 A 级。AA 级要求生产过程中不使用化学合成的农药、肥料、食品添加剂、饲料添加剂、兽药及有害于环境和人体健康的生产资料;A 级允许限量使用限定的化学合成生产资料。

图 3-2　绿色食品认证标志

3) 有机食品

有机食品认证标志如图 3-3 所示。有机食品是指来自农业生产体系,根据有机农业生

---

① 中华人民共和国中央人民政府:http://www.gov.cn/gzdt/2013-03/29/content_2365632.htm。
② 中华人民共和国农业农村部:信息公开:http://www.moa.gov.cn/govpublic/ncpzlaq/201912/t20191210_6333012.htm? keywords%3D。
③ 农业农村部:将适时停止无公害农产品认证,全面推行农产品合格证制度[EB/OL].(2019-12-17). https://www.sohu.com/a/361223122_689495。

图 3-3 有机食品认证标志

产的规范进行生产加工,并经独立认证机构认证的农产品及其加工产品等。我国有机产品种类主要有粮食、蔬菜、水果、奶制品、畜禽产品、水产品及调料等。20 世纪 90 年代,我国引入有机农业,初期有机产品是国外认证机构经检查认证,并且主要是供出口。从 2004 年开始,我国逐渐形成了统一的有机产品认证制度。

无公害农产品、绿色食品和有机食品都是安全可食用的食品,但它们在目标定位、产品结构、认证标准、认证方式、认证机构等方面都有所不同,具体如表 3-1 所示。

表 3-1 无公害农产品、绿色食品及有机食品的区别

项 目	无公害农产品	绿色食品	有机食品
目标定位	保障基本安全,满足大众消费	满足更高层次消费,提高竞争力	满足特定消费,主要服务出口贸易和高端市场,保持良好生态环境,人与自然的和谐共生
产品结构	"菜篮子"和"米袋子"等大宗初级食用农产品	初级农产品为基础,加工农产品为主体	初级农产品和初加工农产品
认证标准	禁用高毒高残农药,但允许使用低毒低残农药	提倡少量使用常规农药、化肥	禁止使用农药、化肥、食品添加剂及转基因物质
认证方式	产地认证和产品认证相结合	质量认证与证明商标管理相结合	生产过程监控,一年一认证
认证机构	各省、区、市食用农产品安全生产体系办公室	中国绿色食品发展中心	具有认证资质的认证机构(如中绿华夏有机产品认证中心)
认证机构所属单位	中华人民共和国农业农村部	中华人民共和国农业农村部	
发展机制	实行政府推动的发展机制,认证不收费	政府引导与市场运作相结合	市场化运作

4)农产品地理标志

农产品地理标志如图 3-4 所示。农产品地理标志是指标示农产品来源于特定地域,产品品质和相关特征主要取决于自然生态环境和历史人文因素,并以地域名称冠名的特有农产品标志,如平谷大桃、山西老陈醋、章丘大葱等。由农业农村部负责全国农产品地理标志登记保护工作,农业农村部农产品质量安全中心负责农产品地理标志登记审查、专家评审和对外公示工作。

申请地理标志登记的农产品,应当符合下列条件:称谓由地理区域名称和农产品通用名称构成;产品有独特的品质特性或者特定的生产方式;产品品质和特色主要取决于独特的自然

图 3-4 农产品地理标志

生态环境和人文历史因素;产品有限定的生产区域范围;产地环境、产品质量符合国家强制性技术规范要求。

2. 体系认证

我国的农产品体系认证标准主要有 GAP(良好农业规范)、GMP(良好生产规范)、HACCP(危害分析与关键控制点)、ISO 22000 等。

1) GAP

GAP 认证标志如图 3-5、图 3-6 所示。GAP 是指在农产品生产和产后过程中运用现有知识来保持环境、经济和社会的可持续性,从而获得安全、健康的食用和非食用农产品。GAP 适用于作物种植、畜禽养殖、水产养殖和蜜蜂养殖的认证活动,其认证产品目录由国家认证认可监督管理委员会(隶属于国家市场监督管理总局,以下简称"国家认监委")制定发布。GAP 最早在 1997 年由欧洲零售商提出,2004 年起国家认监委先后发布 24 项 GAP 国家标准。

2) GMP

GMP 认证标志如图 3-7 所示。GMP 是一套适用于制药、食品等行业的强制性标准,要求企业从原料、人员、设施设备、生产过程、包装运输、质量控制等方面按国家有关法规达到卫生质量要求,形成一套可操作的作业规范帮助企业改善企业卫生环境,及时发现生产过程中存在的问题,加以改善。2019 年 8 月 26 日,《中华人民共和国药品管理法》修订通过,明确提出取消药品 GMP、GSP(药品经营质量管理规范)认证,不再受理 GMP、GSP 认证申请,不再发放药品 GMP、GSP 证书,自 2019 年 12 月 1 日起实施。[1]

图 3-5　GAP 一级认证标志　　图 3-6　GAP 二级认证标志　　图 3-7　GMP 认证标志

3) HACCP

HACCP 认证标志如图 3-8 所示。HACCP 管理体系是指企业经过危害分析找出关键控制点,制定科学合理的计划在食品生产过程中有效地运行,并能保证达到预期的目的,保证食品安全的体系。HACCP 体系是美国为解决太空食品安全卫生质量问题于 20 世纪 60 年代初提出的一种食品安全卫生质量控制和保证体系,逐步为当今世界所公认,现已真正成为国际性的食品生产管理体系和标准。HACCP 认证在中国应用开始于 1990 年,初期认证依据不统一,2011 年我国正式出台了 HACCP 认证实施细则,2021 年 7 月起,新版《危害分析与关键控制点(HACCP)体系认证实施规则》开始实施。[2]

---

[1] 中华人民共和国中央人民政府:http://www.gov.cn/xinwen/2019-12/02/content_5457527.htm。
[2] 国家认证认可监督管理委员会:http://www.cnca.gov.cn/。

4) ISO 22000

ISO 22000 认证标志如图 3-9 所示。ISO 22000 食品安全管理体系标准是国际标准化组织(ISO)颁布的适用于食品链中各类组织的要求,该标准包含 HACCP 原理,在整合 HACCP 体系及其应用准则的基础上,对其进行了扩展和提升,使其成为一个更完善的食品安全管理体系。ISO 22000 能有效地识别和控制食品安全危害,并可以更好地与质量等其他管理体系整合。

图 3-8　HACCP 认证标志

图 3-9　ISO 22000 认证标志

3. 质量认证的意义

一是提升了供给端的标准化能力,降低了生鲜农产品在商业流通时消费者所产生的顾虑,能够为供需两端都提供一套基本的买卖标准;二是助力生鲜农产品品牌成长和市场营销,给生鲜农产品品牌化、生鲜农产品经营者市场化提供了稳定的形象支持;三是丰富生鲜农产品的核心价值和地域特征,对生鲜农产品的营养标准、质量质地、地域化特征都有了明确的标准,增加了消费市场的信息,改善了信息不对称。[①]

(二)流通环节

1. 许可证明——企业资质类

企业资质是从事生鲜行业企业所需的首要证明,只有符合相关规定和相关要求的食品企业才能进行生鲜农产品的相关工作。常见的食品经营资质类证明包括以下几种。

(1)营业执照:指市场监督管理部门发给工商企业、个体经营者的准许从事某项生产经营活动的凭证。其格式由国家市场监督管理总局统一规定。其登记事项为:名称、地址、负责人、资金数额、经济成分、经营范围、经营方式、从业人数、经营期限等。

(2)食品经营许可证:指在中华人民共和国境内,取得营业执照等,从事食品销售和餐饮服务活动的合法主体,经市场监督管理部门审查批准后发给的食品经营许可凭证。食品经营许可实行一地一证原则,即食品经营者在一个经营场所从事食品经营活动,应当取得一个食品经营许可证。食品经营许可证发证日期为许可决定作出的日期,有效期为 5 年。

(3)商标注册证:国家知识产权局商标局依照《中华人民共和国商标法》的有关规定,

---

① 艾瑞咨询.2020 年中国生鲜农产品供应链研究报告[R].2020.

颁发给商标注册人以证明其商标专用权范围的法律文书。《商标注册证》上记载的主要内容有：商标（图样），商标注册号，商标注册人名义及地址，注册商标核定使用的商品或服务项目及其类别，商标专用权的起止日期（有效期）。

2. 许可证明——标识类

标识类证明主要针对产品本身，对产品配料、生产方式、生产时间、保质期等基本信息以及生产厂商名称、地址、电话等内容进行展示。

（1）QC：quality control 即"质量控制"，指为达到质量要求所采取的作业技术和活动。

（2）进口商品中文标识：批准对进口产品品名、营养成分、产地、生产日期、保质期、经销商名称等进行中文标识。

（3）食物营养成分表：通常包含"4+1"，即四种核心营养成分（蛋白质、脂肪、碳水化合物、钠）和能量含量值，除此之外还包括各营养成分占营养素参考值（NRV）的百分比。

3. 许可证明——证明类

在生鲜产品出厂和流通过程中，需要对产品质量进行严格把控，常见的产品出厂及流通证明如下。

（1）承诺达标合格证：由农产品产地证明发展演变而来，经由"食用农产品合格证"，调整为现在的"承诺达标合格证"。[①] 其实质上是要求农产品种植养殖者在严格执行现有的农产品质量安全控制要求的基础上，对所销售的食用农产品作出不使用禁用农药兽药、停用兽药和非法添加物，常规农药兽药残留不超标，并对承诺的真实性负责的承诺性证明。该证明需由种植养殖者自主开具，不得代开。

（2）肉品品质检验合格证：根据国务院《生猪屠宰管理条例》的要求，肉品品质检验合格的猪胴体，应当加盖肉品品质检验合格验章，并附具"肉品品质检验合格证"后方可出厂；检验合格的其他生猪产品（含分割肉品）应当附具"肉品品质检验合格证"。其由动物卫生监督和管理部门办理，在功能上可与"食用农产品合格证"相互替代。

（3）动物检验合格证明：根据农业农村部《动物检疫管理办法》的要求，由动物卫生监督机构官方兽医出具的，标示某一动物及其产品检疫合格的证明，主要针对动物及动物产品进行合格证明。其通常由当地的动物卫生监督所办理。

4. 许可证明　检测报告类

食品安全检测是食品进入流通环节的基本要求，对食品质量管控具有重要意义，在流通过程中常见的检测报告主要包括以下三种。

（1）内检（厂检）报告：一般性的指标检验，其结果以合格判定该产品可以出厂发货，根

[①] 原农业部于2016年5月废止《关于印发〈农产品产地证明管理规定（试行）〉的通知》（农办市〔2008〕23号），从2016年7月开始试点实行《食用农产品合格证管理办法（试行）》，于2019年12月开始全国试行。2021年11月，农业农村部办公厅发布《农业农村部办公厅关于加快推进承诺达标合格证制度试行工作的通知》（农办质〔2021〕16号），将合格证名称由"食用农产品合格证"调整为"承诺达标合格证"，并于2022年9月将其纳入《农产品质量安全法》，在法律层面明确了承诺达标合格证的法律地位。

据要求有送检和自检(获得自检能力和资质的厂商)之分,通常为每天出具。

(2) 快检报告:在短时间内,采用不同方式方法对被检产品进行检测,主要考察检测项目是否在标准范围内,通常由批发市场或物流园定期出具,用于获得进场资格。

(3) 第三方检验检测报告:由第三方专业检测公司或机构出具,主要反映检测机构对客户委托产品进行检测的结果信息,成本较高,通常半年到一年一检。

5. 许可证明——进口产品

随着人民物质生活水平的提高,进口食品逐渐成为一、二线城市居民的生活必需品。进口食品通常指非本国(境内)品牌的食品,包含在其他国家和地区生产并在境内分包装的食品。进口食品的流通通常要经过装运前检验、泊船到港、申报商检、报关纳税、查验、提货、配送等一系列环节。具体而言,除境内要求的各类证明外,对进口产品特殊要求的许可证明主要包括以下几类。

(1) 报关单:海关监管、征税、统计以及开展稽查和调查的重要依据;加工贸易进出口货物核销,以及出口退税和外汇管理的重要凭证。

(2) 入境货物检验检疫证明:经过隔离检疫,合格的动物由海关出具《入境货物检验检疫证明》予以放行。

(3) 进境动植物检疫许可证:批准其进境的过程,并明确检疫要求。

(4) 报检预核销单:出口报关时海关的必需单据之一,出口企业向外管局申领,出口时,公司盖章、海关盖章、收汇后,由外管局盖章核销,三章齐备后,作为出口退税的必备单据之一。

自2019年底新冠肺炎疫情暴发以来,为防止进口食品附着活性病毒进入境内传播疫情,新增加:

(1) 核酸检测证明:分为从业人员核酸检测报告和货物核酸检测报告,境内农产品只需从业人员核酸检测结果,境外农产品两者均需提供。

(2) 消毒证明:主要对进境农产品进行查验,主要内容包括农产品来源、去向、所消毒的对象、消毒方法及药剂名称等。

(3) 进口冷链食品追溯码:相关企业需将商品名称、编码、规格、储存方式、生产日期、是否为进口商品、批次号、原产国(地区)、上游企业、上游省份等10余种信息上传"北京冷链"平台后获得追溯二维码,不赋码的进口冷链食品禁止在京流通。

三、质量安全追溯体系

在整个农产品流通过程中,我国还力图建立"从农田到餐桌"的全程质量追溯体系,它是国际公认的质量安全保障手段。

(一) 定义、内涵与技术

1. 定义

国际食品法典委员会(CAC)与国际标准化组织将可追溯性定义为通过登记的识别码,

对商品或行为的历史和使用或位置予以追踪的能力。国务院食品安全委员会将可追溯性定义为追溯食品在生产、加工和分销某个特定阶段的能力。它包括内部追溯和外部追溯,内部追溯用于农业企业内部各生产加工环节信息记录,一般根据如 HACCP 的原理构建其追溯关键点,确定记录信息内容;外部追溯则侧重于农产品供应链上下游不同责任主体关联和信息之间的传递与记录。

2. 内涵

质量安全可追溯体系实质上是一种信息记录、传递和查询的体系,良好的可追溯体系是保障农产品质量安全的重要手段。在生产前主要记录原材料或投入品信息,在生产中记录加工和添加剂信息,在生产后记录产品的属性特征,在流通过程中记录运载或库存的设施设备及其温控信息,然后将信息有效地传递和追踪,进而加强食品和农产品质量安全监管,提高食品和农产品的质量安全。

农产品的追溯主要包括生产过程和流通过程的追溯,生产过程的追溯主要是保证农产品的质量安全,而流通环节的追溯主要是起到防伪、防窜货和保证全程冷链运输的作用。对于监管部门来说,可追溯体系有利于在发生质量安全事件后及时准确地找到责任主体,追究主体责任,从而有效防范农产品质量安全问题发生。对于消费者来说,可追溯体系可以避免市场失灵带来的信息不对称问题。

3. 技术

目前质量安全体系运用到的技术主要包括以下几种。

(1) 编码技术:追溯的对象是"物",编码让产品有了身份证,是追溯的基础,产品代码化是实现信息化的基础,是物理产品计入信息系统的身份。

(2) 条码技术:条码技术价格较低且信息存储量大,具有较强的加密与抗污损能力,且随着手机等智能终端的普及,适合应用在农产品质量安全追溯领域。条码技术包括一维条码技术与二维条码技术。

(3) 无线射频识别(RFID)技术:RFID 技术于 20 世纪 40 年代起源于英国,能同时读取多个标签,对标签的污染要求低,安全性高,可进行穿透与无屏障通信,信息存储量较高。目前,RFID 技术在国际上标准还未统一。

(4) NFC(近场通信)技术:NFC 是标准的短距离无线连接技术,它基于 RFID 技术,利用磁场感应实现近距离电子设备之间的通信。用户只需通过触摸,或将装置靠近,就能实现直观、安全、非接触式的交易。

(5) 电子产品编码(EPC)技术:EPC 的载体是 RFID 电子标签,并借助互联网来实现信息的传递,是一项物流管理新技术。EPC 旨在为每一件单品建立全球的开放的标识标准,实现全球范围内对单件产品的跟踪与追溯,从而有效提高供应链管理水平、降低物流成本。

(二) 政策规定

我国的农产品可追溯体系发展较晚,远远落后于欧美等发达国家。我国政府层面上对于农产品质量安全追溯的最早记录是 2001 年 7 月上海市政府发布的《上海市食用农产品安全监管暂行办法》,要求在农产品基地生产过程中,建立农产品生产过程的质量记录规程,确保农产品的可追溯性。2004年开始,农业部、国家食品药品监督管理总局、商务部、国家质检总局等部门相继开展了不同农产品领域的质量安全可追溯体系试点工作。农业部启动"进京蔬菜产品质量追溯制度""城市农产品质量安全监管系统试点工作";商务部建立肉类蔬菜流通追溯体系;国家质检总局启动"中国条码推进工程",为农产品质量安全可追溯体系提供重要的科技支撑;国家食品药品监督管理总局启动肉类食品追溯制度和系统建设项目。此外,相关管理部门还针对食品追溯体系建设,从平台搭建、目录管理、技术规范等方面提出了相关政府性意见(表3-2)。

表3-2 近年来农产品追溯相关政府性文件

时间	发布部门/机构	名称	发文字号	主要内容
2016年1月	国务院办公厅	《国务院办公厅关于加快推进重要产品追溯体系建设的意见》	国办发〔2015〕95号	加快推进食用农产品等重要产品追溯体系建设。提出加快建设覆盖全国、先进适用的重要产品追溯体系,包括食用农产品、食品、药品、主要农业生产资料、特种设备及危险品、稀土产品等,促进质量安全综合治理,提升产品质量安全与公共安全水平,更好地满足人民群众生活和经济社会发展需要
2017年2月	商务部、工业和信息化部、公安部、农业部等	《关于推进重要产品信息化追溯体系建设的指导意见》	商秩发〔2017〕53号	提出建立目录管理制度、完善追溯标准体系、健全认证认可制度、推进追溯体系互联互通、促进线上线下融合、强化追溯信用监管
2018年10月	农业农村部	《农业农村部关于全面推广应用国家农产品质量安全追溯管理信息平台的通知》	农质发〔2018〕9号	加快推进地方平台与国家追溯平台对接
2019年7月	农业农村部办公厅	《农产品质量安全追溯管理专用术语(试行)》		制定了11项追溯技术规范,初步形成覆盖基础数据、应用支撑、数据交换、网络安全、业务应用等类别的规范体系,为生产经营主体以及平台互联互通提供技术指南
2021年7月	农业农村部办公厅	《农产品质量安全信息化追溯管理办法(试行)》		对农产品追溯基础性指标设定、主体注册程序、追溯信息传递办法、追溯标签管理等方面进行了重新规范

(三)运行模式

目前我国的农产品及食品追溯体系主要包括政府主导建立的追溯体系、行业协会建立的追溯体系和企业自主建立的追溯体系。

1. 政府主导建立的追溯体系

由政府主导的农产品追溯模式是我国的主要追溯模式。目前我国已经建立了生产过程和流通过程的信息化追溯系统。在生产过程,农业农村部建立了国家农产品质量安全追溯管理平台,进行农产品生产过程的质量控制,包括监测环境污染、违规或错误用药等。在流通过程,国家市场监督管理总局建立了国家食品安全全程追溯协作平台,进行流通过程的品质管控,包括违禁保鲜剂、生物毒素等。此外,商务部建立了国家重要产品追溯管理平台,到2020年,将食用农产品、食品、药品、农业生产资料、特种设备、危险品、稀土产品等作为重点,推动生产经营企业加快建设追溯体系。其中,肉类流通追溯体系已经在全国58个城市进行试点,覆盖约1.5万家企业、30多万家商户,每天汇总有效追溯数据约420万条。据农业农村部发布,截至2019年底,全国有24个省区市建立了28个省级农产品追溯平台,市县两级还建立了785个追溯平台,生产经营主体注册量总计30万家。

具体来说,农业农村部、商务部、工业和信息化部及国家市场监督管理总局等国家部委针对不同农产品品类建立了不同追溯平台,目前尚处于试点阶段(表3-3)。除中央政府在国家层面建立统一的追溯系统外,各地方政府还自建了多个食用农产品追溯系统,如"北京市农业局食用农产品质量安全追溯系统""江苏省农产品质量安全追溯系统""四川省农产品质量安全追溯系统""陕西省榆林市农产品质量安全追溯系统"等。

表3-3 国家部委层面农产品追溯现状

追溯部门	追溯名称	追溯品种	追溯平台	系统功能	追溯模式
农业农村部	食用农产品质量安全追溯体系	三品一标、生鲜乳、蔬菜、猪肉	农产品质量安全追溯管理信息平台	信息采集、分析决策、信息查询、数据共享和综合服务网站	品种、企业试点
	全国种植业产品质量追溯体系	种植业产品(蔬菜、水果、茶叶、食用菌)	原农业部种植业产品质量追溯网	生产档案管理、产地准出、统计分析、预警和产品召回、生产基地管理	企业试点
	全国种子可追溯试点	种子	全国种子可追溯试点查询平台	信息采集、数据汇总、终端查询	企业试点
	动物标识及疫病可追溯体系	畜禽(猪肉)	动物标识及疫病查询平台	信息采集、数据中心、终端查询	定点企业
	水产品质量安全管理追溯体系	水产品	水产品质量安全追溯平台	信息采集、数据中心、公共服务平台	区域试点
	农垦农产品质量追溯系统	农垦系统农产品	农垦农产品质量安全信息网(追溯码查询)	网络系统、信息采集系统和信息查询系统	企业试点

续表

追溯部门	追溯名称	追溯品种	追溯平台	系统功能	追溯模式
商务部	酒类流通追溯系统	酒类	商务部酒类流通管理信息系统	终端查询机	企业试点
		肉菜	重要平台+试点城市平台		
	肉类蔬菜流通追溯体系		中央平台+试点省市平台	主体管理、问题发现、运行监控、工作考核、应急处理、统计分析	区域试点
	中药材流通追溯体系	中药材		应急管理、考核评价管理、企业诚信管理、资产设备管理、统计分析	区域试点
工业和信息化部	食品企业质量安全可追溯体系	幼儿配方乳粉、白酒、肉类	食品工业企业质量安全追溯平台	依托国家食品工业企业诚信体系公共服务平台建设食品工业企业质量安全追溯平台	品种+企业试点
国家市场监督管理总局	企业追溯系统	白酒食用植物油、婴幼儿配方乳粉	国家食品安全信息平台	企业追溯系统与信息平台对接、食品安全追溯信息统一查询	企业试点
国家市场监督管理总局	进口冷链食品追溯平台	储存温度在0℃以下（含0℃）的进口冷链食品	全国各省区市自建平台	信息采集、数据汇总、终端查询	区域试点

2. 行业协会建立的追溯体系

如中国副食流通协会组织建立了中国食品安全信息追溯平台，是官方行业组织第三方信息追溯服务平台，主要为食品企业提供第三方信息追溯服务和数据交换平台服务；中国食品土畜进出口商会冷链流通专业委员会建立的全国农产品冷链流通监控平台，把全国各地的冷链车、冷库接入平台，可直接采集信息数据纳入追溯系统，实时定位车辆位置信息、温度情况，亦可对冷库温度实时监控，并可监控开门次数等信息，从而保证了农产品在冷链流通过程中信息追溯的真实性。

3. 企业自主建立的追溯体系

少数农产品生产和经营企业自主建立了企业内部追溯体系，具体表现为企业根据内部管理流程自行建立、企业依托科研单位研究成果示范建立和企业聘请咨询公司建立三种形式。一些大型商超和电商，如沃尔玛、京东、天猫、盒马鲜生、每日优鲜等都建立了自己的农产品追溯平台；一些"龙头"企业出于经营管理需要和企业整体形象，也建有内部追溯系统。

(四)农产品质量追溯存在的问题

1. 供应链各环节追溯信息衔接不畅

农产品质量安全追溯体系是通过农产品记录制度采集录入完整真实的信息,然后依靠网络数据库记录并进行信息传输,最终实现食品生产与加工信息源头追溯查询的系统。充分记录和保存农产品生产源头质量安全信息,是实现农产品信息查询和质量安全追溯的根本条件。但由于农产品生产周期长、信息获取成本高,处于信息源头的农民文化素质不高,农产品源头的数据信息的及时性与真实性难以保证。在现有的社会经济条件下,把生产的各个环节详细记录下来,并纳入追溯平台系统,面临着许多困难。特别是农产品投入品的来源以及使用情况、农事操作、农兽药残留是否超标等数据,一般由管理人员收集后交给系统管理人员录入,完全依靠生产者的自律很难保证真实性,而且信息录入一般为手工或半手工操作,导致农产品质量安全追溯平台中虚假信息风险加大。

2. 参与主体追溯积极性不高

农产品质量安全追溯需要农业生产者、加工商、销售商、消费者的积极参与。但在追溯源头的农业生产者,基本上是农户或农民,对追溯体系建设缺少正确认识或深刻理解,对农产品追溯的认知程度不高,甚至根本不知道什么是农产品质量安全追溯,所以在追溯体系的建设中不能积极配合。另外,对于追溯体系建设的加工商、销售商而言,追溯产品与非追溯产品相比出现额外的成本,但在市场上二者价格相差不大,导致"优质不优价"的情况,并没有给追溯体系的建设者带来明显的利益,很难调动其积极性。

由于我国农业生产的规模化、标准化、组织化程度低,生产经营都比较分散,市场经营者的质量安全意识薄弱,而且建设追溯体系信息采集成本较高、责任重大,部分企业特别是中小型企业参与的积极性不高。建立追溯体系也不能在短时间内带来效益,企业实行追溯的动力不足。

3. 消费者对追溯认知度不够

在农产品质量安全追溯体系建设中,消费者的信任十分重要。但由于缺少宣传,人们对追溯体系认知程度不高。虽然国家对追溯的宣传力度不断加强,但仍有消费者未听说过可追溯农产品,或者较少地了解可追溯农产品。在了解、知道可追溯农产品的消费者中,也只对附加值较高的产品追溯感兴趣。此外,企业、政府相关部门等主体尚未建立完善的追溯体系和追溯标准,这进一步降低了消费者对追溯信息的信任度。

4. 农产品流通环节追溯依然薄弱

农产品流通追溯体系建设面临着三个严峻问题:一是如何快速地集成化采集农产品流通信息并有效上传,同时在加工领域存在添加剂超标使用,在流通领域的仓储运输中产生生物毒素等安全隐患,而从业人员盲目追求利润,质量安全意识淡薄,各方责任不明确,最终就会导致食品流通信息的不真实性;二是如何确保流通环节的交易信息具有安全共识且物流信息不会丢失,农产品在初级批发销售及最终销售环节中,信息繁杂且信息化水平较低,加之各环节之间市场信息不对称问题的存在,导致流通领域追溯困难加大;三是各地食品追溯数据应用编码及技术各具特点,难以形成全国连锁或区域连锁的食品追溯链,中国地大物博,老百姓品尝全国各地美食的前提就是农产品流通范围的不断扩大,常常会涉及多个省、区、市,而不同省、区、市对于食品追溯的编码要求与技术标准往往存在较大的差异,这无形中增加了农产品全链条信息追溯的难度。

第二节 新零售生鲜质量安全风险分析

新零售作为一种新型零售模式,同传统零售一样面临生鲜质量安全管控问题。艾瑞咨询 2021 年网络调研数据显示,用户在网购生鲜产品时比较看重的因素是产品品质和安全性。[①] 显然,无论何种模式下,消费者最关心的还是产品质量安全问题。如何在每个供应链环节做到生鲜产品质量安全的管控和可追溯,是每个生鲜电商都需要认真思考的问题。目前,新零售企业面临的生鲜产品质量安全风险主要包括供应风险、仓储物流风险和销售风险等。

一、供应风险

农产品供应风险主要源于种植户、养殖户、批发商使用的原料和辅料质量存在不确定性,或生鲜产品在生产、采摘、分拣、储存过程中形成的产品质量不确定性。[②] 其主要包括生产环节和加工环节的质量安全风险。

(一)生产环节的质量安全风险[③]

在不考虑自然灾害的情况下,农产品在生产环节的质量安全风险主要包括产地环境污染和农业投入品污染等。

1. 产地环境污染

随着我国的工业化、城市化进程加快,资源被过度开发利用,大量未经妥善处理的污水、固体废弃物、废气尾气等被随意排放或丢弃,使得农产品产地环境被破坏和污染,这也是造成很多重大质量安全事故的重要原因。产地环境污染主要包括水污染、空气污染和土壤污染等,这些都对农产品质量安全和农业可持续发展构成严重威胁。

---

① 2021 年中国生鲜电商行业研究报告[EB/OL].(2021-09-10). https://m.thepaper.cn/baijiahao_14442666.
② 张蓓,文晓巍,马如秋.〔中国食品安全报〕新零售背景下生鲜产品质量安全风险与控制[EB/OL].(2018-12-11). https://cem.scau.edu.cn/2018/1211/c5592a173870/page.psp.
③ 张红霞. 核心企业主导的食品供应链质量安全风险控制研究[D].北京:中国农业大学,2014.

2. 农业投入品污染

我国通过《中华人民共和国国家标准：农药合理使用准则》《食品添加剂使用卫生标准》等法律法规对农业投入品的使用进行了明确规定。但随着农业集约化程度不断提高，大量的化肥、农药、兽药等农用化学品被投入农业生产中，在推动农产品产量高速增加的同时，也对农业产地环境和农产品质量安全产生了一系列的负面影响。一方面存在农户违规加入过量化肥、农药，以达到降低生鲜农产品的损耗率，从而降低成本的目的；另一方面存在农户以价格低、效力高但残留量较大、危险性高的其他化学药品替换国家标准农业投入品的现象，不仅加重了农业生产环境污染，还在很大程度上威胁到了老百姓的餐桌安全。

(二) 加工环节的质量安全风险

加工环节的质量安全风险主要包括加工条件不合格、违规或过量使用农药化肥和添加剂等。

1. 加工条件不合格

为了使生鲜产品的卖相更好和便于标准化，很多生鲜电商会选择售卖小包装生鲜产品，这就需要供应商或加工商对生鲜进行初步清洗、切割等操作。但部分加工企业的生产规模小、卫生环境差，缺乏严格卫生管理标准和员工管理规范，导致生鲜产品出现质量安全问题。

2. 违规或过量使用农药化肥和添加剂

由于生鲜产品具有易腐的特性，有些商家会使用添加剂以延长其保存时间，但《中华人民共和国食品安全法》《食品添加剂使用卫生标准》等法律法规对于食品添加剂的使用都作出了明确规定，随意或者超量使用食品添加剂等会对食品安全和人体健康造成不利影响。

二、仓储物流风险

生鲜农产品本身保质期短、非标属性强、易腐烂变质，且受地域性和季节性的限制强，因此对于仓储和物流运输的要求较高，大部分生鲜产品必须用冷库储存和冷链运输，但由于我国目前冷库与冷链设施不足等，生鲜在仓储物流环节的质量安全风险较大。

(一) 仓储风险

不同生鲜农产品对仓储温度的要求不同，如橘子的适宜存储温度为 0~10 ℃，苹果的适宜存储温度为 3~4 ℃，肉类的适宜存储温度为 −23~−18 ℃，金枪鱼的适宜存储温度为 −50~−40 ℃。目前冷库主要分为企业自建和租用第三方冷库两种，前者需要较高的投入但标准较高，后者投入较小但质量参差不齐。由于成本限制，大多数生鲜电商会选择租用第三方冷库，其通常只有两三种温度区间，超出温度区间的生鲜也只能储存在相近温度的仓库中，不利于生鲜产品的储藏。同时，目前很多冷库在温度控制、物品搬运等方面主要靠人工操作,自动化程度不高,不利于生鲜产品的质量安全管控。此外,大部分冷库还存在违规建设的问题,违规冷库库容适中、租金低廉,更容易满足生产经营者对冷库的需求,但违规冷库通常风险系数较高,存在诸多消防安全隐患。

(二)物流风险

1. 先进技术普及程度低

目前我国专业从事农产品冷链物流的公司较少,并且规模小、较分散,加上资金等方面的限制,先进技术如低温制冷技术、智能化仓储和配送技术等的普及程度比较低,管理水平和运作效率也比较低下。

2. 冷链设施不足

从冷链物流在食品行业的应用情况来看,我国与发达国家的差距比较明显。据北京物流与供应链管理协会反映,2021年我国农产品冷链流通率为50%~55%。其中,蔬菜20%~25%,水果50%,肉类80%~85%,水产品75%~80%,远低于美国、日本等发达国家95%以上的流通率。其具体表现在冷链设施设备严重不足,绝大部分水果、蔬菜等都是用普通卡车运输,损耗严重。

3. 人为断链

由于监管或技术不到位,物流承运人为降低成本,在冷链运输过程中存在切断制冷机电源等人为断链现象,生鲜产品保持期缩短或快速变质的现象时有发生。

4. 专业技术人员缺乏

由于生鲜电商市场规模不断扩大,与之相对应的生鲜电商专业技术人才需求也大幅增加。然而由于工作人员需具备专业和系统的冷链物流与食品安全知识,专业化技能要求高、培养院校少等,生鲜电商专业技术人才缺乏。

三、销售风险

生鲜电商的销售风险是指平台在销售过程中,由于商品信息、交易信息、流通信息与售后信息不对称,以及监管不到位而带来的不确定性,产品和服务虚假介绍、虚假评价等增加了消费者感知风险。[①] 其具体可概括为市场监管不到位、检测能力不足和消费者感知风险等。

(一)市场监管不到位

1. 政府监管不到位

尽管我国的食品安全监管制度在不断完善中,但仍存在监管部门之间分工不明确、职

---

① 张蓓,文晓巍,马如秋.〔中国食品安全报〕新零售背景下生鲜产品质量安全风险与控制[EB/OL].(2018-12-11). https://cem.scau.edu.cn/2018/1211/c5592a173870/page.psp.

责交叉等问题,加之受疫情等突发公共卫生事件的影响,一旦监管出现漏洞,就会导致问题生鲜产品流入市场。

2. 平台监管不到位

生鲜电商同样有对平台食品的安全监管责任,但大部分生鲜产品是生鲜电商在批发市场驻点采购和从供应商进货,其监管责任大部分转嫁给批发市场和供应商,导致平台自身缺乏对生鲜产品的质量安全监管。

(二)检测能力不足

目前我国的生鲜产品检测主要依赖于上游供应商和批发市场等,生鲜电商作为下游零售商,主要对生鲜产品进行抽样检测,检测品类和品目不全,缺乏专业检测室及检测设备,缺少专业检测人员,并且检测技术有限,因而有些生鲜电商会选择与专业第三方检测机构合作,但大部分生鲜电商还是选择自己检测。

(三)消费者感知风险

1. 平台与消费者之间信息不对称

在小型前置仓或社区团购等新零售模式下,由于没有线下实体门店,消费者只能从线上平台购买,若平台存在产品和服务虚假介绍、虚假评价的情况,导致消费者线上购买与实际收到的产品有差异,反馈与投诉处理也常常不了了之,售后环节服务不到位将严重影响消费者对平台的信任,这也是传统电商存在的主要弊端之一。

2. 线上、线下难标准化

线上、线下融合是新零售的主要特征之一,但真正实施起来难度较大,其理想模式是线上聚焦服务,线下突出体验,实现优势互补。但部分新零售企业的线上平台和实体零售商是完全独立运营的利益主体,在产品定价、营销策略、产品布局和运营系统等方面存在显著差异,导致线上、线下融合过程中在渠道间的产品、价格、物流和服务等方面出现冲突。同时,进货渠道的不同也会使线上、线下产品的质量难以标准化,从而影响消费者的选择。

第三节　新零售生鲜质量管控思路与对策[①]

在新零售供应链体系下,生鲜电商作为核心企业,是生鲜农产品质量安全的责任主导者、质量安全控制行为的主要实施者、质量安全风险的主要承担者。针对上述风险,生鲜电商具有管控产品质量安全的相应责任。但是,单纯依靠其自身无法完全解决农产品质量安全问题,因此需要供应链上的各环节主体相互配合与协作。具体来看,新零售供应链体系

---

① 张蓓,文晓巍,马如秋.〔中国食品安全报〕新零售背景下生鲜产品质量安全风险与控制[EB/OL]. (2018-12-11). https://cem.scau.edu.cn/2018/1211/c5592a173870/page.psp.

下,生鲜电商的质量管控思路与对策主要包括供应链协同保障供应环节产品质量安全、物流创新保障流通环节产品质量安全和信息追溯保障销售环节产品质量安全。

一、供应链协同保障供应环节产品质量安全

现代企业之间的竞争已经转变为供应链与供应链之间的竞争,生鲜供应链中的每一个活动主体,如供应商、物流服务供应商、零售商等,都应对产品质量安全承担一定责任。因此,生鲜电商要保持与供应商、物流商等供应链主体的协调合作、优势互补、一体化管理,使供应链运作达到最优化,从而形成长期稳定的合作关系。生鲜电商对供应商、第三方物流等进行一体化管理,包括供应链纵向一体化和供应链质量安全标准化两方面。

(一)供应链纵向一体化

对于生鲜电商来说,生鲜产品的采购是质量安全管控的源头环节,也是最重要的环节,因而生鲜电商要对源头生鲜产品进行严格的质量检验。一是可以采取产地直供、全球采买等长期、稳定的纵向一体化模式,更多地建立生鲜企业上下游之间的联系。目前大多数生鲜电商只有部分大批量生鲜产品进行产地直供,而很多生鲜品类仍然是从本地批发市场采购,其上游供应链与传统农产品供应链区别不大,中间环节冗长,造成生鲜产品损耗严重。因此,在考虑成本的前提下,生鲜电商可加大产地直采比例,尽量缩减供应链环节,降低生鲜产品质量安全风险。二是运用云计算、大数据等技术,实现生鲜电商补货和分仓的自动化,增强供应链上下游协作能力,实现快速、精准配送,保证生鲜产品质量安全。三是建立与消费者之间的联系,通过对零售端数据的收集与分析,深入挖掘不同消费者的消费行为,将消费者喜好反馈到上游采购环节,既可以更好地满足消费者需求,也可以增加企业收益。

(二)供应链质量安全标准化

政府或行业协会积极制定并实施产品质量安全标准、物流配送和冷链标准,建立电子化分级标准,运用人工智能实施农产品质量安全检验,实时监控产品质量安全数据,保证生鲜电商供应链供应环节产品质量安全。

二、物流创新保障流通环节产品质量安全

目前生鲜电商主要通过自建物流或外包专业第三方物流进行配送,外包物流可以有效降低其成本,但不利于生鲜电商对整个物流配送体系的管控,一定程度上会降低其服务质量。因而对于有能力的生鲜电商来说,自建物流比外包物流更加有利,但要注重物流管理,力求提供精准服务,降低物流风险。为此,必须实施物流组织创新和物流技术创新。

(一)物流组织创新

就物流组织创新而言,实现生鲜电商物流智慧识别,必须减少运营环节、降低物流成本。一是将物联网、传感网等与现有互联网有机结合,实现信息与实物更加精准匹配,促进物流仓库与订单系统网络化衔接。通过区块链技术提升上游处理订单效率,运用自动识别、自动传感、自动包装和自动送货技术完善智能配送环节,提升配送效率。二是优化物流仓库城市布局,实现物流配送本地化和社区化,缩短店仓到消费者的距离。尝试建立冷链仓储区、恒温仓储区、流通加工区、城市配送区、保税仓储区和车辆服务区,建设线下门店附加前置仓,增加社区内生鲜自提点数量。例如盒马鲜生在2021年5月推出的社区自提项目——"盒马邻里",通过不断完善自提点布局,为生活周边缺少生鲜食品采买渠道的消费者提供便利。三是推进"最后一公里"配送。尝试无人智慧配送站,推广无人机等将生鲜农产品配送到消费者家中或提货点。例如京东推出的无人配送机器人,不仅能提高配送时效、降低生鲜产品损耗,还可以最大限度地保证生鲜产品质量。

(二)物流技术创新

就物流技术创新而言,须加强人工智能、深度学习和图像智能识别等技术应用。一是构建区域内与跨区域生鲜农产品冷链物流模式,加强冷链包装、运输标准建设,增加冷链物流运输能力;二是构建智能化生鲜农产品存储仓库,加快促进无人仓的建立与推广,通过人工智能完善分拣流程,精准库存控制,降低损耗率;三是借助大数据、云计算、互联网和GPS(全球定位系统)等现代信息技术实现冷链温度控制,保证物流运输的准确性和及时性,降低流通环节质量安全风险。

三、信息追溯保障销售环节产品质量安全

基于互联网背景,要保障产品质量安全,就要注重产品从产地到消费者餐桌的供应链中产品的信息溯源,包括产品品质信息、仓储信息、物流信息、销售信息等。生鲜电商应用物联网、云计算、大数据、LBS(基于位置的服务)地理信息等信息技术构建质量安全追溯系统,具体包括源头信息追溯、分销商信息追溯、物流信息追溯和销售环节信息追溯。

一是源头信息追溯。构建涵盖产地环境、播种、育苗、施肥、灌溉、喂养等环节的一品一码质量安全信息追溯系统,同时采用条码、二维码、RFID技术、可视化技术和区块链记录技术等,实现源头质量安全信息追溯有效性。此外,还应加强从业人员素质教育与完善行业准则,提升源头信息的真实度,确保信息源头真实、准确、无误。

二是分销商信息追溯。进行分销商信用档案建设,通过语音识别、电子标签系统将分销商相关数据录入可追溯信息管理平台,完善追溯系统基础信息建设。

三是物流信息追溯。搭建透明化物流系统,推进产品运输车辆GPS跟踪及温度信息监

控、产品入库条形码监测等物联网与大数据系统集成建设,避免由于技术、人为等因素而导致的冷链断链现象。

四是销售环节信息追溯。推广互联网产品追溯查询系统,消费者借助电脑、手机等进行溯源查询。例如,每个产品标注唯一追溯+防伪二维码,消费者通过扫码了解产品信息并辨别质量安全。又如,尝试推广自动识别溯源秤,即时显示产品质量追溯信息。此外,利用溯源技术召回问题产品,提升生鲜电商产品质量安全危机处理能力。

附录:新零售企业食品质量管控案例集锦[①]

生鲜电商是联系上游农产品生产加工者和下游消费者的纽带,出于自身收益与声誉的考虑,具有主导农产品质量安全风险控制的动力。处于上、下游之间核心位置的生鲜电商具备纵向协调控制的优势和能力,从理论上来说,能够对农产品质量安全管理产生一定的影响。生鲜电商对消费者的需求刻画清晰,反馈给前端后可以减少产销矛盾和生产的盲目性,以及资源的浪费。单纯靠生鲜电商是无法完全解决农产品质量安全问题的,需要供应链各个环节的相互配合。

案例3-1

盒 马 鲜 生

盒马鲜生作为目前国内新零售企业的主要代表之一,运用大数据、移动互联、智能物联网、自动化等技术及先进设备,实现人、货、场三者之间的最优化匹配,从供应链、仓储到配送,其都有自己的完整物流体系,实现了原料采购供应链协同。盒马鲜生平台界面如图3-10所示。

图 3-10 盒马鲜生平台界面

---

① 以下案例均基于团队调研和网络公开资料,由作者整理。

其生鲜产品质量安全管控的主要内容有：

1. 产地直采＋标准化预包装

盒马鲜生的商品货源主要有：一是直供到店，如当地生鲜；二是非大仓直接配送到店（特定品牌的酸奶）；三是全球采买。盒马鲜生从生产基地采购果蔬的同时，还将大部分生鲜在第一个环节就做好包装，从而避免了在运输、门店运营和客户挑选等环节中的损耗。比如日日鲜系列是盒马鲜生去基地直接采购，并且在种植区域附近的生产车间实现冷链温控、预包装生产线等，保证蔬菜收割到门店上架控制在 18 小时之内。盒马鲜生门店内的生鲜农产品大部分采用标准化的包装，将水果、蔬菜、肉类等预先包装好，按份售卖，每份蔬菜在 300~500 克，卖不完的当天会处理掉，有效避免了质量安全问题的产生。通过供应链前移，并对供货商进行有效的赋能，不断优化了流程，减少了中间环节，降低损耗和成本，更重要的是保证了商品鲜度、产品品质和食品安全。

2. 智能物流

基于算法驱动的核心能力，盒马鲜生实现 30 分钟配送。盒马鲜生的供应链、销售、物流履约链路是完全数字化的。从商品的到店、上架、拣货、打包、配送任务等，作业人员都是通过智能设备去识别和作业，出错率极低。整个系统分为前台和后台，用户下单 10 分钟之内分拣打包，20 分钟实现 3 千米以内的配送，让消费者在最短的时间内吃到最优质的食物。

3. 食品追溯

得益于阿里巴巴强大的数据处理能力和资源，盒马鲜生日日鲜系列蔬菜、猪肉、鸡蛋、鸡肉、菌菇产品已实现全自动的食品安全追溯，生产基地照片、生产商资质、产品检验报告以及产品每天从采摘、包装、运输到进门店销售的动态化时间一应俱全，建立了透明的食品安全管控和追溯机制。消费者通过手机 App 扫码，就可以清晰地看到生鲜产品在整个供应链上的动态信息。盒马鲜生食品安全追溯平台如图 3-11 所示。

图 3-11　盒马鲜生食品安全追溯平台[①]

---

① 图片来源：https://www.sohu.com/a/243422966_118792。

案例 3-2

本 来 生 活

本来生活的运营模式为B2C＋O2O，门店作为流量入口、互动平台和配送节点，具有融合线上、线下双向业务优势。其中，B2C平台为本来生活网，定位为中高收入人群的优质生鲜食品购买平台。O2O平台为社区商店——本来鲜，定位为大众用户的社区生鲜加盟连锁。它以线上、线下融合，在城市社区建前置仓，以300米到店、30分钟到家，满足普通家庭对快捷做饭的需求。它坚持"新鲜、方便、实惠"的核心定位，致力于打造社区生活基础服务商。本来生活平台界面如图3-12所示。

图 3-12　本来生活平台界面

其生鲜产品质量安全管控的主要内容有：

1. 产地直采＋自营品牌

本来生活以全球买手直采、特色食品定制、全部自营、自有品牌开发方式，满足高端消费者对高品质和便捷生活的诉求。本来集团已经拥有超过500个产地直采供应商，直采比例达到65%，深度参与供应链上游的标准化、规模化以及品牌化过程，定制了近50个独家、自有以及合作品牌，成功塑造了褚橙、长秋山不知火柑、俞三男大闸蟹、李玉双五常大米等一系列优质农产品优秀品牌。

2. 完善的冷链物流体系

为了保证食品的安全与品质，本来生活除了与生鲜物流强手顺丰冷链、京东物流合作外，还自建微特派物流，保障全程冷链配送。全国生鲜配送城市达109个，全国常温配送城市达550多个，自建冷链配送城市达60个。拥有多层级的商品流通渠道、强大的全网售卖能力。在北京、上海、广州、成都、武汉等7个主要城市自建6万平方米专业冷库，设立了常温、冷藏、冷冻、超低温、恒温区，从－60 ℃到25 ℃实现8个温区的分类储藏，做好食材的保鲜工作，满足7 000多种生鲜的不同储存要求。

3. 打造农产品全程溯源品控体系

2019年9月18日，本来集团与全球领先的检测、鉴定、测试和认证机构SGS战略合作，打造农产品全程溯源品控体系。褚橙、坚果、粽子、月饼四大品类将由SGS出具检测报告并在App前台呈现。

案例 3-3

7FRESH

7FRESH作为京东无界零售在生鲜品类的线下落地,依托京东生鲜积累的资源优势,为消费者提供高品质生鲜食材、食品百货及餐饮体验。就品控而言,7FRESH从源头采购到仓储物流环节均采取了多项有效措施,确保生鲜产品的高品质呈现。[①] 7FRESH平台界面如图3-13所示。

图3-13 7FRESH平台界面

其生鲜产品质量安全管控的主要内容有:

1. 产地直采

为了从源头保障果蔬产品的品质,京东7FRESH拥有专业的买手团队,通过全球各地的源头直采,将新鲜优质的果蔬产品采购到国内,通过严格抽检及商品标准验收才能进入果蔬加工中心,切实地保障了消费者舌尖上的新鲜。7FRESH全球直采产品占比20%,生鲜类商品占比70%,生鲜类自有品牌占比60%。

2. 自建果蔬加工中心

行业首创自建果蔬加工中心,构建起从源头直采到分拣加工,再到冷链运输的一体化模式,旨在保障消费者"舌尖上的新鲜与健康"。目前,所有北京地区7FRESH的水果和蔬菜都来自自建果蔬加工中心,这里是7FRESH订单的集散中心、加工中心、配送中心以及存储中心,在整个产业链条中,起着至关重要的作用。

3. 包装自动化和标准化

为了保障整体分拣加工的运行效率以及果蔬产品的安全品质,7FRESH果蔬加工中心引进多方面自动化设备。从包装、覆膜到打码,7FRESH果蔬加工中心功能不仅保证了果蔬产品的安全品质,还提高了整体分拣加工的运行效率。此外,7FRESH果蔬加工中心特

[①] 艾瑞咨询.2018年中国零售新物种研究报告[R].2018.

别制作精致的小包装产品,让携带与食用更加便捷,统一化的包装也保证了产品的高颜值。鉴于严格的标准体系要求,7FRESH果蔬加工中心在低温冷库进行存储的成品,从收货到消费者手中的时间不超过10小时。

4. 强大的冷链物流运输体系

7FRESH依托京东自有物流体系和达达物流,其中京东的冷链物流系统是国内顶级的冷链物流服务商。目前,京东物流已在全国通过骨干网络和相关先进设施设备装备的投入,建成了生鲜B2C供应链体系。截至2020年4月,京东冷链在全国20个核心城市布局了冷仓,可调用冷链车辆3 000多台,冷链零担运输网络目前覆盖全国21个省、区、市,2万余条运输线路,是目前全国最大的冷链零担网络体系。同时,京东物流体系配备的数十万保温箱与数万终端配送员协同达达等构建起末端"最后一公里"即时配送O2O体系,全面支持京东冷链物流服务。

案例3-4

叮咚买菜

叮咚买菜成立于2017年5月,创始人为原丫丫网、妈妈帮、叮咚小区的创始人梁昌霖,总部位于上海,是一款主要解决用户买菜难和买菜麻烦的生鲜新零售App,前身为叮咚小区。其平台上有近700种品类的产品,涉及各种蔬菜、水果、肉蛋禽、鲜活的鱼虾、日配(米面粮油、调料)等。叮咚买菜的主推品类为"家庭吃菜",从"叮咚买菜"的名字可以明显看出其主攻方向,定位清晰明确。叮咚买菜平台界面如图3-14所示。

图3-14 叮咚买菜平台界面

其生鲜产品质量安全管控的主要内容有:

1. 城批采购+品牌供应商直供

城批采购的优势是品类齐全、质量有保障、运送方便、补货容易,但也有品类趋同化的问题,在进口、有机蔬菜等品类方面缺少价格优势。相比源头直采,城批采购价格波动较低,效率更高,采购效率更高,补货也容易。叮咚买菜在进行采购后会完成预选(去除烂叶等)、清洗、包装环节,统一处理后运送至各前置仓。

2. 自建物流

叮咚买菜利用自建物流体系智能调度和规划最优配送路径,实现低滞销和低损耗。最快将产品送达用户手中,满足了一部分用户不便出门买菜的需求。如果菜品存在质量问题,配送员可以上门换货并重新配送,也可以选择直接退款,解决了用户因菜品质量而烦扰的问题。

3. 八大品控流程

一是货源品控。每天专业采购团队到源头品控。采购团队 10 人左右,占总部人数 8% 左右。二是加工仓品控。蔬菜运至加工仓后进行第二次品控筛选,品控完成再验收入库。三是加工过程品控。蔬菜进行 300~500 克的包装时进行第三次品控。四是前置仓品控。蔬菜运送到各个前置仓进行第四次品控,之后验收入库。五是巡检品控。各前置仓每天专人进行两次巡检。六是分拣品控。蔬菜由配送人员送至顾客前,进行品控把关。七是顾客品控。配送人员送至顾客时,会主动询问是否是活的鱼虾、蔬菜是否新鲜。八是售后品控。用户可以无条件退货,同时建立用户微信群,反馈用户体验。

4. 推出可溯源农产品

2019 年 7 月 20 日,叮咚买菜与上海农场宣布达成战略合作,从源头为消费者提供安全健康、可溯源的好产品。有了"二维码身份证",可溯源的"鲜活光明黑鱼""光明鲫鱼""光明河鳗""光明鲜鸡蛋"等数十种上海农场的产品都可以通过叮咚买菜 App 购买。目前,叮咚买菜上售卖的光明鲜鱼、松林猪肉等众多产品均实现了信息化安全追溯。

案例 3-5

超 级 物 种

超级物种是永辉超市在 2017 年初推出的"高端超市+生鲜餐饮"新业态。超级物种定位于生鲜食材体验新门店,孵化出波龙工坊、鲑鱼工坊、盒牛工坊三个核心工坊,在满足新中产消费群体及家庭生鲜食材消费需求上不断改进与创新,旨在为消费者提供更加优质的生鲜与服务。超级物种平台界面如图 3-15 所示。

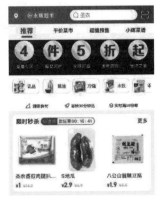

图 3-15 超级物种平台界面

其生鲜产品质量安全管控的主要内容有：

1. 产地直采

超级物种背靠永辉强大的供应链，自创立起，就以"全球生鲜直采"为核心战略之一，专属买手团队深入全球各地，追本溯源，为消费者挑选放心的生鲜产品。截至2019年9月，超级物种已在全球范围内拥有近30个直采基地，遍布数十个源头产地国。深入挪威、加拿大、澳大利亚、智利、新西兰、法国等国家，与众多业界知名国际企业及协会，挪威海产局、挪威海产集团莱瑞（Leroy）、海洋管理委员会（MSC）等建立了深厚的合作关系。国内，超级物种生鲜产地源头直采项目也快速推进，各品类重点单品如大闸蟹、苹果、樱桃、妃子笑荔枝等尽数从源头采购；并通过订单农业的方式，向农户输出资源和标准，以定制品质优良的农产品，保证安全、健康、高性价比。

2. 开展食品安全溯源项目

依托永辉食品安全云网，2019年，超级物种深圳宝安国际机场店上线食品安全溯源项目，消费者可以通过手机扫码追溯商品来源，了解供应链组成体系及食材的整个流通过程。能够进行扫码的商品主要以三大核心工坊的生鲜水产为主，每种食材都有自己的追溯码，消费者可通过手机扫码查看食品信息。超级物种商品溯源平台如图3-16所示。

图3-16　超级物种商品溯源平台①

---

①　图片来源：http://www.linkshop.com.cn/web/archives/2019/427870.shtml。

案例 3-6

美团买菜

美团买菜是由美团小象事业部推出的一项生鲜零售业务。美团买菜为纯线上销售,居民区店面为前置仓。服务范围内的社区居民可以通过手机 App 下单选购食材,美团买菜将通过在社区设立的集仓储、分拣、配送于一体的便民服务站,为社区居民送菜到家,其经营品类较为聚焦,主要为新鲜蔬菜、水果、肉禽蛋奶、米面粮油、水产海鲜等一日三餐所需食材。美团买菜平台界面如图 3-17 所示。

图 3-17 美团买菜平台界面

其生鲜产品质量安全管控的主要内容有:

1. 智能配送调度系统

美团买菜基于美团自主研发的全球规模最大、复杂度最高的多人多点实时智能配送调度系统,能达到行业最优的配送服务水平,平均配送时长 28 分钟。服务范围内的社区居民在 App 端下单选购食材后,美团将从服务站拣货,设立专职的"美团买菜"配送人员,高峰期还有美团的配送网络做补充。配送时间从 7 点至 21 点 15 分,与日常家庭做饭需求相契合。目前美团买菜在北京和上海均采用"线上下单,30 分钟配送到家"的模式,而武汉采用的为"呆萝卜模式":前一天在线下单,第二天到店自取(这种模式无配送费且对备货有利)。

2. 专业团队预测采购比例

美团买菜配货会采取预测的方式,它们有专业大数据分析团队,通过各方数据分析,能获得需要采购的肉类占比、水果占比等,部分商品会详细到种类,如车厘子占水果比重。

3. 农批市场+专门供应商采购

美团买菜的货品主要从农批市场采购,部分产品有专门供应商,目前仅有少量货品为直采,鉴于美团买菜目前总量不够大,达不到直采的标准。

4. 抽样化检测

美团买菜的大仓每天都会在出仓前对所有品类进行抽样化验检测,到前置仓配送包装时也会对外观进行审查。在美团买菜 App 上,部分商品的详情页出示了该商品的检测报告。

案例3-7

天天果园

天天果园创立于2009年,90%销售品类是进口水果,这些进口水果进口方式是和产地果园合作,直接从产地进货,没有中间批发商和零售商环节。2015年7月17日,天天果园宣布开始转型做全品类的生鲜产品。天天果园采用全渠道、多场景的综合业态模式,通过线上渠道、区域店、社区店和智能终端的"四位一体"全面布局,分别满足用户在不同场景下的消费需求。通过线上、线下打通,共享流量与仓储物流成本,有效改善原有模式下的成本结构。天天果园平台界面如图3-18所示。

图3-18 天天果园平台界面

其生鲜产品质量安全管控的主要内容有:

1. 冷链物流全覆盖

天天果园的物流配送通过自建冷链物流(鲜速运)与第三方合作实现,其中在上海地区,已经实现鲜速运的全面覆盖;同时,其社区服务店具备前店后仓的功能,在承担前门店销售功能的同时作为前置仓,通过线上、线下打通,有效提升了周边区域覆盖能力,并为配送时效的显著提升提供了可能。

2. 供应链环节数字化全覆盖

为确保高效的经营效率与良好的用户体验,天天果园对科技与研发能力持续投入,以实现业务链条各环节的数字化全覆盖。在生产流通上游,通过自动分拣生产线的应用与水果实验室的建立,强化生产流通环节品控;在流通环节中游,通过产品溯源、流通状态追踪以及产品新鲜度管理的综合运用,提升产品流通环节的信息化程度,进一步强化品控与流通效率;在商品销售环节,通过对交易数据实时分析,精准刻画消费者需求偏好变化,并为潜在需求挖掘与精准营销提供支持。

案例 3-8

生 鲜 传 奇

生鲜传奇是安徽乐城投资股份有限公司旗下 2015 年 6 月全新打造的生鲜专业连锁店，定位更近、更鲜、更专的经营。经营蔬菜、水果、肉鱼、低温奶等生鲜商品，以及油盐酱醋、干货、酒水饮料等食品。生鲜传奇定位于"小区门口的菜市场"，为周边消费者提供品质优秀、价格低廉的生鲜商品。生鲜传奇平台界面如图 3-19 所示。

图 3-19　生鲜传奇平台界面

其生鲜产品质量安全管控的主要内容有：

1. 农户＋合作社＋基地＋批发市场采购

生鲜传奇的蔬菜品类主要由周边农户和合作社来提供，也通过基地做一些定制采购。此外，部分蔬菜还从本地的批发市场采购做一些补充。水果大部分是从基地或者一些大型的批发市场采购。基地采购的水果会定制包装，打上自己的 Logo（标识），成为生鲜传奇的自有品牌。

2. 第三方检测

生鲜传奇已经跟国际的北京鉴衡认证中心（CGC）在合作，未来将把生鲜交给第三方国际机构来检测。同时，生鲜传奇要求每个商品都可追溯，目前正在实现每件商品的二维码，让每件商品整个生产过程可视化。未来商品的半成品化和熟品化是趋势。

3. 生鲜损耗管理

生鲜传奇利用配送中心来控制生鲜损耗，配送中心的作用是初步打理商品和不同品类的分级保鲜，根据商品的不同属性或低温或加水或避水，使其有利于销售。

各生鲜电商质量管控方式比较见表 3-4。

表 3-4 各生鲜电商质量管控方式比较

生鲜电商	采购方式	运输方式	质量追溯	运营方式	第三方检测
盒马鲜生	产地直采＋农批市场采购	自有物流＋第三方物流	"日日鲜"系列	店仓一体化	华测检测
超级物种	产地直采＋农批市场采购	自建物流＋第三方物流	部分门店核心工坊的生鲜水产	店仓一体化	未披露
本来生活	产地直采＋农批市场采购	自建微特派物流＋顺丰冷链＋京东物流	部分产品	城市中心仓	SGS
天天果园	产地直采＋农批市场采购	自建冷链物流（鲜速运）＋第三方物流	部分产品	城市中心仓	未披露
生鲜传奇	农户＋合作社＋基地＋批发市场采购	自建物流	建设中	社区前置仓	CGC
美团买菜	农批市场＋供应商采购	自建物流	未披露	社区前置仓	未披露
叮咚买菜	城批市场＋供应商采购	自建物流	部分产品	中心仓＋前置仓	未披露
7FRESH	产地直采＋农批市场采购	京东物流＋达达物流	京东区块链防伪追溯平台	店仓一体化	华测检测

【本章习题】

1. 简述产品认证中的"三品"各自的目标定位和产品结构的区别。
2. 简述我国的农产品质量认证的意义。
3. 目前我国农产品质量追溯存在哪些问题？

【即测即练】

第四章

新零售互联网金融结算体系

本章学习目标：
1. 熟悉第三方支付的产生、特点。
2. 了解第三方支付在新零售中的功能。
3. 掌握运用相应功能去解决结算、融资、需求预测的能力。

伴随着电商行业的升级推进、智能设备的普及、消费者偏好的改变，线上、线下结合的零售模式开始凸显优势，新零售模式应运而生。新零售的本质是利用互联网技术更好地满足顾客的需求，因而技术是新零售开展的先决条件。由于任何零售都离不开最终的交易环节，因此，支付过程的便捷性在一定程度上增加了用户对于零售业态的接纳程度。传统的支付手段较为单一，无法满足客户随时随地的支付需求。近年来，第三方支付的发展成为推动新零售行业发展的强劲动力。"支付+零售"模式的建立，将新零售行业中的支付环节串联成一个有机整体、一条真正实现消费逆牵引生产方式的新零售价值链。新零售是目前大环境下零售业发展的必然趋势，作为新零售发展中的重要一环，互联网金融支付体系的发展无疑是新零售走向成熟的催化剂。

第一节 第三方支付的基本情况

一、第三方支付的概念

现如今第三方支付已经发展得非常成熟，但未能形成一个统一的定义。我国对第三方支付的认知大致经历了两个阶段。

2010年，中国人民银行在《非金融机构支付服务管理办法》中首次对第三方支付机构进行了定义，指"非金融机构在收付款人之间作为中介机构提供网络支付、预付卡的发行与受理、银行卡收单、中国人民银行确定的其他支付服务等部分或全部货币资金转移服务"。电子商务发展背景下的第三方支付平台是指独立于银行、网站以及商家的第三方服务型中介机构，主要为开展电子商务业务的企业提供电子商务基础支撑与应用支撑的服务，目的是增加消费者对网上购物的可信度、便利度，其并不直接从事具体的电子商务活动。

新零售发展背景下的第三方支付逐渐细分为两种模式：互联网支付和移动支付，在目前的市场份额中，移动支付占主要份额。其提供的服务从最初的电子商务支付到如今的生活缴费、教育、金融、公共事业、航空、旅游，呈现出全方位、多领域的发展趋势。

至此，第三方支付已不仅仅局限于满足线上交易需求，而是成为线上线下全面覆盖、应用场景更为丰富的综合支付工具。第三方支付服务可描述为一种信用中介服务、一种支付托管行为，其运作实质是通过在买卖双方之间设立一个中间过渡账户，使汇款资金实现可控性停顿。这一方面解决了电子商务小额支付下由于银行卡不一致所导致的货款转账不便的问题，另一方面大大降低了由于信息不对称所导致的互联网交易的欺诈风险。《非银行支付机构条例（征求意见稿）》中将支付业务重新划分为储值账户运营和支付交易处理两类，分类确定监管要求。

二、第三方支付的特点

与传统支付相比，第三方支付具有许多优势，这些优势为当下新零售的发展提供了强有力的支撑。

（一）支付的便捷性

第三方支付平台采用与众多银行合作的方式，大大方便了网上交易的进行，商家不需要安装各个银行的认证软件，在一定程度上简化了操作程序、降低了交易费用。当下普及率最高的移动支付设备由于具有随身携带的特性，能够在一定程度上消除地域的限制，消费者可以随时随地通过移动互联网进行商品购买，减少人们支付的手续与等待时间，提高成交率。例如，消费者在阿里巴巴新零售业态盒马鲜生购物，不仅可以到店手机支付购买，还可以在盒马 App 上下单，获得上门配送服务。移动支付节约了消费者获取商品的时间，提高了便捷性。

（二）交易成本低

第三方支付能够降低时间成本。第三方支付的出现，一方面可以使消费者足不出户即可购买优质商品；另一方面，与现金交易相比，第三方支付能够减少支付时间、提高支付效率。如今的零售企业早已实现电子支付全覆盖，大大降低了交易的时间成本，提高了交易效率；此外，盒马鲜生创新性地发展了线上、线下相融合的发展模式，成功实现了消费者"线上购买＋门店自提"以及"线上购买＋商家配送"的模式，提高便民度。

第三方支付能够节省交易费用。消费者采用第三方支付工具基本无须承担任何使用费用（仅仅包括一些流量使用费、运营商短信费等）。

（三）提供信誉保障

第三方支付平台可以对交易双方的交易进行详细记录，从而防止交易双方对交易行为可能的抵赖以及为后续交易中可能出现的纠纷问题提供相应证据。这个特点保证了新零售平台企业线上交易环节的安全、可靠。

（四）提供更多服务场景

第三方支付，特别是移动支付契合新零售的本质要求，能够涵盖线上、线下各种不同的支付场景，应用领域广泛。比如移动支付中的近场支付能够支持传统现金结算所支持的场景，包括百货商场、超市、便利店等，远程支付能应用于网络购物、外卖配送、生鲜配送等场景之中。

三、第三方支付的产业特征

（一）网络外部性

对于第三方支付平台而言，平台一边用户的效用随着平台另一边用户数量的增加而增加，即平台总价值与平台每一边的用户数量都密切相关。因此，第三方支付厂商在平台建立初期会十分注重对用户的开发。买方数量的增加依靠卖方的数量增加，反之亦然。

（二）倾斜式定价

倾斜式定价是指平台企业对平台一边的用户采取低价甚至免费的策略，短期内在平台一边召集大量用户，通过网络外部性增加用户的数量，并在平台的另一边收取相对较高的费用，从而增加平台企业利润的不平衡定价方式。我国的第三方支付企业通常对买方免费，而对卖方采取的是两部收费制的策略。通过这种方式，企业可用卖方处的高价利润补贴买方处的低价亏损。

（三）多平台接入行为

越来越多的参与者趋向同时拥有多个竞争性不兼容厂商的产品，以此来获得更大的网络效用。对于第三方支付平台用户（买方或卖方）来说，可以选择同时注册多个第三方支付平台，以增加信息匹配的机会，增大交易的可能性。其好处是可以同时接触到多个竞争平台的用户群体，不利之处就是多归属的用户需要支付更多的平台服务费用。

（四）同质竞争激烈

我国第三方支付产业 CR4（行业前四名份额集中度指标）高达 0.848，无法改变少数企业占据大量市场份额、市场缺乏竞争力的情形。"赢者通吃""马太效应"在目前中国第三方支付市场中愈演愈烈。之所以出现这样的局面,究其原因主要有两方面:第一,市场中有部分第三方支付平台如支付宝等,是大型商务网站为满足自身日益增长的支付需求而开发的,这类背靠大型商务网站的第三方支付平台,从发展之初就已经拥有大量的潜在用户基础。第二,由于第三方支付市场提供的产品同质化现象严重,后进入市场的平台企业无论在服务质量还是在产品差异化上都不具有明显的优势,很难占据市场主体地位。

(五) 共生性

由于第三方支付产业链涉及众多环节与企业,第三方支付产业已经不再是一个单纯的具有双边市场特征的产业,而是以第三方支付企业为核心的复杂的商业生态系统,其中包括使用第三方支付服务的消费者与商户、电子商务网站、银行以及移动运营商等。这种服务的网络使得第三方支付产业的发展不仅依赖自身实力的提高、服务的完善,同时依赖整个商业生态系统中其他产业的繁荣程度。

四、第三方支付的分类[①]

第三方支付业务根据具有的多种属性,可以有不同的分类方法。本章列举以下几种主要的分类方式。

按支付指令传输通道进行分类,即按支付指令传输所依托的信息网络通道分类,主要包括互联网支付、移动网络支付、固话网络支付、数字电视网络支付。互联网支付是指通过计算机、手机等设备,依托互联网发起支付指令;移动网络支付是指通过移动设备利用互联网技术发起支付指令;固话网络支付是指消费者使用固定电话进行支付的方式;数字电视网络支付是指利用遥控器操作电视上的内容,进行银行卡支付。

按支付距离远近进行分类,主要包括近场支付和远程支付。近场支付不需要使用远程移动网络,通过红外、蓝牙等其他技术,实现资金载体与售货机等设备之间支付指令传递,如自动售货机购买商品、乘坐公交车手机 NFC 支付等;远程支付是在远程的服务器中进行,用户通过将银行账号与手机绑定,使用手机远程完成订单的行为,如网上购物、生活缴费等。

按支付时间进行分类,主要包括预付支付、即时支付和信用支付。预付支付指付款方在交易尚未完成前,需支付款项并由第三方支付机构给到收款方,如淘宝的预售活动;即时支付指付款方在交易完成时已同步完成款项支付,并由第三方支付机构付给收款方,如线下零售店的扫码支付;信用支付指在交易过程中,由第三方支付机构独立或者会同商业银

---

① 分类方式参考:唐勇,赵涤非,陈江城.互联网金融概论[M].北京:清华大学出版社,2017;杨彪.中国第三方支付有效监管研究[D].沈阳:东北大学,2012.

行为付款方提供垫资服务的支付行为,如消费者在购买商品或服务时使用花呗付款。

按货币资金存储方式进行分类,包括卡基支付和网基支付。卡基支付是以银行卡和预付卡为主要支付工具载体去实现的各种支付服务;网基支付是通过互联网、电话、手机等通信终端实现的无卡支付,这种类型支付通常不是通过读取卡片信息,而是通过密码来验证支付指令。

按支付终端进行分类,即根据支付指令发起方式分类,主要包括POS(销售终端)支付、PC(个人计算机)支付、移动电话支付、固定电话支付。

按交易背景进行分类,即交易过程中是否有商品或服务的传递,主要包括有交易背景的支付和无交易背景的支付。

目前第三方支付企业服务以B2B2C与B2B2B两种类型为主。① 早前的B2B支付只是指狭义的企业间账户清结算支付服务。目前第三方支付B端企业服务不仅仅局限于支付板块,更是涉及如何解决企业生产运营过程中产生的问题,如上下游采购,提高企业的运作效率。在B端企业服务,支付机构需基于企业的核心需求,通过研发打造软硬件,嵌入支付结算板块,服务模式既可用于交易,也可为用户其他功能服务,并最终打造整体支付产业生态。基于以上,B端企业服务分为两大类,一是为企业提供向C端的服务,帮助企业运营C端,解决C端的问题(B2B2C);二是为企业提供向B端的服务,帮助企业解决B与B之间的问题,如供应链、资金渠道、经营管理等(B2B2B)。第三方B端企业服务如图4-1所示。

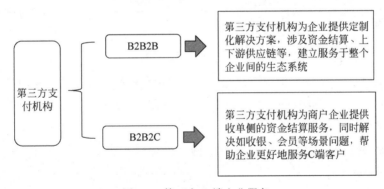

图4-1　第三方B端企业服务

五、第三方支付的发展历史

我国第三方支付发展早期慢于美国。第三方支付源于美国的独立销售组织(Independent Sales Organization,ISO)制度,指收单机构和交易处理商委托ISO做中小商户的发展、服务和管理工作的一种机制。1996年,第三方支付公司在美国诞生,随后逐渐涌现出Amazon Payments、Yahoo! PayDirect、PayPal等一批第三方支付公司。1999年成立

---

① 易观资讯研究报告:中国第三方支付企业服务市场数字化发展专题分析2020,www.analysys.cn。

的北京首信和上海环迅两个企业是中国最早的第三方支付企业,由于2001年互联网泡沫破灭,中国第三方支付发展相对缓慢。[1]

支付宝的崛起使得中国第三方支付迅速发展,超越美国。2004年12月,支付宝诞生,同期,易宝支付、拉卡拉、汇付天下等多家第三方支付公司诞生,伴随国内电子商务的兴起。2009年7月6日,支付宝宣称用户数突破2亿大关,从而超越PayPal成为全球用户数最多的电子支付平台,同时期PayPal的用户是1.8亿。2004—2009年,中国第三方支付行业交易规模年增速基本保持在100%之上。其中,在线支付占比高达95.6%,手机支付和电话支付分别仅占4.2%及0.3%。[2] 央行分批次发放支付牌照数量如表4-1所示。

表4-1 央行分批次发放支付牌照数量

批次	日期	数量/张	代表公司
首批	2011/5/18	27	支付宝、财付通、拉卡拉、银联商务等
第二批	2011/8/29	13	银联电子、银通数码等
第三批	2011/12/22	61	宝付网络、天翼电子商务、联通沃易付、中移电子商务等
第四批	2012/6/27	95	银联通、苏宁易付宝等
第五批	2012/7/20	1	青岛百达通
第六批	2013/1/6	26	汇卡商务、上海商旅通等
第七批	2013/7/6	27	新浪支付、百付宝等
第八批	2014/7/10	19	畅捷通、帮付宝、理房通等
第九批	2015/3/26	1	广东广物电子商务

资料来源:中国人民银行,光大证券研究所。

从第三方支付牌照的发放历史来看,取得合法的第三方支付资质越来越难。境内支付牌照不再新增,重要牌照数量稀缺。央行自2010年起加强牌照管制。2010年6月中国人民银行公布的《非金融机构支付服务管理办法》明确指出,从事支付业务需要获得第三方支付牌照。2011年,支付行业迎来第一批支付牌照。2011—2015年,央行分9批发放支付牌照。2016年起,央行表示原则上不再发放新增支付牌照。截至2020年12月,非银金融机构拥有的支付牌照总数为233张,与收单业务紧密相关的银行卡收单有54张。[3]

第二节 第三方支付平台的支付流程与盈利模式

新零售意味着线上、线下相结合,意味着消费者既能线上下单购买,也能线上下单,实体店自取。支付作为新零售交易环节中的重要一步,如何满足"线上下单+直接支付,线上下单+线下支付"至关重要。

---

[1] 参考光大证券研究报告:小店经济,大有乾坤——科技金融系列报告之一:第三方支付。
[2] 第三方支付行业深度研究及投资机会分析:https://baijiahao.baidu.com/s?id=16740495386284432398&wfr=spider&for=pc。
[3] 非银支付将迎变局:https://www.sohu.com/a/447224534_687892。

一、第三方支付流程

第三方支付通过在买家与卖家之间建立一个中立的支付平台,为买卖双方提供信用担保服务和网上购物资金划拨渠道的电子支付模式,金融和科技企业可以构建账户体系,形成信息流、资金流、业务流的闭环和数据沉淀,消费者可以更加放心地完成线上支付。不同场景下的支付流程不尽相同,一般的支付流程都会涉及商家、第三方机构以及消费者。第三方支付流程如图 4-2 所示(以支付宝为例)。

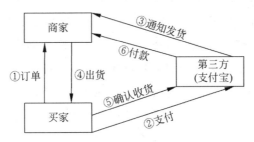

图 4-2 第三方支付流程

① 买家在新零售的线上平台商店浏览商品并进行选购,与商家达成交易意向,提交订单;
② 买家利用第三方平台作为交易中介,下订单的同时将钱款打入第三方账户;
③ 第三方支付平台告知商家客户已付款,并要求商家在规定时间发货;
④ 商家收到通知,并按照订单发货;
⑤ 买家收到货物并验证后,通知第三方支付平台;
⑥ 第三方支付平台将货款转入商家账户。

从第三方支付流程来看,买家购买商品时使用第三方支付平台进行付款,第三方支付平台收到货款后通知商家发货,买家收货并验证后通知第三方支付平台将应付金额汇入商家账户。首先,与传统网络支付相比,第三方支付平台在资金从买方流向卖方的过程中,承担了受双方信任的第三方角色,确保了买卖双方资金和货物的安全;其次,第三方支付的出现打破了银行卡之间的壁垒,简化了网上支付流程,节省了支付成本;最后,第三方支付还为商家提供许多增值服务,帮助商家网站解决实时交易查询和交易系统分析,为买家提供方便及时的退款和止付服务。这些均为新零售的发展奠定了良好的支付基础。

二、第三方支付盈利模式

传统的第三方支付盈利来源主要有广告费收入、手续费收入、服务费收入和沉淀资金利息收入。广告费收入是第三方支付最显著的收益;其次是手续费收入,以支付宝为例,它的手续费收入主要包括转账至银行卡、快速提现、短信校验服务、国际支付等所收取的手续费;再次是服务费收入,比如支付宝所推出的理财增值服务——余额宝,除了能够使消费者获得收益,支付宝本身也会按照一定费率向基金公司收取服务费从而获得服务费收入;最后是沉淀资金利息收入,很多第三方支付平台会对客户的滞留资金加以利用从而获得可观收入。

随着第三方支付的蓬勃发展,与新零售行业的结合日益紧密,第三方支付平台想要获得长期稳定的发展,就势必创新盈利模式。无形收益便是一个很好的例子。第三方支付存在无形收益,即通过描绘消费者画像获得特定收益。第三方支付平台通过用户注册时所提供的个人信息以及身份认证等,能够挖掘出用户信用情况、消费偏好等,这就是潜在的无形收益。在物联网趋势和区块链技术发展的大背景下,第三方支付通过与新零售商家合作,获得新的盈利点。例如,第三方支付机构在不侵犯客户隐私的前提下,匹配新零售商户市场推广的相关需求,将大数据挖掘的关于消费者的有效信息有偿提供给商户,充分利用二次数据挖掘创造商业价值,实现第三方支付平台与新零售企业双赢的局面。

目前,第三方支付机构 B 端企业服务收入主要来自两个部分,一个是支付服务业务,另一个是增值服务业务。① 支付服务利润主要来自支付手续费和收单费用。增值服务收入主要来自不同种类服务的服务费用,增值服务包含授信、垫资、理财、搭建账户体系、会员服务、数据分析等一系列用于提高商户企业运营效率的服务。其中,支付服务利润是企业服务总收入的主体,增值服务所对应收入占总收入比例不足 10%。与此相对,增值服务对应收入虽占总收入比例较低,但随着商户企业逐渐信息化和互联网化,增值服务需求激增,增值服务收入增长速度明显。第三方支付机构 B 端业务分类如表 4-2 所示。

表 4-2 第三方支付机构 B 端业务分类

支付服务利润	增值服务收入
支付手续费:帮助用户完成平台交易金额支付,并完成平台与银行资金流转、对账和清分,最终收取一定服务费用。因市场支付机构众多、竞争激烈,手续费额度不断降低	**金融服务**:为商户企业提供授信、贷款、理财等一系列金融服务,解决商户企业资金问题,并从中获取服务费用、利息等收入
	营销服务:为商户搭建会员体系,结合优惠券等去触达更多客户,并从中收取服务费用
收单费用:支付机构负责特约商户的开拓和管理,并进行账单结算等活动,从特约商户交易手续费的分成以及其服务费来获取利润。移动支付的快速发展,造就收单量级的增长,总体收单费用未来呈现上涨趋势	**分析服务**:通过支付积累数据,用于客户画像等服务,帮助商户企业更好运营,并从中收取服务费用
	其他服务:其他一系列用于帮助商户企业解决痛点、提高企业运营效率的服务,并从中收取服务费用

第三节 新零售下的支付发展现状

在传统零售业中,支付作为经济交易的附属业务而存在,但在新零售业态出现之后,支付的地位发生了变化。零售的革命带动支付的革命,随着线上流量增速的放缓、获客成本

---

① 易观资讯研究报告:中国第三方支付企业服务市场数字化发展专题分析 2020,www.analysys.cn。

的提高,以及消费者对于体验消费和高品质消费的追求,零售与支付正悄无声息地发生变化。

一、主要支付平台与竞争格局

(一)第三方支付平台

早在2008年,国内的移动支付市场便开始显现出快速发展的势头。现如今,支付行业寡头垄断的格局已经形成。蚂蚁金服和腾讯财付通已经占据绝大多数的移动支付市场份额,支付宝和财付通二分天下的局面越来越明显。除了互联网支付外,移动支付是当前第三方支付市场的主要板块。易观统计数据显示,在移动支付C端用户市场,支付宝和微信(腾讯金融)在2020年依旧保持占据90%以上的第三方移动支付市场交易份额。支付宝以53.58%的份额高居榜首;腾讯金融位列第二,占比39.53%;中国平安旗下平安付的壹钱包占比1.28%;其他第三方机构市场份额占比都低于1%。

由图4-3可知,由于新零售与支付之间的密切关系,占据第三方支付市场大半江山的支付宝与微信同时也是新零售行业最广泛的支付方式。为了满足线上、线下相结合的新零售市场,支付宝与微信不仅支持线上支付购买商品,同时也支持线下实体店扫码支付、付款码支付等多种方式。此外,针对线下扫码客户群体,支付服务商还会推出不定期的优惠活动,如随机立减、满减优惠等,这大大提高了消费者购买商品并使用手机支付的动力,实现支付与新零售的双赢。

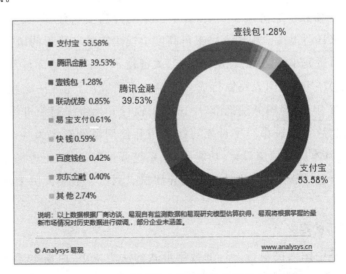

图4-3 2020年中国第三方移动支付市场交易份额

资料来源:艾瑞、易观2020Q2第三方支付报告:https://www.mpaypass.com.cn/news/202009/30170515.html。

2020年,市场上开展第三方支付业务的企业主要可以分为两个梯队。第一梯队的支付宝、财付通以较大领先优势占据市场头部地位。第二梯队的支付企业在各自的细分领域发力;壹钱包位居第三,依托场景、技术、资源等优势,提升C端服务体验,推进B端合作赋能;联动优势位居第四,推出面向行业的"支付+供应链金融"综合服务,促进交易规模平稳发展;快钱位居第五,向保险、航空领域持续提供金融科技能力输出服务,实现商户综合解决方案定制化;银联商务位居第六,围绕商户营销拓客、账务管理、终端运维、资金服务等方面的需求,为合作伙伴创造价值;易宝支付位居第七,连接航空、铁路、租车全交通生态,并涉及旅游、酒店到景区的全旅游服务,实现这一生态下的完全布局;苏宁支付位居第八,积极助力城市绿色出行,深耕场景服务,重点挖掘出行领域,打通线上、线下多渠道,提高用户参与度。① 中国第三方移动支付市场主要参与者如图4-4所示。

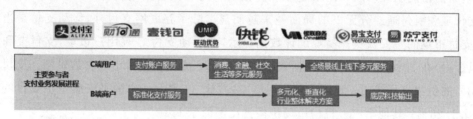

图4-4 中国第三方移动支付市场主要参与者

尽管移动支付市场的格局趋于稳定,但从更广阔的角度来看,目前移动支付业务主要服务于C端用户及与C端消费场景直接关联的近C端行业内企业,仍有大量的远C端企业需要通过创新的支付体验以及完整的行业解决方案来提升自身的效率。

(二)数字货币的研发及应用

随着网络技术和数字经济蓬勃发展,社会公众对零售支付便捷性、安全性、普惠性、隐私性等方面的需求日益提高。中国人民银行高度重视法定数字货币的研究开发。2014年,成立法定数字货币研究小组,开始对发行框架、关键技术、发行流通环境及相关国际经验等进行专项研究。2016年,中国人民银行成立数字货币研究所,完成法定数字货币第一代原型系统搭建。2017年末,经国务院批准,中国人民银行开始组织商业机构共同开展法定数字货币(以下简称"数字人民币",字母缩写按照国际使用惯例暂定为"e-CNY")研发试验。目前,研发试验已基本完成顶层设计、功能研发、系统调试等工作,正遵循稳步、安全、可控、创新、实用的原则,选择部分有代表性的地区开展试点测试。数字人民币研发进展如图4-5所示。

1. 数字人民币的定义

数字人民币是中国人民银行发行的数字形式的法定货币,由指定运营机构参与运营,以广义账户体系为基础,支持银行账户松耦合功能,与实物人民币等价,具有价值特征和法偿性。② 通过指定运营机构参与运营并向公众兑换,与纸钞和硬币等价,支持可控匿名。

---

① 艾瑞咨询.2021中国第三方支付行业研究报告.
② 2021年7月中国人民银行数字人民币研发工作组发布的《中国数字人民币的研发进展白皮书》。

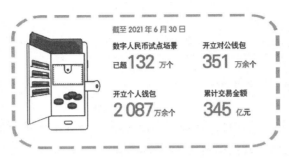

图 4-5 数字人民币研发进展

资料来源：《中国数字人民币的研发进展白皮书》。

2. 第三方支付与数字人民币的区别

第三方支付与数字人民币的区别主要有三点：首先，第三方支付属于商业银行存款货币结算，数字人民币属于流通中的货币 M0。其次，第三方支付需要设备联网才能结算，数字人民币双方处于离线状态也能完成支付。最后，使用数字人民币具有匿名性；使用第三方支付有隐私信息泄露的风险。

在央行数字人民币钱包体系的详细解释中，强调了数字人民币与第三方支付并非竞争和取代关系。数字人民币采用了双层运营结构，第三方支付机构将主要承担其流通职能；数字人民币是钱，是工具，而第三方支付是基础设施，主要提供流通服务。考虑到以支付宝、财付通为代表的第三方头部机构在流量、生态等方面的优势，数字人民币的推广仍然需要第三方支付机构扮演重要角色。

目前数字人民币在线下的推广速度不断加快，虽然从用户体验来看与传统的数字支付并无明显差别，但考虑到数字人民币在反洗钱、国际支付清算乃至未来大国博弈中所能够发挥的重要作用，所以本质上来说，支付宝是一个帮助银行收集线下转账信息的中介服务机构。数字人民币可以完全脱离现有的支付清算体系，直接在商户和客人之间点对点转账，不再需要银行、银联的参与。DC/EP(Digital Currency Electronic Payment，数字货币电子支付)的发行短期主要冲击的是国际清算市场。从客户和国家两大角度都有着无网络下工作、转账方便和保护隐私三大优势。

第三方支付流程和电子货币支付流程分别如图 4-6、图 4-7 所示。数字人民币采取中心化管理、双层运营。中国人民银行在数字人民币运营体系中处于中心地位，负责向作为指定运营机构的商业银行发行数字人民币并进行全生命周期管理，指定运营机构及相关商业机构负责向社会公众提供数字人民币兑换和流通服务。目前参与数字人民币研发的运营机构主要包括工行、农行、中行、建行、交行、邮储银行，移动和工行，联通、电信和中行分别成立联合项目组参与研发，蚂蚁集团和腾讯两家互联网企业旗下网商和微众银行也参与研发。

图 4-6　第三方支付流程　　　　图 4-7　电子货币支付流程

在双层运营体系下，可以通俗理解为中国人民银行在数字人民币的体系下处于中心地位，而包括六大行在内的运营机构则是 2 层，其他商业银行、非银行支付机构以及互联网企业则是 2.5 层，帮助运营机构拓展场景，提供数字人民币的流通服务。在 2.5 层，更多的是同业之间的合作。例如，上海银行选择交行作为其数字人民币钱包业务的运营机构，长沙银行则选择工行作为其数字人民币钱包业务的运营机构等。与大型银行相比，中小银行往往更贴近本地消费场合，可以推动数字人民币更加深入地下沉市场和居民生活，从而真正起到对现金交易的替代作用，这与数字人民币的设计初衷更为契合。

二、支付技术革新

（一）支付新工具

1. 云技术——海量数据管理分析

云技术具有海量数据管理分析能力，第三方支付公司不断建立自身云平台，并结合云技术以及整合 SaaS 能力，从而更好地以标准化向外提供技术与服务，提高 B 端企业的经营效率和自身服务效率。未来，云技术将进一步提高行业支付效率。

2. 区块链——安全高效的数据信息

区块链能够为第三方支付的各参与方提供安全、高效的数据信息，增强各方的信任度。在供应链金融领域，区块链凭借其多方参与、分布式记账、信息可追溯等特点，能够更好地帮助供应链各方参与者之间建立高效信任机制，解决原有企业间信任及数据不可信的问题，进而降低产业链中中小企业的获取金融服务成本，提高整体金融效率。未来对于第三方支付机构，通过使用区块链技术，能够更好地帮助企业建立产业生态，提高整体行业企业效率。

3. 5G——方便快捷的支付能力

5G 时代，网络支付会更加优化，支付场景会更加智能，对支付的监管也会更加敏捷，对消费者的保护会更全面。5G 具有高速率、低延迟、低功耗、泛在性、高安全标准等技术特性，使物与物、物与人之间的连接成本降低、效率提高，推动了物联网的发展。5G 未来将会催生出新流量入口、新数据源以及业务场景，这将扩大未来企业服务在获客、风控、运营等方面的内容量级，支付机构将有更多的企业服务方面可供探索，从而进一步帮助企业提升日常运营效率。

(二) 人工智能、神经网络在支付领域的应用

1. 指纹支付

指纹支付是将用户指纹信息数据与第三方支付平台绑定,当用户进行消费、购物时,只需伸出手指在指纹识别界面进行按压扫描即可完成支付。指纹支付的整个过程只需短短数秒,支付过程既安全又便捷。早在2003年,美国就出现了指纹识别支付系统;2006年,英国成为第一个使用指纹支付技术的国家;2007年,我国众多银行开通"指付通"业务以支持指纹支付方式;2015年,微信6.2版本推出"指纹支付"功能。如今,指纹支付方式已得到普及。

2. 人脸识别支付

人脸识别支付即刷脸支付,结账时,用户只需选择刷脸支付,系统就会自动识别消费者面部信息,整个支付过程只需很短时间。2013年7月,芬兰公司Uniqul首次推出基于面部识别系统的支付平台;2017年9月1日,支付宝在肯德基的KPRO餐厅上线刷脸支付。近两年,刷脸支付发展如火如荼,已成为当前支付方式的热门形式。人脸识别支付如图4-8所示。

图 4-8 人脸识别支付

资料来源:支付宝人脸识别有风险? https://mobile.zol.com.cn/733/7336568_all.html。

3. 虹膜识别支付

虹膜识别支付(图4-9)类似于刷脸支付和指纹支付,也是基于生物识别的支付方式,早先我们曾经从好莱坞科幻片中了解到的高科技,如今已经成为现实。目前,虹膜识别技术在国内还未得到应用与普及,但可以预测,它在不远的将来也能得到第三方支付公司的广泛应用。

(三) 无线射频技术、条形码及无线感测网络等物联网技术在支付领域的应用

1. 智能手环支付

智能手环支付(图4-10)是脱离移动手机、以手环为主要载体的一种支付方式,用户只需将手环屏幕正面贴近机器感应区域即可完成支付。

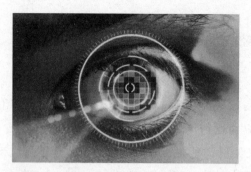

图 4-9　虹膜识别支付

资料来源：纹身、指纹、虹膜，什么才是酷的生物识别法？https://www.gkzhan.com/news/detail/78592.html。

2. 二维码支付

二维码支付是一种基于账户体系搭起来的新一代无线支付方案。在该支付方案下，商家可把账号、商品价格等交易信息汇编成一个二维码，并印刷在各种报纸、杂志、广告、图书等载体上发布。用户通过手机客户端扫描二维码，便可实现与商家支付宝账户的支付结算。早在2002年，日本的运营商就开始推广二维码；2011年10月，支付宝推出我国首个二维码支付解决方案，利用手机识读支付宝二维码，实现用户即时支付功能，帮助淘宝电商发展空间从线上向线下延伸。

3. NFC 支付

NFC 支付（图 4-11）又称近距离无线通信支付，它是一种短距高频的无线电技术，允许电子设备之间进行非接触式点对点数据传输交换数据，支付的处理在现场进行，并且在线下进行，不需要使用移动网络，而是使用 NFC 射频通道实现本地通信。目前北京、上海等一线城市的公交、地铁站都安装有相应设备，用户手持具备 NFC 功能的手机，并与银行卡绑定，对准设备挥挥手机即可轻松完成支付。

图 4-10　智能手环支付

图 4-11　NFC 支付

三、新零售支付方式

提到支付方式，我们映入脑海的首先是收银柜台，而新零售下的支付方式是焕然一新的支付方式，新支付才能带来新体验。从技术层面来讲，新零售支付方式主要分为自助收银、RFID＋移动支付和线下扫码支付。

（一）自助收银

为了节约排队时间、减少人工成本，自主收银模式应运而生，其操作简单、便捷，在许多城市的零售商店均有应用。消费者运用自助收银机结账时，只需将商品条码对准自助收银机下方的扫描区域进行扫描，待扫描完毕后，屏幕页面会出现消费金额，单击支付按钮，会自动跳转到支付页面。此时，顾客拿出手机，打开支付宝或微信的付款码，对准收银机下方的二维码区域进行扫描即可完成支付（图4-12）。许多新零售平台还支持刷脸支付，用户无须拿出手机即可快速完成支付。此种模式在一定程度上实现了企业降低成本、减员增效的要求，并且缩短了顾客的排队时间，提升了顾客的参与感。

（二）RFID＋移动支付

RFID技术是一种无线通信技术，早期主要应用于食品、药品等行业的监管，在新零售商店的商品上贴上RFID电子标签，并使用手机第三方支付，方便快捷。与传统形式标签相比，RFID标签容量大、体积小、读写速度快、易封存，但造价过高，因而一般运用于无人商店中。无人商店即将大数据、物联网、移动支付等新兴技术运用于商品的销售、支付流程，减少甚至完全消除人工干预。典型的无人零售商店有美国的Amazon Go和中国的淘咖啡。

无人零售商店源于亚马逊开设的无人实体店——Amazon Go。消费者只需在进门时刷一次二维码，拿上需要购买的商品，即可走出商店。其便捷程度超乎想象。此种模式的原理是在消费者的消费过程中设立智能识别系统，每一件商品添加RFID标签，当消费者穿过"交易区"时，智能识别系统即可自动识别消费者身份，并从该消费者账户中扣除其消费金额。[①] 最好的支付就是"忘掉支付"。Amazon Go模式在无人商店中得到了很好的运用。亚马逊无人超市如图4-13所示。

图 4-12　自助收银机

图 4-13　亚马逊无人超市

---

① 无人零售的鼻祖Amazon Go亚马逊新店终于开业了！https://www.sohu.com/a/218734227_466852。

作为阿里"无人零售"概念店铺,淘咖啡已经实现无收银台即买即走的智能化消费场景。消费者进入店铺前需要打开淘宝扫描淘宝会员店二维码,之后自动生成一个电子二维码(入场码)。进入商店后,消费者可随意挑选商品,与普通商店无异。在离店前,用户必须经过"结算门","结算门"感应到消费者后会自动开启并且自动完成商品扣款。[①] 淘咖啡的支付模式建立在当前大数据、物联网等新兴技术的基础之上,当中混用了计算机视觉、传感器应用和生物识别技术,错误率非常低(图4-14)。

(三) 线下扫码支付

随着数字化浪潮的席卷与支付相关服务的升级,扫码点单和商户小程序成为商户业务进一步数字化的入口。扫码点单和小程序外卖、点单的应用推广,对于商户而言,不仅意味着运营成本的节约,还伴随着支付前环节的数字化升级,使商户运营信息更加完整,有利于进一步分析、提升自身的经营效率和获取外部的金融支持。而对于支付企业而言,线上、线下的场景区分将就此打破,商户的服务依旧注重线下属性,但为其提供的服务将不仅限于线下支付。线下点单二维码如图4-15所示。

图4-14 淘咖啡内部

图4-15 线下点单二维码

第四节 典型第三方支付平台

电子商务的发展催生了第三方支付的发展,当下,支付宝与微信在支付市场中出现了二分天下的局面,在支付市场中占据着举足轻重的地位。随着新零售的纵深发展,支付市场与支付机构发生了新变化。本章接下来将以支付宝和微信支付为例来探讨这些新变化。

一、支付宝

(一) 支付宝简介

2004年12月,支付宝(中国)网络技术有限公司成立,2014年第二季度开始成为全球最

---

① 淘咖啡新零售模式解析:https://m.hishop.com.cn/hixls/show_67926.html。

大的移动支付厂商。支付宝成立最初是为了解决淘宝网交易过程中产生的支付安全问题。随着第三方支付发展日益成熟,支付宝应用场景更加丰富。2008年10月,支付宝上线公共事业缴费功能。2013年6月,支付宝推出增值服务"余额宝",通过余额宝,用户不仅能够获得较高收益,还能随时消费支付和转出;同年11月,12306网站支持支付宝购买火车票。近10年间,支付宝陆续发展了在线购买电影票、各种场景群聊群付、信用卡还款、线下买单打折、金融理财、行走捐等服务,大大方便了人们的生活。现如今,通过支付宝,用户可以乘坐公交、地铁,电动汽车车主能够快速找到电动汽车充电站并启动充电桩,深圳人可扫脸查看公积金,消费者能够进行维权,新婚夫妻可在支付宝领取和实体证相对应的电子结婚证……

近年来,支付宝用户规模一直在不断增长。2014年,支付宝实名用户超过3亿;2016年底,支付宝公布用户数4.5亿;2018年11月28日,支付宝全球用户数已超9亿。其中,在国内的活跃用户中,70%的用户使用3项及以上支付宝服务;2020年,支付宝应用连接了超过8 000万的商家和超过2 000个金融机构合作伙伴、中国超过10亿的用户;截至2020年6月30日的12个月内,公司国内用户在平台上完成支付交易规模合计118万亿元,商家和金融机构合作伙伴通过支付宝平台的入口接触客户,促进收入增长。①

现如今,支付宝的金融科技属性越来越突出。蚂蚁金服持续在技术领域进行投入与探索,2017年10月,其首次公布"BASIC"核心技术战略布局,即 blockchain(区块链)、artificial intelligence(人工智能)、security(安全)、IoT(物联网)、cloud computing(云计算)五大技术领域。区块链技术衍生出区块链汇款和医疗电子票据,人工智能技术衍生出智能客服、智能放贷、智能理财和 AI 保险理赔,安全衍生出刷脸支付和生物识别身份验证,物联网衍生出无人值守与支付门,云计算衍生出蚂蚁金融云和支付宝一站式云服务。在这些应用中,区块链汇款与 AI 保险理赔高度体现了高效、便捷、成本低的特点。2018年6月25日,全球首个基于区块链的电子钱包跨境汇款服务成功实现了7×24小时不间断,实时到账,国内首次全流程零人工干预 AI 保险理赔也将识别、审核的处理时长从平均49小时大幅度缩短至"秒级"。②

(二)支付宝与新零售

支付宝是具有典型金融属性的第三方支付机构,其依托于阿里生态圈,以信任为核心,为新零售市场架起信任和资源的桥梁。在新零售场景下,支付宝的优势体现在以下方面。

1. 整合新零售资源,实现效益最大化

众所周知,支付宝的背后是强大的阿里生态圈。

新零售的重要内涵之一是"线上、线下的资源整合"。近年来,阿里巴巴在新零售市场进行了全方位、多角度的布局。销售方面,阿里巴巴从蚂蚁金服中拆分出口碑业务作为自

---

① 中商情报网:https://www.askci.com/news/chanye/20200827/1455021200142.shtml。
② 港版支付宝上线全球首个区块链跨境汇款服务:https://baijiahao.baidu.com/s?id=1604225500217378368&wfr=spider&for=pc。

身连接线下资源的入口,同时投资了大润发、华联超市等线下商超巨头。新业态方面,阿里巴巴收购饿了么外卖公司,将其与口碑打通,塑造"口碑+饿了么"模式;同时,盒马鲜生、天猫小店、易果生鲜、居然新零售等新型零售业态模式开始出现。物流方面,阿里巴巴布局菜鸟网络,汇集"三通一达",加快"最后一公里"的配送服务。作为新零售必不可少的一环,支付宝在阿里新零售布局中无疑起着关键作用,线下商户通过与支付宝进行合作,同时带动线上流量和线下流量的融合汇集,为新零售全方位赋能。

2. 搭建信任桥梁,为商户提供支持

资金融通在新零售发展初期无疑是非常重要的,而支付宝的重要特性就是其金融性。支付宝旗下有生活理财、生活服务、保险、公益、花呗、借呗等多个板块,不仅可以为消费者与商家搭建信任的桥梁,还能为商户与消费者提供便捷的金融借贷服务。以支付为入口,结合阿里生态,提供金融、数据分析等多种服务及产品,打造信息数字化产业,助力商户企业商业模式升级。

3. App 串联生态体系,链接庞大流量

支付宝通过打通淘宝、天猫、支付宝等头部 App,实现品牌与消费者的联动关系,增强用户黏性,建立多 App 生态运营体系,并通过各 App 间的互联互通持续触达消费者,促进持续交易。截至 2021 年 3 月,支付宝活跃用户达 7.96 亿,仍是支付类 App 中的绝对头部企业。① 同时,支付宝通过 App 上的小程序、生活便捷服务、理财保险等板块,保持用户活跃度,并不断吸引新用户,整体涉及流量庞大。支付宝生态体系如图 4-16 所示。

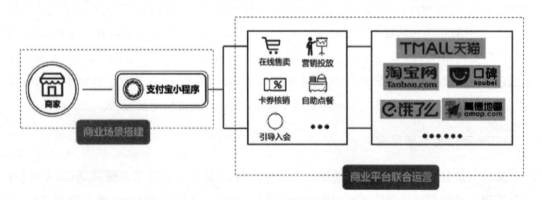

图 4-16 支付宝生态体系

随着商业支付步入 2.0 时代,支付宝不再是单一提供产品、能力和工具,而是帮助商家运营和平台运营更加有机结合起来。在商业支付 2.0 时代,支付宝从支付数字化、流量获取、经营辅助和平台开发四大块切入,为商户全链路经营提供助力。支付宝联合阿里经济体系,为商户提供不同场景的中心化入口及精准商业流量,而商家再通过小程序、会员等体系工具,实现持续高效运营。

---

① 比达咨询:https://new.qq.com/rain/a/20210514A023MI00。

二、微信支付

（一）微信支付简介

财付通是腾讯公司于 2005 年 9 月正式推出的专业在线支付平台，业务覆盖 B2B、B2C、C2C 等领域，服务于个人和企业，依托于拍拍网、腾讯 QQ 和微信。2020 年，财付通在第三方移动支付市场中所占份额为 38.8%，仅次于支付宝的 54.6%，位列第二，近年来用户占比没有较大波动。[①] 相比于支付宝的金融属性，财付通主要是依托于社交而发展的第三方支付平台，其通过腾讯 QQ 与微信获得大量忠诚用户，利用社交关系培养用户的支付习惯。有了用户流量，财付通能通过在社交平台提供各种服务的方式获取收益，如微信平台上线的腾讯服务及第三方服务，微信用户可通过腾讯服务进行信用卡还款、微粒贷借款、理财、手机充值、生活缴费等，通过第三方服务购买火车票机票、在线选购电影票、购买商品等。基于支付场景不同，微信支付有六种形式：App 支付，公众号支付，小程序支付，扫码支付，微信免密代扣支付，H5 支付（用户在微信客户端外部使用浏览器唤起微信支付）。财付通依托社交建立的生态如图 4-17 所示。

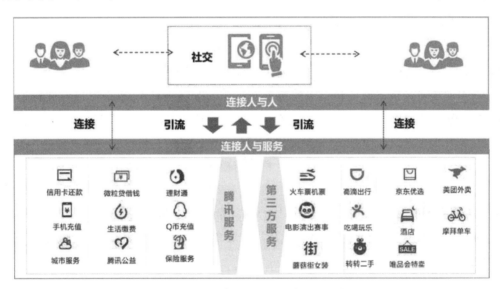

图 4-17　财付通依托社交建立的生态

资料来源：艾瑞咨询：2018 年中国第三方支付行业研究报告。https://www.iresearch.com.cn/Detail/report?id=3337&isfree=0。

（二）微信支付与新零售

相比于支付宝的金融属性，微信支付主要是依托于社交而发展的第三方支付平台，因

---

① 移动支付网：https://www.mpaypass.com.cn/news/202009/30170515.html。

而更加侧重 C 端用户。在新零售场景下,微信支付的优势主要体现在以下方面。

1. 公众号携手小程序,拓宽支付场景

众所周知,传统的微信支付主要是线下支付,消费者在实体店购物之后,打开微信扫一扫即可快速完成支付。新零售倡导"线上、线下融合发展",通过公众号与小程序的有效联合,用户阅读完商家推送的公众号文章后,即可通过小程序链接进行商品的支付购买,大大拓宽了支付的场景渠道。公众号与小程序都是微信生态中重要的一环,二者结合之后,能够使公众号向小程序导流,无形之中激活了公众号的沉淀用户,增加了支付流量,增强了新零售产业拉新留存的效果。

2. 精准获取流量,刻画消费者画像

微信的社交功能使得其获取用户流量十分便利。微信能够获得用户的性别、年龄、地区、设备等基础信息,根据这些信息,利用大数据进行流量的整合与沉淀,实现用户流量数字化,更好地刻画消费者画像。通过消费者画像,微信可以在朋友圈植入相关广告,获取用户点击率,延长用户留存时间。新零售作为新兴零售模式,前期发展需要庞大的流量支持,用户画像的精准刻画无疑成为助力新零售发展的双翼。商家可以通过掌握的消费者数据进行战略布局,为消费者提供更贴合的服务,真正实现以"人"为中心。

3. 社群私域运营,开启精准营销

如今增加流量需要大量的成本,建立信任的成本越来越高,微信却以将近 10 亿的日活跃用户占据流量高地,而社群作为一个沉淀流量的载体,越来越被大家重视。运营好微信社群,就是实现粉丝快速增长和变现的重要通路。在微信社群里,成员可以在获得他人认同的基础上,营销产品,获得利润。通过微信营销的一般流程是:微商通过优质的内容吸引消费者,为其提供良好的服务,满足其需求,得到消费者的信任,最后获得利润。

目前建立在移动社交方式基础上的社群零售模式,为企业有效缩短与目标顾客之间的关系距离,提升传播效率,并且通过社群产生的交互方式拉近与目标消费者之间的关系带来非常重要的价值。门店+社群运营最核心的就是在 3 千米之内把与用户的信任建立起来,让用户成为我们长期的消费顾客。通过社群这个场景,产生更多与用户的触点,做永远的朋友。

第五节 新零售新风口:支付+供应链金融

众所周知,中小企业的融资可获性与融资便利度一直较低,尤其对于新发展起来的中小新零售企业,其供应链金融市场还存在很大的资本注入空间,随着支付行业的发展,第三方支付公司纷纷开始布局供应链金融领域。

一、供应链金融产生的背景与概念

供应链金融源自供应链管理。在一条供应链上,起主导作用的是核心企业,核心企业通常规模大、实力雄厚、信用较高、影响力大、拥有较高的话语权,在整个供应链中居于主导地位。上游企业处于整个供应链的初始端,提供原材料及零部件制造,面对上游企业,核心企业可以采用赊账方式进行交易。下游企业位于整个供应链末端,是制造成品和从事生产与服务的企业,一般指分销商、零售商等,面对下游企业,核心企业不允许其赊购货款,只有预付账款才能拿货。整个供应链流程为上下游的中小企业增加了资金压力。

以往供应链主要模式的赊销方式表面上降低了核心大企业的财务成本,但却将资金需求压力推给了中小微企业。资金流动问题,逐渐出现在资金相对短缺的中小微企业身上,成为制约整个供应链发展的瓶颈。在整合供应链中的物流和信息流时,资金流也开始被越来越多地关注。人们逐渐考虑是否有可能将供应链中的物流、信息流和资金流协同起来,优化供应链内部的资金配置,从而为供应链整体创造更大的价值。于是,供应链金融应运而生。供应链金融流程如图 4-18 所示。

图 4-18 供应链金融流程

中小微企业有存活时间短、抗风险能力差、融资需求小频快、信息不透明等固有问题,导致小微企业不良贷款率远高于大型企业,因此中小微企业长期面临融资难、融资贵的问题。供应链金融是一种解决供应链环节中中小微企业融资难问题的新型融资方案,将资金流、物流、商流、信息流有效整合在供应链管理过程中,既能为供应链各环节主体提供新的贷款融资渠道,又能借助金融产品完善供应链管理,提升供应链整体效益。

二、供应链金融的特质

供应链金融首先要紧扣资产端,用好的资产去对接资金,这样信息、信用和风险控制才有较好的着陆点,才能为中小微企业,特别是成长性中小企业因为经营不稳定、信用不足、资产欠缺等因素导致的融资难问题,提供资产支撑。

(1) 在管理要素上,传统的银行借贷以"好的资产负债表"为基础,对企业以往的财务信息进行静态分析,依据对授信主体的孤立评价作出信贷决策。因此,从实质上讲,由于中小微企业的财务不规范,作为借贷方的传统金融机构并没有真正地把握中小微企业的实际经营状况,从而产生了事后较高的坏账率。

（2）供应链金融是根据交易对手、行业规则、商品特点、市场价格、运输安排等交易条件，为供应链上不同交易层次和交易地位的交易主体度身定制的专业金融解决方案，也就是说，根据各交易主体在供应链中的资源、能力、上下游的关系密度、所处的位置等来决定融资量、融资周期和融资利率。因此，供应链金融不仅仅是融资，更是流程优化方案和成本降低方案，在帮助中小微企业优化产业运行的同时，实现了融资和其他金融性服务。

（3）在管理组织结构上，传统的银行借贷参与主体一般只有商业银行等信贷机构和中小微企业双方，有些也需要第三方担保人的参与，也就是说，其组织结构是两方，最多是三方。而在供应链金融中，不仅包括金融机构、融资企业，还包括供应链上的参与企业、其他服务型企业，以及第三方与第四方物流企业，亦即供应链金融是一种网络生态式的组织场域，参与各方在这个网络中相互作用、相互依存，并且各得其所。

三、基于第三方支付的供应链金融在新零售中的作用

在中国零售经济打开新风口、各大电商平台纷纷布局新零售行业的背景下，新零售企业的融资问题成为当下亟待解决的重要难题，而供应链金融正是新零售企业获得良好融资的一个有效渠道。与新零售同步出现的是"新金融"，随着第三方支付的介入，第三方支付主导的供应链金融模式不断壮大。

（一）定义

基于第三方支付的供应链金融模式是以第三方支付为核心、以融资企业的交易动态数据流为分析基础，协调供应链上下游之间的借贷关系。传统供应链金融的资金供给协调方是银行，基于第三方支付的供应链金融的资金供给协调方是第三方支付公司，如支付宝母公司蚂蚁金服。

（二）特点

信息方面，第三方支付通过巨大的用户流量和大数据技术可以轻易且低成本地获得用户数据，尤其是B端商家信息。通过对供给端企业信息的收集与整理，支付公司能够为这些中小微企业开展信贷融资业务提供数据支持。

场景方面，第三方支付平台本身就较为丰富，包含旅游、美食、生鲜等多个频道，了解企业运营及资金流动性问题，能够针对性地提供金融服务。

风控方面，对于企业与企业之间、企业与消费者之间的交易动态，支付机构具有天然的优势。第三方支付能够结合数据和场景，将借贷双方风险降至最低，做好供应链金融的风控。

（三）模式

1. 融资方提供担保

在这种模式下，资金供给方依然是银行，传统供应链已有链条模式并未被改变，第三方

支付企业通过采取与银行等融资机构或者核心企业合作的方法,构建新型融资业态。这一模式的优势是第三方支付企业可以利用自身拥有的大量客户数据,辅助银行的授信决策,确保信息真实、有效,并且能够解决传统银行对于中小企业审核难、审核慢的问题。

2. 直接提供借贷服务

在这种模式下,资金供给方是第三方支付公司,其依托于长期支付交易建立起的客户关系,为B端客户直接提供融资借贷服务,一定程度上取代了传统供应链金融链条上商业银行等金融机构的作用。直接融资模式减少了第三方支付企业与银行之间的隐藏交易成本。此外,相比于传统金融机构,第三方支付平台放款速度更快、交易周期更短、交易手续更简洁,能够有效提高资金利用率。这一供应链金融模式仅适合实力较强、市场份额较大、话语权更高的第三方支付公司,如阿里巴巴旗下的蚂蚁金服。

四、案例分析

(一)蚂蚁金服与易果生鲜①

蚂蚁金服是阿里巴巴旗下金融科技支付公司,其依靠移动互联、大数据、云计算、区块链等新技术为许多中小微企业提供普惠金融服务。易果生鲜是我国知名的生鲜电商购物平台,在渠道端进行了多元化布局,除了易果生鲜官网和App,还有独家运营的天猫超市生鲜区。蚂蚁金服协同保险公司,与易果生鲜合作,以"互联网信贷+保险+龙头企业+电商"的模式,为合作社及大型种植养殖户提供全面的金融服务。

以猕猴桃为例(图4-19),基于对合作社产品的认可及稳定合作的构想,易果生鲜将同合作社签署采购协议;保险公司为合作社提供信用保证保险,蚂蚁金服对订单进行识别、确

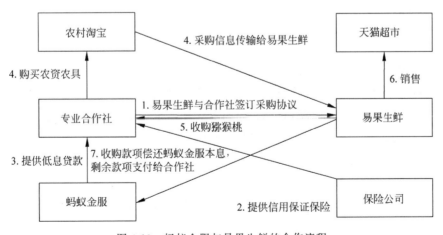

图4-19 蚂蚁金服与易果生鲜的合作流程

---

① 蚂蚁金服案例摘自360doc个人图书馆,https://so.m.sm.cn/c/www.360doc.cn/mip/780056014.html。

认后,通过蚂蚁金服旗下网商银行①,给合作社提供低息贷款。同时,为实现易果生鲜对于果品品质的把控,贷款须通过定向支付工具专项用于从"农村淘宝"购买易果生鲜指定的农资农具,并将合作社的采购信息线上传输给易果生鲜。易果生鲜收购完猕猴桃后,在其独家运营的天猫超市生鲜区进行销售。最后,易果生鲜将收购款项部分用于偿还蚂蚁金服本息、部分用于支付合作社。

与传统供应链金融相比,蚂蚁金服为整条供应链提供的供应链融资服务有着如下优势:首先,蚂蚁金服在其中提供的贷款定价,远低于其在市场上可获得的同类金融产品,降低了小微经营者资金压力;其次,线上化农资的品质保证保险为农户线上购买农资提供了信心;最后,电商购买模式和送货上门优化了农户的购买体验。

从农业生产经营的投入,到农业生产资料的购买,再到农产品的销售,"金融＋电商"的模式覆盖了整个过程,形成了一个农产品供应链的线上生态链。

(二) 京东供应链金融(以京保贝为例)②

京东早在 2012 年就开始布局供应链金融,京保贝是其首个供应链金融产品,京保贝面向的融资客户是京东自营实物供应商,且需要和京东商城合作满 3 个月。京东作为全国龙头电商平台,其拥有丰富的供应商财务数据,以及与银行合作而产生的应收账款融资数据,通过大数据、云计算、区块链等技术,对数据进行整合分析,能够很好地为供应链金融的发展保驾护航。京保贝与传统供应链融资相比,拥有融资成本低、融资期限长、操作便捷以及额度数据实时更新等优势。

企业在京东进行融资的流程如下。

(1) 京东与企业签订采购协议,确定稳定的合作关系 3 个月以上,以便京东能够获得企业真实的数据。

(2) 企业向京东金融递交材料,线上签署融资协议。

(3) 京东金融根据企业过往的财务数据,计算出相应的贷款额度,并告知企业。

(4) 企业在线申请融资,系统在规定期限内放款。

(5) 企业融资完成,银行放款,京东还款,还款自动按日计息结算。

整个供应链金融流程方便、快捷、高效,并且拥有完善的风控系统。京东供应链金融目前已与消费品分销、物流运输、医药分销、商超零售等多个行业进行合作。京东供应链金融的成熟完善也为新零售商家提供了一个很好的融资途径。

(三) 腾讯微企链项目

微企链是腾讯金融科技平台布局的"区块链＋供应链金融"项目。区块链技术是第四

---

① 蚂蚁金服旗下网商银行在 2018 年启动星凡计划,该计划致力于在未来几年内与 1 000 家各类金融机构合作,共同为 3 000 万小微经营者提供金融服务。

② 京东供应链金融案例摘自公众号保理人,https://mp.weixin.qq.com/s?＿biz＝MzU4MDA3MDYxMA＝＝&mid＝2247488986&idx＝1&sn＝82b87e6a460a209c78d8afcb2f27c823。

次科技革命下的计算机技术,它具有高透明、防篡改、安全高效的天然优势,适合应用于供应链金融。

微企链并不直接参与到供应链金融链条中,而是作为服务平台连接资金供给方与需求方,解决传统供应链金融存在的融资困难、信息不对称等问题。微企链项目,对于金融机构来说,能够作为获取小微业务的抓手,拓展客源,自主定价,增加收益,且操作全线上进行,流程简单;对于核心企业来说,能够改善现金流与负债表,提升供应链的效率,改善与供应商的关系,获得更好的合作共赢;对于中小微企业来说,微企链参与其中,使得融资成本低、融资速度快,且只需手机便可进行全程操作,方便快捷。

供应链金融有三种模式:应收账款、库存融资、预付款融资。腾讯金融科技官网上"让你的应收账款流动起来"说明了微企链专注于供应链金融的应收账款模式。核心企业与上游原材料供应商交易时往往不会立即付款,这便形成了供应商的应收账款债权。当供应商需要资金时,可通过核心企业给予的债权凭证向微企链提出融资请求,微企链平台对供应商与核心企业的贸易情况进行审核,审核完成后,供应商将债券凭证转给银行并得到融资资金。这时,银行就会成为核心企业新的债权方,核心企业与供应商之间的债务关系转换成了核心企业与银行之间的债务关系。"微企链"供应链金融解决方案如图 4-20 所示。

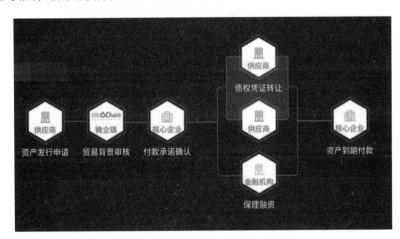

图 4-20 "微企链"供应链金融解决方案

资料来源:微企链官网图片 https://trustsql.qq.com/chain_oss/weqchain.html。

截止到 2018 年底,腾讯微企链已累计服务核心企业超过 70 家[1],为几万家小微企业提供了供应链融资服务;2019 年 8 月,微企链上线首笔区块链供应链金融业务[2],可有效解决中小企业融资难、融资贵的问题,这对于新零售企业来说,是一个机遇。

---

[1] 腾讯打造的"微企链"目前已服务上链核心企业 71 家:https://www.sohu.com/a/273570286_104036。
[2] 腾讯微企链与渣打银行首笔区块链供应链金融业务落地:https://baijiahao.baidu.com/s?id=1640721538385949747&wfr=spider&for=pc。

(四)平安银行的供应链金融服务——商超供应贷[①]

以 C 公司为例,C 公司是国内领先的供应链电子商务解决方案和行业信息化服务提供商,总部位于北京,设有上海分公司及深圳、苏州、宁波等多家分支机构。C 公司服务 20 余家核心企业,为其提供财务供应链平台,主要提供供采双方之间的结算对账、发票开具及管理、应付账款生成、付款通知等与往来账款相关的线上协同服务,以期提高结算效率和费用可视度、降低发票退票率、加快资金周转(图 4-21)。

图 4-21 平安银行商超供应商发票贷项目

2013 年,平安银行与 C 公司签署《供应链金融战略合作协议》,双方在供应链金融领域全面合作,共同支持中小企业的发展。同年 11 月,双方系统实现对接,首个产品"商超供应贷"投产上线(图 4-22)。

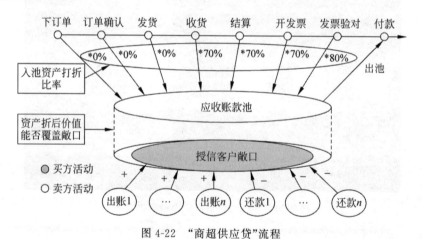

图 4-22 "商超供应贷"流程

"商超供应贷"是由平安银行和 C 公司合作开发,专为国内商场百货、超市供应商定制的一款应收类融资产品。产品基于平安银行线上供应链金融系统与 C 公司的财务供应链平台对接,及时了解和掌握商超企业与上游供应商之间的订单、收货、发票、付款等信息,并以一定的融资比例将认可的资产入池,为客户提供全流程的线上融资服务和应收账款管理服务。对银行而言,将 C 公司平台上沉淀的商流、物流、资金流等信息用于额度审批、出账、预警等操作,能实现贷前、贷中流程的简化与优化以及贷后管理的智能化和自动化,降低银

---

① 宋华.互联网供应链金融[M].北京:中国人民大学出版社,2017.

行风险和操作成本。同时,由于应收账款界定从收货阶段开始,供应商的授信额度比传统保理从发票开始的情形更高。最后,"商超供应贷"是基于商超供应商的日常经营信息和应收账款信息进行授信,无须企业提供额外的抵押物和担保,较好地适应了中小企业普遍轻资产的局面。

第六节 新零售支付的价值、挑战与展望

一、新零售支付的价值

第三方支付已经在我国蓬勃发展了近20年的时间,并逐步在我国支付体系中占据重要位置。随着社会的发展,支付市场也在不断进步,新零售场景下,支付体系的健全成熟必将为消费者、商家、投资者带来巨大的好处。

(一)丰富消费者的支付体验

新一代的消费主力军是80后、90后和00后,这部分消费群体更加注重的是多样化、便捷化、体验化的支付服务。传统的现金支付逐渐被年轻人所淘汰,二维码支付、人脸识别支付等快捷的支付方式受到消费者的喜爱。消费者在选购完商品之后只需要出示手机中的支付二维码或是对准支付机器进行面部识别即可快速完成支付,既减少了排队等候的时间,也丰富了支付体验。除此之外,为了更加贴合新零售"以消费者为核心"这一特征,"自助结账""无人零售"等依托于高科技的支付方式给消费者带来"无感支付""忘掉支付"的体验,这些创新将极大地方便消费者的购物,加快新零售市场的发展。

(二)刻画消费者画像以提供更优质服务

支付与大数据相结合是新零售发展的必然趋势。传统的现金支付、银行卡支付等都无法使消费者和商家做到资源的紧密结合,新零售下的支付机构通过整合已注册账户用户的用户数据,如年龄、性别、偏好等,使商家更清晰地了解消费者的支付习惯与支付偏好,为消费者提供有针对性的个性化服务。

(三)为打通线上、线下提供有力支持

在过去,实体企业与电商企业彼此独立,互不干涉,随后电商企业的快速扩张一度对实体企业造成巨大冲击。近年来,新零售开始探索实体企业与线上企业的合作,试图打通线上、线下孤立的局面,如阿里巴巴投资华联超市、大润发等线下商超巨头,腾讯与永辉超市、名创优品等传统商超进行合作。这其中,支付起着至关重要的作用。阿里巴巴、腾讯旗下的支付宝、微信支付作为支付市场上的两大巨头,无疑为其打通线上、线下提供了有力的支持。

二、新零售支付的挑战

新零售场景下,第三方支付在丰富消费者体验、刻画消费者画像、便捷化支付过程、促进新零售发展的同时,也面临着许多不容忽视的问题。

(一)用户安全

1. 账户安全

账户安全主要涉及用户的信息安全问题。用户进行新零售支付之前必须在第三方支付平台开户,支付机构借此可以掌握大量的用户数据,而如何确保这些数据的安全是新零售支付发展中的一个主要挑战。账户安全可能存在的隐患有:因网络病毒侵袭、支付机构工作人员操作失误、支付公司违法进行数据买卖等所造成的用户数据泄露;当前支付平台用户账户多为验证码登录,用户手机丢失导致账户密码可能被窃取。

2. 资金安全

资金有两种形式,即在途资金和沉淀资金,资金安全主要涉及沉淀资金。在途资金是指消费者在完成商品结算前,暂时存放在第三方支付平台机构而未到达卖家账户的那部分资金;沉淀资金是指用户在第三方支付平台开立账户并储存部分资金,如微信钱包、支付宝余额。沉淀资金滞留在第三方支付平台中很容易被机构非法挪用,从而损害客户利益。为掌控资金流向和监管要求,中国人民银行公布《中国人民银行关于加强支付受理终端及相关业务管理的通知》(银发〔2021〕259号),其中提到禁止个人静态收款条码被用于远程非面对面收款,进一步规范了资金的监管。

(二)技术发展

为了匹配新零售的发展,支付环节引入诸多新型技术,如二维码、NFC、物联网等。支付技术的发展在给消费者带来更优质体验的同时,也出现了一些新的安全隐患,包括二维码中植入木马病毒、付款码被窃取并盗刷、生物识别技术仍没有完善的技术标准和法规等。

支付技术发展成本过高影响新型技术的普及。目前,指纹支付技术已经较为普遍,但是刷脸支付、NFC支付等技术只掌握在个别寡头企业手中,而应用于"无人商店"中的RFID、物联网等技术,由于成本限制,也未能得到普遍的发展。

(三)监管力度

近年来多部文件都强调加强对第三方支付机构的动态监管。2021年1月,中国人民银行发布的《非银行支付机构条例(征求意见稿)》、7月《非银行支付机构重大事项报告管理办法》等多个文件强调:通过采取动态监管措施,提高违法成本,控制非银行支付机构的业务规模,着重强化第三方支付市场的反垄断监管,从市场支配地位的认定出发,对非银行支付机构采取不同的监管措施。

三、新零售支付的发展展望

目前,在各行各业中,流量都是为企业业务带来利润的重要资源。各行业、各企业都希望通过流量来带动自身业务,实现自身增长。第三方支付机构通过自身对C端用户的了解、对C端用户的经营能力,帮助B端用户企业运营C端用户,使之具备一定私域流量。除却支付机构帮助B端用户企业打造C端流量,支付机构也能通过支付积累数据,并基于数据提供B端企业所需服务,如通过交易记录及流水进行征信,进而解决商户资金周转问题。最终通过C端运营能力和支付数据积累,第三方支付机构实现对商户企业日常痛点的解决,达到提效降本,增加用户黏性。

针对零售行业,第三方支付公司打造新型收银体系,提高日常商户收银效率,再根据支付累积数据,提供金融科技服务如涉及信贷、理财、保险等以及数字营销、会员管理、数据分析等增值服务。同时,借助新型打造的商户小程序,帮助商户触达培养消费用户,建立自有流量,打通线上、线下场景,并再根据商户特有问题提供定制化服务,加强上下游如品牌商、分销商联系,从而建立一体化产业生态模式。

目前,B端已逐渐发展出"支付+"模式,用以解决行业商户企业的痛点。供应链是支付机构能够通过支付切入的一个点。支付机构可通过支付,并与保险、征信等公司合作,打通产业各支付场景及其他场景,为产业链提供一个综合解决方案。其中,以支付和场景为基础,并加以供应链服务,其涉及金融、保险、上下游供应商、授信等各个方面,打造产业链闭环,随后通过支付累积的数据,完善自身风控模型,完善自身产品服务流程,提升数据价值,用以寻求新的突破点。通过整个闭环方案,最终帮助商户企业提高运营效率、降低成本。

【本章习题】

1. 简述第三方支付与数字人民币的区别。
2. 第三方支付已经在我国蓬勃发展了近20年的时间,新零售场景下,第三方支付将发挥怎样的作用?

【即测即练】

第五章

新零售与智慧冷链物流

本章学习目标:
1. 熟悉冷链物流的主要内容。
2. 掌握电商及新零售物流主要模式。
3. 了解生鲜电商企业冷链物流问题。

近年来,新零售的发展给传统电商与线下零售都带来了新的挑战,生鲜农产品必须改革传统物流运输配送模式,才能满足新零售对运输效率、产品质量和消费者体验升级的需求。而生鲜的物流主要是冷链物流,因而冷链物流管理也是新零售供应链管理的主要内容之一。本章将首先介绍冷链物流的概念、主要内容与特征;其次分析电商及新零售物流的主要模式及问题,并提出相应的对策;最后结合新技术发展,展望智慧冷链物流在新零售的场景化应用。

第一节 农产品冷链物流概况

一、冷链物流及相关概念

(一)冷链物流概念

物流术语国家标准(GB/T 18354—2021)中,对"冷链"的定义是:"根据物品特性,从生产到消费的过程中使物品始终处于保持其品质所需温度环境的物流技术与组织系统。"

根据全国物流标准化技术委员会于 2021 年 11 月发布(2022 年 6 月正式实施)的国家标准《冷链物流分类与基本要求》(GB/T 28577—2021),对冷链物流定义为:"根据物品特性,从生产到消费的过程中使物品始终处于保持其品质所需温度环境的实体流动过程。"

日本明镜国大辞典给出的冷链定义是:"通过采用冷冻、冷藏、低温贮藏等方法,使鲜活食品、原料保持新鲜状态由生产者流通至消费者的系统。"

美国食品药品管理局针对果蔬产品给出的冷链定义是:为阻止细菌的生长,保证产品的品质,在产品从农田到餐桌的连续移动过程中,始终维持正确温度的物流过程。

全球冷链联盟给出的冷链定义是:"从牲畜被屠宰或果蔬被采摘开始一直到供给最终消费者的过程中,对易腐食品的冷藏温度进行监控,以保证其品质的优良性和食用的安全性。"

2010年,国家发改委就《农产品冷链物流发展规划》答记者问中,对农产品冷链物流定义为:使肉、禽、水产、蔬菜、水果、蛋等生鲜农产品从产地采收(或屠宰、捕捞)后,在产品加工、贮藏、运输、分销、零售等环节始终处于适宜的低温控制环境下,最大限度地保证产品品质和质量安全、减少损耗、防止污染的特殊供应链系统。

上述几种典型定义,尽管表述方式和侧重点不尽相同,但归纳起来有以下几个关键点。

(1) 冷链的对象主要是易腐食品。易腐食品需要在低温下保管和运输,以防止细菌的生长给产品的品质带来负面影响。

(2) 冷链是一个连续的过程,不能中断,需要稳定的温度环境,温度控制是关键。

(3) 冷链是一个物流过程,因而也可以称为冷链物流。物流过程是指从生产、储存、运输再到加工、销售的物流过程,该过程需要冷藏运输和保管设施设备以及专门的冷藏技术。

(4) 冷链物流的技术含量较高,需要有相关技术支撑保障其在生产制造、流通、物流、应用和消费过程中的低温环境。

综合各种表述,本书对冷链物流给出如下定义:在规定的低温环境下(含温度、湿度、通风、卫生环境等)所完成的易腐食品(生鲜食品和冷冻食品)和医药等产品,从生产加工到分销、零售环节的包装、装卸搬运、储存、运输、流通加工等系列活动(图5-1)。

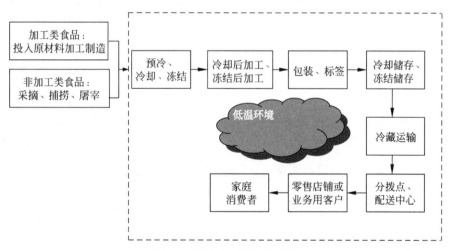

图5-1 冷链物流过程示意图

(二) 冷链物流系统和冷链物流管理定义

与冷链物流概念相对应,本书同时对冷链物流系统、冷链物流管理做如下概念表述。

1. 冷链物流系统

冷链物流系统是为实现冷链物流的目的,由低温储藏和运输设备与低温储藏和运输技术方法以及管理手段相互结合,上、下游各个环节有机衔接,使各资源得到有效整合,完成易腐食品、药品等冷链物流商品储存、运输等物流活动的供应保障系统。

2. 冷链物流管理

冷链物流管理是对冷链物流过程中的低温环境、物流作业以及上下游环节的衔接等进行监测、控制和协调的过程。

二、冷链物流的对象、环节、分类与特性

(一)冷链物流的对象

冷链主要适用于食品、农产品、医药和化工等领域,其中食品、农产品冷链占比最大。冷链物流的对象主要包括以下产品。

(1)初级农产品:蔬菜、水果;肉、禽、蛋;水产品、花卉产品。

(2)加工食品:速冻食品、禽、肉、水产等包装熟食。

(3)冰淇淋、奶制品、快餐原料。

(4)其他产品:药品、生物制品等。

不同的对象商品,依其自身的品质、投放市场的层次、流通区域等的不同,对于冷链物流的要求也各不相同。例如,在品质要求方面,国际市场或高档市场一般比国内市场或低档市场更为严格;远地市场由于距离长,运输、温度等因素使产品品质容易受到影响,所以对作业要求较高;延迟消费的产品要做好保鲜加工、冷藏,以便可以适时供应消费市场或加工原料市场。

不同的对象商品所要求的温度也各不相同,冻畜禽肉、一般水产品、速冻食品、冰激凌要求在$-18\ ℃$以下;水果蔬菜产品、花卉产品一般要求保鲜在$0\ ℃$左右;药品要求的温度一般在$2\sim10\ ℃$;热带水果的温度要求一般在$10\ ℃$以上。个别产品(如多脂鱼类)要求的温度为$-30\ ℃$以下。即使是同一品种,由于成熟度的不同,所要求的温度也不同。比如青西红柿要求的运输温度是$13\sim21\ ℃$,红色西红柿要求的运输温度是$7\sim10\ ℃$。

(二)冷链物流的环节

冷链商品从产出到消费,要经过较多环节,冷链物流的效率取决于冷链物流各个环节的高质量作业和全链条的有效衔接。以水果为例,水果要经过采收,分级和挑选,果蔬预冷,加工处理和包装,运输和储存的过程,一般的流通环节还要涉及多层的分销商和商业代理,才能到达最终的消费市场。冷链物流一般主要包括以下几个环节。

1. 原材料获取

原材料的来源主要是上游的养殖和种植基地,这是冷链物流的第一个环节,其质量的高低在很大程度上决定了整个冷链的质量。例如果蔬采摘环节,确定果蔬的最佳采收成熟度是非常重要的,应根据果实采后的用途、与消费地的距离、贮藏和销售时间及产品的生理特点来判断。此外要进行预冷措施。产品从初始温度迅速降至所需要的终点温度的过程,即在冷藏运输和冷藏之前的冷却以及快速冻结前的快速冷却工序统称为预冷。预冷对保证良好的贮运效果具有重要意义。

2. 冷冻加工

该环节包括肉类、禽类、鱼类、蛋类的冷却与冻结以及在低温状态下的加工作业过程,也包括水果、蔬菜的预冷、挑选分级、包装等处理作业过程。在加工过程中对温度进行有效控制是不容易的,通常会涉及各类冷藏库、冷藏柜和最终消费者所使用的冰箱等。

3. 冷藏

冷藏指冷链商品保持在冷却或冻结温度的条件下,对易腐产品实施存储与保管的行为,以保证产品的品质和性能。根据食品冷却或冻结加工温度的不同,冷藏又可以分为冷却冷藏和冻结冷藏。冷却冷藏是指食品储藏的温度低于环境温度但不低于食品汁液的冻结点,即食品内的水分不会结冰。冻结冷藏是指食品储藏在其温度远低于食品汁液的冻结点的环境,一般储藏温度规定为$-18\ ℃$,即食品内的大部分水分都结成了冰。例如肉制品冷却、冷冻后可以马上入库贮藏,冷却贮藏物的温度为$0\sim1\ ℃$,相对湿度为$85\%\sim90\%$;冷冻贮藏的温度为$-21\sim-18\ ℃$,相对湿度为$95\%\sim98\%$。冷藏环节主要涉及冷库及制冷等配套设备。

4. 冷藏运输与配送

冷藏运输是指使用装有特制冷藏设备的运输工具来运送易腐货物。在整个运输过程中,通过低温保证货物的商品价值,延长货架期。冷藏运输有多种形式,如公路冷藏运输、铁路冷藏运输、水路冷藏运输、航空冷藏运输和多种方式联合运输等,用到的运输工具主要有冷藏车、冷藏集装箱以及其他保温运输工具。在冷藏运输环节中,任何一点温度的波动都极易造成产品质量的下降。因此,一条完整高效的冷链需要专业运输工具作为保证。根据国际制冷学会的推荐,大部分果蔬$1\sim2$天的运输温度是$0\sim4\ ℃$,$2\sim3$天的储运温度是$0\sim2\ ℃$,相对湿度为$95\%\sim100\%$。

5. 冷藏销售

产品从配送中心出来之后就进入批发零售环节,一般在各零售柜台进行销售,这是由生产商、批发商和零售商共同完成的。在这种冷链的销售终端,冷藏库、冷冻陈列柜以及储藏库开始成为整个冷链中越来越重要的环节。以肉类为例,在冷藏销售环节需要解冻作业,使肉中的冰晶融化成水,肉恢复到冻前的新鲜状态,以便加工。解冻方法有自然解冻、空气解冻、水解冻、微波解冻、蒸汽解冻。其中,空气解冻一般在 14～15 ℃,风速 2 米/秒,相对湿度 95%～98%;水解冻方法中水的温度在 10 ℃左右。

(三)冷链物流的分类

此分类标准主要依据《冷链物流分类与基本要求》(GB/T 28577—2021)。

1. 按温度适用范围划分

按温度从低到高,冷链物流通常划分为超低温物流、冷冻物流、冰温物流、冷藏物流、其他恒温物流五种类型(图 5-2)。

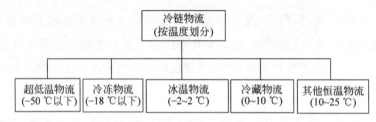

图 5-2 冷链物流温度分类示意图

(1) 超低温物流适用温度范围一般要求在－50 ℃以下。

(2) 冷冻物流适用温度范围一般要求在－18 ℃以下。

(3) 冰温物流适用温度范围一般要求在－2～2 ℃。

(4) 冷藏物流适用温度范围一般要求在 0～10 ℃。

(5) 其他恒温物流适用温度范围一般要求在 10～25 ℃。

2. 按对象产品类别划分

按所服务的对象产品类别,冷链物流通常划分为以下几种。

(1) 肉类冷链物流:主要为畜类、禽类等初级产品及其加工制品提供冷链物流服务的形态。

(2) 水产品冷链物流:主要为鱼类、甲壳类、贝壳类、海藻类等鲜品及其加工制品提供冷链物流服务的形态。

(3) 冷冻饮品冷链物流:主要为雪糕、食用冰块等物品提供冷链物流服务的形态。

(4) 乳品冷链物流:主要为液态奶及其乳制品等物品提供冷链物流服务的形态。

(5) 果蔬花卉冷链物流:主要为水果、蔬菜和花卉等鲜品及其加工制品提供冷链物流服务的形态。

(6) 谷物冷链物流:主要为谷物、农作物种子、饲料等提供冷链物流服务的形态。

(7) 速冻食品冷链物流:主要为速冻食品提供冷链物流服务的形态。

(8) 药品冷链物流:主要为中药材、中药饮片、中成药、化学原料药及其制剂、抗生素、生化药品、放射性药品、血清、疫苗、血液制品和诊断药品等物品提供冷链物流服务的形态。

(9) 其他特殊物品冷链物流：主要为胶卷、定影液、化妆品、化学危险品、生化试剂、医疗器械等提供冷链物流服务的形态。

冷链食品的分布温度带见表 5-1。

表 5-1　冷链食品的分布温度带

温 度 带	对 象 品 目
5～10 ℃	蔬菜、果类、奶类加工食品、火腿、香肠
−2～5 ℃	生食用鱼贝类、牛奶、生鲜肉、鸡蛋、鲜花
−15 ℃以下	冷冻肉、冷冻鱼、冷冻食品、冰激凌、浓缩果汁

资料来源：《中国物流年鉴》。

3. 按冷链物流环节或领域划分

(1) 生产加工冷链物流。

(2) 批发(市场)冷链销售物流。

(3) 零售(店铺)冷链销售物流。

(4) 冷链运输、配送(干线、末端)。

(5) 冷链储存(冷库)。

(四) 冷链物流的特性

冷链物流的特性是指其区别于一般物流(常温下)活动，在对象产品、技术要求、作业组织等方面表现出的特殊性。

1. 对象产品的易腐性以及过程温度控制要求的严格性

冷链物流对象产品包括鲜活农产品、生鲜加工食品以及药品等，这些产品均属于在常温下容易腐蚀和变质的易腐性产品，"温度"是影响其品质最重要的因素。冷链物流也称为低温物流，就是在低温环境下完成易腐产品的物流和销售全过程。

冷链物流是一个低温物流过程，必须遵循"3T"原则，即产品最终质量取决于冷链的储藏与流通的时间(time)、温度(temperature)和产品耐藏性(tolerance)。①冻结食品在低温流通过程中所发生的质量下降与运输时间存在很大的关系，可以说，时间就是冷链食品的生命。②在整个流通过程中，由于温度变化引起的质量下降是不可避免的，也是逐渐性的和积累性的，当达到一定的程度就失去了商品的价值。因而食品冷链物流中的温度需要进行控制。③冻结食品的温度越低，其质量下降便越少，保质期也就会相应地延长。

2. 时效性要求高

由于冷链物流承载的产品一般为易腐或不易储藏，因此要求冷链物流必须迅速完成作业，保证时效性。鲜活农产品和生鲜食品即便在低温环境下保质期也较短，在物流和销售过程中，由于温度的变化容易发生腐蚀和变质，需要在规定的时间内进行贮藏和送达销售场所，销售环节的货架期也需要严格掌控。因此，在储藏、流通加工、运输以及销售的各个环节，必须考虑鲜活农产品和生鲜食品在品质保障下的时效性要求。

3. 技术性和专用性强

为保持食品的品质，在整个冷链物流过程中，需要使用冷库和冷藏保温车进行预冷、冷却、冷冻、贮藏和运输，在低温环境下完成分拣、流通加工等物流作业活动，进入零售环节的冷链食品也需要低温冷藏设备保管。使用低温贮藏和运输物流特殊设备是冷链物流的一个重要特性，这个特性导致冷链物流技术含量较高、设备专用性强、作业难度较大。

4. 物流成本占销售价额比重高

首先，冷链物流设备成本较高。冷链物流要使用特殊的低温物流设施设备，如冷链物流中心仓库和冷链车辆的成本一般是常温仓库和车辆的数倍，而且因涉及食品等需要特殊的设施设备，需要大量的资金投入。其次，冷链物流运营成本较高。冷藏车需要不间断制冷才能保证产品的温度稳定，需要更多的油费，因而物流费用占成本或销售额的比重相对较高。

5. 冷链上下游各环节的协调性高

冷链物流需要各环节之间无缝衔接，以保证冷链商品在适宜的温度、湿度、卫生的通道中顺畅地流通。冷链物流的特殊性使其过程组织具有较高的协调性，需要完善冷链信息系统功能，充分发挥有效的信息导向作用，保证冷链食品流向的顺畅。

三、冷鲜质量要求与冷链物流技术

（一）冷鲜质量要求

1. 肉类

畜禽肉类主要包括牛、羊、猪、鸡、鸭、鹅肉等，其主要营养成分有蛋白质、脂肪、糖类、无机盐和维生素等，由肌肉组织、脂肪组织、结缔组织和骨骼组织组成。

畜禽经屠宰后即成为无生命体，对外界的微生物侵害失去抗御能力，同时进行一系列的降解等生化反应，出现僵直、软化成熟、自溶和酸败四个阶段。其中自溶阶段始于成熟后期，是质量开始下降的阶段，特点是蛋白质和氨基酸分解、腐败微生物大量繁殖，使质量变差。肉类的贮藏即尽量推迟进入自溶阶段。

冷冻贮藏是一种古老的、传统的保存易腐败货物的方法。货物由于酶的分解、氧化和微生物生长繁殖而失去使用价值，冷冻可以钝化酶的分解、减缓氧化、抑制微生物生长繁殖，使货物处于休眠状态，在产品生产数周甚至数月后仍保持原始质量消费。

通常肉类在$-18\ ℃$以下即达到休眠状态，但$-23\ ℃$以下的低温比$-18\ ℃$的低温可成倍延长冷藏期。在$-30\ ℃$下的冷藏期比在$-18\ ℃$下冻藏期长1倍以上，其中猪肉最明显。许多国家明确规定，冷冻食品、制成品和水产品必须在$-18\ ℃$或更低的温度下运输。

2. 牛奶

1) 生鲜牛奶

生鲜牛奶又称原奶。生鲜牛奶一般都是牛奶公司把刚挤的牛奶装瓶后凌晨送到订户家门口,订奶的人一般都是早饭时食用。生鲜牛奶从被挤出来到人们喝进肚子里不过几个小时。生鲜牛奶流通路径最短、环节最少。

2) 纯牛奶

纯牛奶是以生鲜牛奶为原料、经超高温灭菌制成的液体产品,由于生鲜乳中的微生物全部被杀死,灭菌乳不需冷藏,常温下保质期1~8个月。纯牛奶因为保质期较长、流通环节较多,一般通过一级代理商(或分公司)、二级代理商到达超市等零售终端,然后再到消费者手中。

3) 鲜牛奶和酸牛奶

鲜牛奶是以生鲜牛奶为原料,采用巴氏杀菌法加工而成。鲜牛奶的特点是采用72~85 ℃的低温杀菌方式,在杀灭牛奶中有害菌群的同时完好地保存了营养物质和纯正口感。巴氏杀菌是国际上普遍运用的杀菌方式,能够保证牛奶的质量与安全,保留牛奶的营养成分和新鲜风味,保护牛奶中珍贵的乳铁蛋白、免疫球蛋白和维生素等。鲜奶保质期只有3~7天,需要冷链流通。

酸牛奶是用保加利亚乳杆菌(*Lactobacillus delbrueckii subsp. bulgaricus*)和嗜热链球菌(*Streptococcus thermophilus*)对牛奶进行发酵而成的乳制品,其中乳酸菌活菌含量较高。乳酸菌是一种存在于人类体内的益生菌,能够帮助消化,有助人体肠脏的健康。活性乳酸杆菌在0~4 ℃的环境中存活期是静止的,但随着环境温度的升高,乳酸菌会快速繁殖、快速死亡,这时的乳酸菌饮料就成了无活菌的酸性乳品,其营养价值也会大大降低。含有活性乳酸菌的酸奶保质期较短,一般为两周左右,而且必须在2~6 ℃下保藏,否则容易变质。

鲜牛奶和酸牛奶由于保质期较短,因此其流通环节相对纯牛奶而言较为简单。

3. 冰淇淋

冰淇淋是人们用于清凉解暑、充饥解渴的营养价值很高的食品,含有脂肪、蛋白质、碳水化合物、矿物质和维生素等。生产中的低温灭菌操作、清洁的运输、适当的温度设置和完整的包装,保证冰淇淋在市场上是最安全的食品之一。冰淇淋组织细腻是感官评价的一个重要标准,它主要取决于其冰晶的尺度、形状及分布。冰晶越小,分布越均匀、口感越好。除加工外,在冻藏过程中的低温是控制冰晶尺度、保证质量的有效方法。冰淇淋包装材料有涂蜡纸、纸箱和塑料桶等。外包装对避免冰淇淋损坏和热袭起到重要的保护作用。冰淇淋通常使用20英尺(1英尺=0.304 8米)的冷箱运输,温度应设置在低于-25 ℃,并应避免任何温度波动。

关于冰淇淋的流通,2008年商务部发布的SB/T 10015规定:

(1) 运输:运输车辆应符合卫生要求。短途运输可以使用冷藏车或有保温设施的车辆,长途运输应使用具有制冷功能的运输车;产品不应与有毒、有污染的物品混装、混运,运输时应防止挤压；搬运产品应轻拿轻放，严禁摔扔、撞击、挤压。

（2）贮存：产品应贮存在≤-22 ℃的专用冷库内，冷库应定期清扫、消毒；产品应使用垛垫堆码，离墙不应小于 20 cm，堆码高度不宜超过 2 m；产品贮存过程中不应与有毒、有害、有异味、易挥发的物品或其他杂物一起存放。

（3）销售：产品应在冷冻条件下销售，低温陈列柜的温度应≤-15 ℃。

4．水果和蔬菜

水果和蔬菜采摘后仍为有生命体，果实组织中仍进行着活跃的新陈代谢，对微生物的侵入有抗御能力。但当这种生命体发展到后期即过熟阶段，新陈代谢变慢甚至停止，果实成分与组织均发生不可逆转的变化，使其失去营养价值和特有风味，在微生物作用下开始腐烂。

水果和蔬菜的呼吸实质上是果实内有机物缓慢地氧化。在有氧条件下，果实内作为基质的糖、有机酸以及复杂的碳水化合物被完全氧化分解为二氧化碳、水和热量，维持正常的生命活动。在缺氧条件下，果实内的基质不能完全氧化分解，只能产生结构比较简单的化合物，如乙醇、乙醛等和少量的热量。缺氧呼吸果实为获得与有氧呼吸同样多的能量，就必须氧化更多的呼吸基质，即消耗更多的贮藏物质，使果实质量变差，缩短贮藏期。

水果和蔬菜呼吸还产生少量乙烯和其他微量气体。乙烯诱发果实呼吸强度升高，从成熟进入完熟。乙烯是果实成熟的启动物质，是一种催熟剂，不仅加快成熟速度，而且均匀改变成熟过程。但乙烯也有许多不利影响，如：在储存期间不希望的加速成熟；加速某些未成熟的果实（黄瓜、南瓜等）和多叶蔬菜枯黄、失去绿色；在莴苣上产生黄褐色斑点；刺激或抑制土豆发芽（这取决于乙烯的浓度和时间）；使芦笋变硬。

保证水果和蔬菜新鲜的高质量运输不仅要控制乙烯，还要控制二氧化碳、水汽和呼吸发出热量造成的损坏。一般情况下，低温可降低水果和蔬菜的呼吸强度，但也使它们由于生理失调而造成冻害，因此应正确设置温度。

水果和蔬菜高质量的运输始于采摘。首先应在理想的时间和成熟状态下采摘。其次对果实细心地拣选、整理和清洗，然后是降温减缓果实成熟过程到最慢；在冷藏中基本要点是维持产品的活动状态，在冷库内须保持周围通风良好，以便排除散发的热量。最后是正确地使用包装材料对果实迅速进行包装，使水果和蔬菜处于低温状态，在正确的温度、湿度、气体成分环境下运输。

5．水产品

水产品主要包括鱼、虾、贝类。《水产品冷链物流服务规范》(GB/T 31080—2014)规定了水产品冷链物流服务的基本要求、接收地作业、运输、仓储作业、加工与配送、货物交接、包装与标志要求。

水产品的贮藏时间与温度密切相关。在正常情况下，温度每降低 10 ℃，冻藏期增加 3 倍。多脂鱼类较低脂鱼类冻藏期短，红色肌肉鱼类冻藏期更短。一般冻藏温度是：少脂鱼和其他大多数水产品在-23～-18 ℃，多脂鱼在-29 ℃以下，部分红色肌肉鱼可能要求达到

－60 ℃的低温。在冻藏和运输期间应使用尽可能低的温度，并避免大范围的温度波动。

6．其他冷链商品

速冻调制食品种类见表5-2。近10年来，我国城市各种冷藏食品(0～－10 ℃范围)市场越来越大。熟食、鲜奶、豆制品、生面制品、半成品切配菜、预制品等传统食品逐渐在冷链物流保障下流通。另外，各类冷冻食品的品种也不断增加。

表5-2　速冻调制食品种类

种　类	举　例
花色米面制品	饭类、面类、饼类、粥类、米粉类等
裹面食品	裹面鱼虾、肉类、禽块、果蔬等
鱼糜食品	鱼、虾、蟹等丸类、糕类、肠类和模拟蟹、贝类等水产动物产品
乳化肉制品	禽肉制成的丸类、饼类、肠类等
菜肴制品	各式生制、熟制菜肴(含泥状)产品
烧烤(烟熏)制品	烤鳗、烤(熏)肉、烤(熏)禽。熏蛋、熏肠类产品
火锅汤料制品	各种海鲜、麻辣、酸辣口味等火锅汤料(底)产品
汤羹制品	畜禽汤、海鲜汤、蔬菜汤、杂烩汤等中西式汤羹类产品

资料来源：中华人民共和国国内贸易行业标准——《速冻调制食品》。

（二）冷链物流技术

冷链物流技术见表5-3。

表5-3　冷链物流技术

核心技术	对象与环节	关键技术	相关技术
冷链标准、认证技术	基础、管理、术、服务	术语、设备的图像符号、安全、环保、设备优化、统计信息等	图像设计、安全、环保、设备优化、统计信息等
冷链冷藏技术	贮藏、流通设备、加工设备、特殊设备	贮藏技术、制冷技术、隔热层技术、空气幕设计技术、加工工艺、冰温技术、蓄冷技术、解冻技术、空气调节、气调储藏、制冷、发泡剂替代技术等	汽车技术、加工技术、新材料技术、机械、自动控制、传感，包装、外观设计、电解冻技术，识别等
冷链保鲜、包装技术	初级农产品、加工食品、医药化学品	保鲜工艺、包装工艺、材料技术、密封技术、气调技术、预冷技术、灭菌技术、加工技术等	机械、外观设计、冷藏、识别
冷链的节能技术	制冷、温控、气调、回收	冷凝技术、压缩技术、除霜技术、蓄冷技术、制冷剂、环保技术等	自动控制、温控、传感技术等
冷链的自动化技术及信息技术	进货、搬运传输、储存、运输、出货、包装、销售	自动搬运传输、自动控制、红外线识别、传感技术、无线射频识别技术、定位跟踪、供应链与物流信息系统、条码、视频技术、电子商务等	机械、设计、优化、空间定位、网络传输技术等

1. 冷藏与保鲜技术

（1）低温保鲜。利用低温可以有效地抑制微生物的存活。影响微生物在低温状态下活性下降的主要因素包括温度、降温速率、水分存在状态、介质等。其主要内容包括：冰藏保鲜，干冰法（撒冰）和水冰法（降低到 0 ℃）；冷海水冷却保鲜，把渔获物浸渍在－1 ℃至 0 ℃的冷海水或冷盐水中；微冻保鲜，将水产品保持在冰点以下－3 ℃左右的一种轻度冷冻状态；冻藏保鲜，利用低温将鱼贝类的中心温度降至－15 ℃以下，体内的组织水分绝大部分冻结，然后在－18 ℃以下进行储藏和流通的低温保鲜方法。程序上包括：①冻前处理；②冻结，具体的方法有空气冻结法、盐水浸渍冻结法、平板冻结法、流态化冻结；③冻后处理，包括托盘、镀冰衣和包装；④冻藏食品应在－18 ℃以下储藏。

（2）气调保鲜。气调保鲜是以不同于大气组成或浓度的组合气体替换包装食品周围的空气，来抑制或减缓微生物生长和营养成分氧化变质，在整个储藏过程中不再调节气体成分或浓度，并选择合适的包装材料和冷链温度来延长食品的保质期。它的气体组成常有氧气、二氧化碳和氮气。

（3）冰温气调保鲜。冰温是指 0 ℃以下、冰点以上的温度区域，其温度介于冰藏和微冻之间。它和微冻保鲜一起被称为中间温度带保鲜。冰温和气调对微生物产生协同作用，同时可以有效防止水产品的脂质氧化和多酚氧化酶导致的酶促褐变等反应的发生。

（4）化学保鲜。化学保鲜就是在水产品中加入对人体无害的化学物质，以延长保鲜时间、保持品质的一种保鲜方法，如盐腌、糖渍、酸渍及烟熏等。我国水产加工行业采用的化学保鲜方法是用食品添加剂进行保鲜（防腐剂、杀菌剂、抗氧化剂）、抗生素保鲜、糟醉保鲜、盐藏保鲜、烟熏保鲜等。

（5）脱水与干藏保鲜。水产品的干制方法分为自然干燥和人工干燥。人工干燥主要有热风干燥、冷风干燥、冷冻干燥、辐射干燥等。

（6）辐照杀菌保鲜。食品辐照是指利用射线照射食品（包括原材料），延迟新鲜食物某些生理过程（发芽和成熟）的发展，或对食品进行杀虫、消毒、杀菌、防霉等处理，达到延长保藏时间，稳定、提高食品质量目的的操作过程。

2. 制冷技术

（1）固体制冷。固体制冷的工作原理是利用固体在液化或汽化（升华）时的吸热进行制冷。常用的固体有水冰、盐冰、干冰。

（2）冷板制冷。冷板制冷原理是利用蓄冷剂冷冻后所蓄存的冷量进行制冷。运输前先对厢内冷板中的蓄冷剂进行"充冷"，使其冷却冻结，然后在运输途中利用冷板中的蓄冷剂融化吸热，使厢内温度保持在运输货物的适温范围内，故又将冷板称"蓄冷板"。

（3）液氮制冷。液氮制冷是利用液氮汽化吸热进行制冷。液氮沸点低，且是制氧的副产品，因而得到了较广泛的应用。液氮制冷装置结构简单、工作可靠、无噪声和污染；液氮制冷量大、制冷迅速，适于速冻。液氮汽化不会使厢内受潮，并且氮气对食品保鲜、防止干耗均有好处。

(4) 机械制冷。机械制冷有蒸汽压缩式制冷、吸收式制冷、蒸汽喷射制冷等。蒸汽压缩式制冷属于蒸发制冷。将制冷剂置于一个封闭系统中，液态制冷剂在蒸发器中汽化吸热制冷，在冷凝器中放热并重新冷凝成液态，在压缩机的驱动下，制冷剂不断地循环工作。

四、农产品冷链物流的现状与问题

（一）农产品冷链物流的现状

近年来，消费升级使得人们对绿色健康农产品的要求持续增强，生鲜农产品走上每家每户的餐桌，极大地推动了冷链物流的发展。中物联冷链委、艾媒数据中心整理得出，2020年中国冷链物流市场规模约4 850亿元，同比增长约21.2%，预计2023年达7 231亿元。[1] 冷链物流的快速发展，一方面是由于冷链物流是中国农产品产销链的关键支撑环节，受到了中央政策的支持，为中国冷链物流行业的发展带来了利好的政策环境；另一方面在于行业市场环境的改善，2021年4月，中物联公布第十一批星级冷链物流企业名单，目前我国星级冷链物流企业达103家。[2]

农产品物流运输可分为三种类型：一是通过构建内部物流运输体系，为消费者提供冷链物流服务的垂直型运输配送，有利于实现对生鲜产品冷链运输全链的有效把控；二是通过大型电子商务平台，将冷链运输配送任务分配给自营物流企业或其他第三方物流运输企业的综合平台型运输配送，是现阶段生鲜农产品冷链运输配送的主要模式；三是以第三方平台为基本渠道，并通过自营物流或第三方物流企业将生鲜农产品配送到指定位置的"线上+线下"运输配送，强调线上、线下协同，能够有效均衡交易效率与消费者消费体验。

（二）农产品冷链物流面临的问题

冷链物流涵盖环节多、技术要求高，使用中还需兼顾能源消耗和运输成本等因素，温度、时控、卫生等管理因素也影响着冷链食品安全和品质。现阶段的生鲜农产品零售模式在物流运输配送方面都难以达到新零售的实际需求。

1. 农产品冷链物流基础设施不完善

基础设施是衡量冷链物流发展成效的关键指标。美国等西方国家已构建了完善的从产地到终端的冷链物流设施网络。与西方发达国家相比，中国冷链物流基础设施薄弱，总体水平不高。根据国际冷藏仓库协会（IARW）数据，2018年，中国人均库容体积为0.132立方米，远低于美国的0.49立方米和日本的0.315立方米，且现有设施普遍存在陈旧老化、能耗高、效能低的问题。从地域来看，中国东部发达地区冷链体系发展较好，而中西部地区

---

[1] 艾媒网. https://www.iimedia.cn/c1061/81756.html.
[2] 中国物流与采购网. http://www.chinawuliu.com.cn/lhhzq/202104/09/545846.shtml.

和农村产地冷链物流服务匮乏。

2. 农产品冷链物流效率低

生鲜产品的保质期普遍较短且对时效性要求高,因此冷链物流效率成为生鲜商进行物流运输的关键,我国农产品冷链流通率低、腐损率高。

首先,我国冷链流通率与发达国家相比较低。中物联冷链委在《中国冷链物流发展报告(2020)》中指出,当前农产品产地缺乏规模化、专业化的冷链物流企业,冷库周转率、冷藏车利用率等指标与美国、日本等国家相比偏低;据北京物流与供应链管理协会反映,截至2021年,农产品冷链流通率50%~55%,其中:蔬菜20%~25%,水果50%,肉类80%~85%,水产品75%~80%,远低于欧美等发达国家水平。①

其次,流通过程中腐损率高,据北京物流与供应链管理协会反映,截至2021年,农产品腐损率20%~25%,其中:蔬菜30%,水果25%,肉类15%,水产品20%①;商务部部长王文涛在2021年2月国新办出席新闻发布会答记者问时提出,我国肉类腐损率约12%,果蔬腐损率约18%。② 中物联冷链委秘书长秦玉鸣在"第十四届中国冷链产业年会"中提出,中国冷链物流行业集中度低,冷链物流企业"散"而"乱"。由此产生的配送过程中市场主体衔接不畅,难以形成规模化、集约化处理,制约冷链物流效率的提升,冷链物流整体上缺乏行业统一管理、效率低下。

3. 农产品冷链物流成本高

农产品冷链物流主要包括投入成本、运营成本和食品损耗成本三部分。易腐坏的农产品产地预冷基础设施设备多存在能耗高、种类少、自动化程度低的问题,冷库的建造与能耗投入成本高,土地获取成本较高,物流用地难、融资难依然突出;农产品在生产加工、包装运输、储存销售等物流环节都需要有专门的冷冻设施和设备,导致冷链物流系统的运营成本高;与此同时,中物联冷链委发布的《2019农产品产地冷链研究报告》数据显示,当前欧美发达国家的生鲜产品的损耗率控制在5%的稳定水平,而中国高达10%以上。由于缺乏先进的物流技术支撑,农产品在冷链运输的过程中不能得到更全面的保护,其在配送、仓储各环节破损率居高不下,增加了食品损耗成本。

4. 农产品冷链物流质量监控难

冷链物流体系建设关键不是强调"冷"而在于"链"。农产品产地大多缺乏规模化、专业的冷链物流企业,合作社冷链运输时只能与个体物流企业合作,标准自控、按趟付钱,在这样的外包关系下,配送人员冷链配送意识弱,不关注农产品品质的变化,导致全程温度监控困难,质量难以保证。且普遍存在冷藏保温车辆运营不规范的现象,如改装制冷车、常温车+冰袋棉被运输,制冷效果差。陈旧的农产品冷藏运输设备已无法适应农产品冷链物流发

---

① 数据由北京物流与供应链管理协会提供。
② 中国发布丨商务部部长王文涛:"六个提升"建现代流通体系:https://baijiahao.baidu.com/s?id=1692575559391283952&wfr=spider&for=pc。

展,冷链运输环节"断链"现象频繁,效率低,腐损率极高,难以保障流通安全。

在新零售发展背景下,零散化物流需求越来越多,传统冷链物流企业智慧化转型过程中还面临着如何通过数据分析进行合理的路线安排,减少、避免物流运输车辆的空驶与绕路。

第二节　电商及新零售冷链物流主要模式及问题[①]

生鲜电商冷链物流是指通过互联网手段销售生鲜类产品的电子商务企业,经营管理企业的整个冷链物流运作过程,包括企业自行组建物流、仓配体系和与第三方合作的物流、仓配体系。

生鲜产品易腐烂变质的自然属性,再加上电商的虚拟性,决定了生鲜电商冷链物流的特殊性。生鲜电商冷链物流具有四大特征,即质量和安全性要求高、时效性要求高、物流技术和设备要求高和物流配送点分散。本节主要介绍生鲜电商的采购、仓储和配送模式,并根据问题提出相应对策。

一、生鲜电商的供应链结构与采购模式

生鲜电商的供应链结构如图 5-3 所示。在生鲜电商平台中,货源无疑是最重要的起点性问题。目前生鲜电商平台普遍采用产地直采、批发市场采购、供应商和品牌商采购、自种自卖的模式。其中批发市场采购与产地直采占比最高。

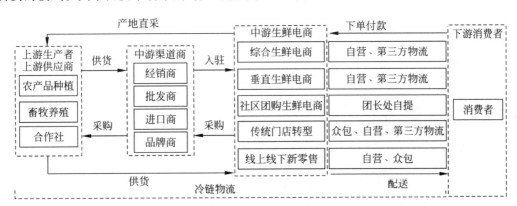

图 5-3　生鲜电商的供应链结构

（1）批发市场采购。体量大的生鲜电商会在一级批发市场采购,体量小或者刚起步的生鲜电商会在更下一级的分销商处采购。其优势是：SKU 多、价格合理。其劣势是：中间环节多,损耗大；质量品质无法保证；价格无统一标准；采购时间要求高。目前批发市场仍是果蔬流通的主要渠道。

---

① 38 页 PPT 看懂生鲜电商冷链物流模式及发展趋势. https://www.sohu.com/a/321942926_168370.

（2）产地直采。生鲜电商与产地（农户、农业合作社等）直接达成合作，形成长期稳定的供应关系。其优势是：去中介，损耗低；价格便宜。其劣势是体量要大，小体量的话，平台拿不到议价权。目前生鲜电商普遍的做法是从单品爆款切入，在其几个单品上做到直采，并相应布局产地仓、海外仓等。

二、生鲜电商冷链物流仓储模式

（一）前置仓模式

前置仓模式（图5-4）以分布式仓储代替传统中心仓，选址以靠近消费者为主，形成半径3千米的圆形覆盖网。中心仓按照智能仓储系统的指示通过冷藏车为前置仓补货，前置仓负责一定范围内用户订单即时配送。

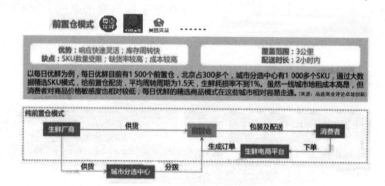

图5-4　前置仓冷链物流仓储模式

（二）前店后仓模式

新零售模式下，客户不仅需要线上购物的便捷，还需要线下体验的服务。将门店打造成小型仓库，在实现销售的同时，又方便产品存储。门店分布与冷链仓库分布相匹配，节省再建仓库的成本，可以有效控制库存数量，避免造成浪费（图5-5）。

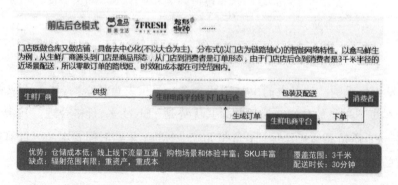

图5-5　前店后仓冷链物流仓储模式

（三）同店不同仓模式

同店不同仓模式（图 5-6）即整合超市、社区便利店形成平台的模式，把生鲜电商平台打造成传统商超的流量入口。以京东到家为例，京东到家与大型商超的合作模式为"同店不同仓"，同一个门店分设两仓，其一为传统的后仓区，为门店线下经营提供存储供货服务；其二为电商专属工作区，为线上销品的仓储区和拣货、打包工作场所，两仓平行作业，互不干扰。京东到家与便利店和散户小店等采用线上、线下共用一个库存的合作方式，库存、价格由商家维护。

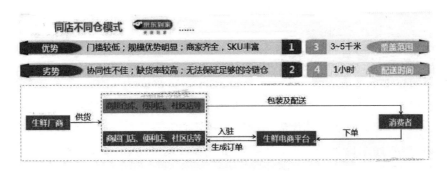

图 5-6 同店不同仓冷链物流仓储模式

（四）商超联动模式

以多点为例，多点与商超门店共用一个后仓区域，商品数据协同统一管理，不会干扰门店经营，实现了仓、售、配一体化运营。多点的合作目标锁定为区域零售龙头，用商超联动的仓储模式，在效率和成本的博弈之间为生鲜电商找到了一个良好的平衡点。但合作商超的数量是一把双刃剑，在扩大版图和辐射面积的同时，人员技术投入、协调运营、整合难度也将成倍地增加（图 5-7）。

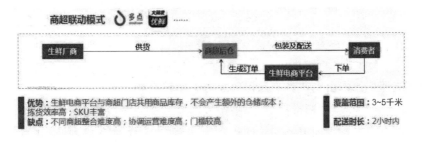

图 5-7 商超联动冷链物流仓储模式

三、生鲜电商冷链物流配送模式

冷链配送活动向上服务于生鲜商品的销售商，向下服务于消费者，起着承上启下的关键作用。配送服务的优劣不仅影响着商家的信誉和利润,还直接影响着用户的购物体验。目前生鲜电商普遍采用自建物流、第三方冷链物流配送、众包物流、O2O 物流配送、生鲜自提柜自提、团长处自提六种物流配送模式。

(一)自建物流

自建物流全程自行提供服务,没有第三方的参与,生鲜电商平台对配送的全过程进行监控与管理。典型企业有京东生鲜、苏宁生鲜、易果生鲜等。其优势是时效性好、服务质量好、标准化程度高、商品品质有保证;其劣势是资金成本高、投入回收周期长、业务扩张能力差。

(二)第三方冷链物流配送

当自建物流的速度无法满足企业业务增多的需求,或者为了专注于核心竞争力,降低物流成本时,企业会将物流配送外包出去,采用第三方冷链物流干线运输与落地配。典型企业有中粮集团、淘宝网等。其优势是利于其他核心业务发展、资本周转快;其劣势是客户满意度差、时效性难以把控、商品品质难以把控。第三方冷链物流配送流程如图 5-8 所示。

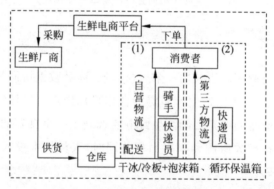

图 5-8　第三方冷链物流配送流程

(三)众包物流

众包物流即把原本由企业员工承担的配送工作转交给企业外的大众群体来完成,通过招揽到有空闲时间的人员"顺带捎带,随手赚钱",使其成为兼职快递员,完成"最后一公里"的配送。典型企业有京东到家等。其优势是覆盖面广、平台运营成本低;其劣势是专业化程度低、服务质量无保证。

(四)O2O 物流配送

O2O 物流配送(图 5-9)即线上与线下结合,取消了仓库或者流通加工中心,平台线下门店拥有冷藏设备,相当于电商平台的仓储中心、配送中心,更加开放地采用自建物流与第三方配送合作模式。典型企业有盒马鲜生、7FRESH等。其优势有标准化流程、高效配货、精准交付;其劣势是配送范围有限、线上客户规模受限。

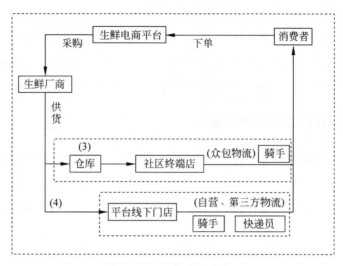

图 5-9　O2O物流配送流程

(五) 生鲜自提柜自提

用户在生鲜电商平台下单之后,店家安排配送员将生鲜商品配送至生鲜自提柜内,柜子会给消费者发送取物通知,消费者通过发送的验证码进行自取(图5-10)。典型企业有食行生鲜等。其优势是用户自取方便,人与货时间匹配良好;其劣势是费用成本变高、自提生鲜商品易变质。

(六) 团长处自提

社区团购以社区为节点、以团长为核心,生鲜电商平台根据配货单,每天统一将订单商品配送到团长处,消费者从团长处自提(图5-11)。代表企业有兴盛优选等。其优势是减少配送环节、业务投入少、成本低;其劣势是过分依赖团长,团长忠诚度低,恶性竞争较严重。

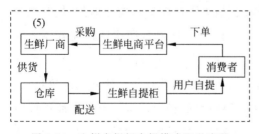

图 5-10　生鲜自提柜自提模式配送流程

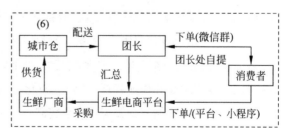

图 5-11　社区团购模式配送流程

四、生鲜电商企业冷链物流问题与对策建议

在生鲜电商市场的巨大规模背后,生鲜产品产地分散、源头难把控、品类繁多、标准化程度低等特点,导致冷链物流成了制约生鲜电商产业发展的主要瓶颈问题之一。尽管各电商平台不断探索新模式,但在生鲜电商冷链物流中仍有两个问题尤为突出,即效率和成本。

(一)生鲜电商冷链物流效率问题

生鲜电商冷链物流效率低。由于生鲜产品保质期短、时效性高的特性,冷链物流效率成为影响生鲜电商发展的一个关键因素。当前,冷库周转率、冷藏车利用率、货到准时率等指标低,仓储损失率、运输损失率等指标居高不下。整体上看,冷链物流效率滞后于生鲜电商快速扩张的步伐。

造成生鲜电商冷链物流效率低的原因包括没有形成完整的现代物流体系、缺乏专业的冷链物流人才,再加上冷链物流企业目前小而散,冷链物流领域很难形成规模化、集约化处理,所以很难有效地提升冷链物流效率,从而导致了生鲜产品腐损率高、成本高。

(二)生鲜电商冷链物流成本问题

据统计,生鲜电商冷链物流成本占比达20%~40%,对生鲜电商构成了极大的挑战。其成本主要来自损耗、仓储、包裹、加工、运输、配送、信息和服务。

冷链物流成本居高不下的原因有:一是生鲜产品产地分散,本身具有易腐烂、易损耗的特性,在流通环节对温度要求高,需要全程冷链运输,同时又由于标准化程度低,因此损耗成本高;二是冷链设施不足,基础设施利用率低,冷链物流体系不完善;三是冷链专业管理和资金投入费用高;四是用户分散,配送及包装成本高。

(三)生鲜电商冷链物流发展对策

通过效率提升和成本管控途径,解决生鲜冷链物流问题。其主要措施为:一是减少供应链环节。可采用源头直采等方式,创新供应链模式,最大限度缩短供应链时间,提升物流中转效率。二是建设冷链物流体系。加强完整的冷链建设,加强多样化运输配套体系建设、运输管理信息系统建设。三是实行标准化管理。建立以农产品标准为核心的标准体系,制定标准化制度和作业程序,加强规模化经营。四是创新包装材料。研发使用价格低、重量轻、抗压耐摔的循环保温箱,满足装载运输和循环回收的轻简需求。五是发展冷媒技术。如使用超低温蓄冷剂代替干冰配送,降低成本的同时,延长保冷时间。六是走专业化道路。肉类、蔬菜等不同产品的设备、技术等冷链运输要求各不相同,细分品类可减少前期投入。

五、生鲜电商冷链物流的发展趋势

（一）智能化

智能化是大势所趋，无人化将进一步发展。随着信息化技术的升级改进，冷链物流管理将极大优化。随着快检系统、分选设备、无人车等的使用，冷链物流效率将会提升。随着节能环保产品的开发，冷链物流的成本将会降低。

（二）短链化

"更快"是生鲜电商冷链物流的方向，而短链是"更快"的重要抓手。未来短链模式创新将会持续深化，一方面冷链物流链路将会缩短，中间环节将会减少；另一方面冷链物流仓配端与消费者距离将会更短。

（三）精细化

针尖上打擂台，拼的就是精细。一方面随着制冷工艺的完善和冷链设备的创新，冷链物流温区的划分将越来越精细；另一方面冷链物流的管理将越来越精细化，在温度控制、品质控制、线路优化、人才培养等方面将进一步提升。

（四）平台化

随着自建冷链物流的生鲜电商企业在冷链配送方面优势越来越明显，未来在满足企业自身业务的基础上，从自营走向平台化将成为趋势，将为更多的第三方提供服务，增加自身收益的同时，拓宽产业链，实现产业高效发展。

（五）绿色化

冷链运输产生的环境污染如汽车尾气排放、冷库的用电量损耗大，都一定程度上带来了能源的浪费和大气污染。政府在交通量、交通时间和冷库设备三个方面已经制定了相关政策，生鲜电商的冷链运输将日趋绿色化。

第三节　智慧冷链物流与新零售

一、智慧冷链物流的内涵

（一）定义

中国物联网校企联盟认为，智慧物流是利用集成智能化技术，使物流系统能模仿人的智能,具有思维、感知、学习、推理判断和自行解决物流中某些问题的能力,即在过程中获取信息从而分析信息作出决策,使商品从源头开始被实施跟踪与管理,实现信息流快于实物流,即可通过 RFID、传感器、移动通信技术等让配送货物自动化、信息化和网络化。

智慧物流的特征主要体现在如下三个方面：一是运用现代信息和传感等技术,运用物联网进行信息交换与通信,实现对货物仓储、配送等流程的有效控制,从而降低成本、提高效益、优化服务；二是通过应用物联网技术和完善的配送网络,构建面向生产企业、流通企业和消费者的社会化共同配送体系；三是将自动化、可视化、可控化、智能化、系统化、网络化、电子化的发展成果运用到物流系统。简言之,所谓智慧物流,就是运用物联网和现代某些高新技术构成的一个自动化、可视化、可控化、智能化、系统化、网络化的社会物流配送体系。

智慧冷链物流是以"互联网＋"为核心,以物联网、云计算、大数据及三网(传感网、物联网与互联网)融合等为技术支撑,以物流产业自动化基础设施、智能化业务运营信息系统辅助决策和关键配套资源为基础。目前很多冷链物流普及的国家,已经广泛采用无线互联网技术、条码技术、RFID、GPS、GIS(地理信息系统)以及在仓储、运输管理和基于互联网的通信方面的技术。通过冷链物流各环节、各企业的信息系统服务集成,实现冷链流全过程可自动化感知识别、可跟踪溯源、可实时应对、可智能优化决策的物流业务形态。

(二) 智慧冷链发展的主要支撑

1. 自动识别

自动识别技术是以计算机、光、机、电、通信等技术的发展为基础的一种高度自动化的数据采集技术。它是通过应用一定的识别装置,自动地获取被识别物体的相关信息,并提供给后台的处理系统来完成相关后续处理的一种技术。它能够帮助人们快速而又准确地进行海量数据的自动采集和输入,目前在运输、仓储、配送等方面已得到广泛的应用。自动识别技术在 20 世纪 70 年代初步形成规模,经过 40 多年的发展,已经发展成为由条码识别技术、智能卡识别技术、光字符识别技术、射频识别技术、生物识别技术等组成的综合技术,并正在向集成应用的方向发展。

2. 数据仓库和数据挖掘

数据仓库出现在 20 世纪 80 年代中期,它是一个面向主题的、集成的、非易失的、时变的数据集合,数据仓库的目标是把来源不同、结构相异的数据经加工后在数据仓库中存储、提取和维护,它支持全面、大量的复杂数据的分析处理和高层次的决策支持。数据仓库使用户拥有提取数据的自由,而不干扰业务数据库的正常运行。

数据挖掘是从大量的、不完全的、有噪声的、模糊的及随机的实际应用数据中,挖掘出隐含的、未知的、对决策有潜在价值的知识和规则的过程。其一般分为描述型数据挖掘和预测型数据挖掘两种。描述型数据挖掘包括数据总结、聚类及关联分析等,预测型数据挖掘包括分类、回归及时间序列分析等。其目的是通过对数据的统计、分析、综合、归纳和推理,揭示事件间的相互关系,预测未来的发展趋势,为企业的决策者提供决策依据。基于数据挖掘的冷链物流信息体系结构主要是进货采购管理系统、产品销售管理系统。

3. 人工智能

人工智能就是探索研究用各种机器模拟人类智能的途径,使人类的智能得以物化与延伸的一门学科。它借鉴仿生学思想,用数学语言抽象描述知识,用以模仿生物体系和人类的智能机制,目前主要的方法有神经网络、进化计算和粒度计算三种。神经网络是在生物神经网络研究的基础上模拟人类的形象直觉思维,根据生物神经元和神经网络的特点,通过简化、归纳、提炼总结出来的一类并行处理网络。进化计算是模拟生物进化理论而发展起来的一种通用的问题求解的方法。因为它来源于自然界的生物进化,所以它具有自然界生物所共有的极强的适应性特点,这使得它能够解决那些难以用传统方法来解决的复杂问题。粒度计算是一把大伞,它覆盖了有关粒度的理论、方法论、技术和工具的研究,目前主要有模糊集理论、粗糙集理论和商空间理论三种。人工智能主要用于智能制造、特种作业、智能决策、智能管理等方面。

单就物流而言,为了提高自动化程度和保证产品质量,通常需要高速物流线贯穿整个生产和包装过程。机器人技术在包装领域中应用广泛,特别是在食品、烟草和医药等行业的大多数生产线已实现了高度自动化,其包装和生产终端的码垛作业基本都实现了机器人作业。机器人作业精度高、柔性好及效率高,克服了传统的机械式包装占地面积大、程序更改复杂及耗电量大的缺点;同时避免了采用人工包装造成的劳动量大、工时多及无法保证包装质量等问题。

自动化的拣选作业也是由移动机器人完成的。如针对品种多、形状不规则的产品,移动机器人可以通过图像识别系统确定需要采用何种功能的机械手。机器人每移动到一种物品前就可以根据图像系统"看清"物品形状,采用与之相对应的机械手臂抓取,然后放到指定的托盘上,完成拣选作业。

装卸搬运是物流系统中最基本的环节之一,无论是货物运输、储存和包装,还是流通加工和配送,搬运都贯穿物流作业的始末。目前,机器人技术应用最为广泛的还是物流的装卸和搬运作业。搬运机器人可安装末端执行器来完成对物品的识别和搬运,从而大大减轻人们繁重的体力劳动。目前搬运机器人已被广泛运用到工厂内部生产,一些工序间的搬运工作就由机器人来完成。搬运机器人的出现,大大提高了货物的搬运能力,节省了装卸时间。一些发达国家已将机器人技术与物联网技术相连接,实现了智能运作。

4. 物联网

物联网在冷链产业中的运用将促进运输的智能化、物流可视化及信息透明化,使冷链创造更多的价值。消费者通过可接入互联网的各种终端,随时随地获知易腐货物状况,享受物联网技术带来的安全性和及时性等方面的变革。

物联网技术接口丰富,如无线终端、电子闸口、电子地磅、条码应用、电子标签和EDI(电子数据交换)接口等,可以进行实时监控。物联网技术可以对冷链运输车辆自动识别,提升关口通过速度,减少集疏作业的拥堵现象,也可以对易腐货物进行跟踪。物联网技术的应用可以减少冷链中的冷库和分销点因劳动力雇佣所带来的人力成本,同时节约了大量的冷库和分销点监控成本。信息技术的应用是提高运作效率、降低冷链物流成本的重要因素。

二、智慧冷链物流的发展趋势

(一)智慧冷链发展现状

1. 冷链物流规划设计仿真技术

近年来,智慧物流在美国、日本等发达国家发展迅速,并在应用中取得了很好的效果。如美国的第三方物流公司Caterpillar开发的CLS物流规划设计仿真软件,它能够通过计算机仿真模型来评价不同的仓储、库存、客户服务和仓库管理策略对成本的影响。世界最大的自动控制阀门生产商Fisher在应用CLS物流规划设计仿真软件后,销售额增加了70%,从仓库运出的货物量增加了44%,库存周转率提高了将近25%,而且其客户对Fisher的满意度在许多服务指标上都有增加。Fisher认为这些业绩在很大程度上归功于物流规划设计仿真软件的使用。日本在集成化物流规划设计仿真技术的研发方面也处于世界领先地位,其最具代表性的成果是以前从事人工智能技术研究的AIS研究所研发的RalC系列三维物流规划设计仿真软件。RalC的适用范围十分广泛,在日本,包括冷冻食品仓储、通信产品销售配送、制药和化工行业的企业物流等都有RalC的应用,并且产生了相当好的效益。此外,日本东芝公司的SCP(Supply Chain Planner)物流仿真软件也具有十分强大的功能。

目前,智慧物流的概念已经被我国运输、仓储及生产、销售企业广泛认识,并具备了一定的基础,但尚处于起步阶段。

2. 产品的智能可追溯系统

在医药领域、农业领域、制造领域,产品追溯体系都发挥着货物追踪、识别、查询、信息等巨大作用。比如食品的可追溯系统、药品的可追溯系统等为保障食品安全、药品安全提供了坚实的物流保障。粤港合作供港蔬菜智能追溯系统,通过安全的RFID标签,可以实现对供港蔬菜的溯源,实现对供港蔬菜从种植、用药、采摘、检验、运输、加工到出口申报等各环节的全过程监管,可快速、准确地确认供港蔬菜的来源和合法性,加快了查验速度和通关效率,提高了查验的准确性。

3. 物流过程的可视化智能管理网络系统

基于GPS卫星导航定位技术、RFID、传感技术等,在物流过程中实时实现车辆定位、运输物品监控,并在线调度与配送可视化与管理系统。目前,全网络化与智能化的可视管理网络还未实现,但初级的应用比较普遍。比如一些物流公司或企业建立了 GPS 智能物流管理系统,一些公司建立了食品冷链的车辆定位与食品温度实时监控系统等,初步实现了物流作业的透明化、可视化管理。

4. 智能化的企业物流配送中心

基于传感、RFID、声、光、机、电、移动计算等,处理全自动化的物流配送中心,建立物流作业的智能控制、自动化操作的网络。实现物流与制造联动,实现商流、物流、信息流、资金流的全面协同。比如一些自动化物流中心实现了机器人码垛与装卸,无人搬运车进行物料搬运,自动化的输送分拣等。这样物流中心信息与制造业 ERP(企业资源计划)进行无缝对接,整个物流作业系统与生产制造实现自动化、智能化。

5. 智慧物流向智慧供应链延伸

智慧供应链是结合物联网技术和现代供应链管理的理论、方法和技术,在企业中和企业间构建的,实现供应链的智能化、网络化和自动化的技术与管理综合集成系统。

(二)智慧冷链物流发展模式

运用大数据等数字技术进行冷链物流信息可视化全方位分析,将海量冷链物流信息转化为可传递分析共享的数据,并提炼出智慧冷链物流运营的普适性规律,从而使得农产品冷链物流各环节实现信息互通共享。搭建信息共享平台,联合中小型物流企业、社区便利店、连锁超市,共同搭建包含社区冰箱、城市冰柜在内的"冷链网络",提高农产品全供应链的效益。

1. "城市大仓"的全流程数据化

农产品在实际的流通过程中,需要经历包装、加工、运输、仓储、配送等多个环节。在大数据的背景下,生鲜农产品自源头起,其自身信息便会被 RFID 读写器、温湿度传感器记录仪等详细记录与采集。

1)农产品冷链智慧物流运输信息系统

应用物联网、GPS 等技术,运输信息系统通过对运输计划、运输线路等过程控制管理,实现对农产品冷链运输的全程监管与可视化管理。加工出库、装车完成后,车上所载产品的单品或者整体包装的电子标签整合至车载 RFID 电子标签,连同车辆、司机的信息进行完整、正确的信息收集整合,并上传至政府监控与追溯系统。在冷链运输过程中,传感器实时感应车内温度、湿度以及光照环境,根据共享云平台中的历史数据进行分析,随时对运输过程中车内环境参数进行监控、调整,保证农产品的质量。同时,车载终端通过移动通信系统与公司的服务器建立联系,物流公司或者车队管理者可直接访问运输车辆的 GPS 等实时数据,随时监控到车辆的位置、状态,方便在最短的时间内调整运输计划、降低损失以及追查相关责任。

2）农产品冷链智慧物流配送信息系统

农产品的配送特点是小批量、多品种，配送活动也多由个体或者中小型物流公司完成，上下游之间缺乏完善的信息系统，物流配送信息不能实现有效共享，影响农产品配送效率，增加配送成本。应用大数据技术，可以实现农产品智慧物流配送，通过建立配送系统，将消费者信息、农产品信息、配送活动信息在系统中共享，根据交通状况、客户分布与需求，安排调整配送方案，按照合理的配送方式，以最低的配送成本，将农产品送至消费者手中。

3）农产品冷链智慧物流仓储信息系统

仓储物流是冷链物流运作中的一个重要环节，监控与追溯子系统可将冷链各物流环节的数据与信息实时传递给"城市大仓"的总调度信息管理平台。处理过后的信息反馈给各冷链物流节点的智能终端，以调整自身情况。通过基础资源层、数据管理层、应用服务层、共享云平台以及总调度信息管理平台的多方联合实现"城市大仓"的冷链物流系统资源集成与运作协同化。

2. "私人小仓"的末端配送共享平台

在农产品冷链物流"最后一公里"末端配送中，通过搭建社区冰箱、城市冰柜等方式，建立起供用户自提的"私人小仓"。客户通过微信或手机 App 下单购买生鲜食品后，商家会通过冷链运输将生鲜食品配送到"私人小仓"的冷柜中，相当于商家直接把生鲜食品送到客户自己的冰箱里。"私人小仓"应消费者居家生活、物流公司冷链运输、商家客户群定位等需求而生，有效解决了商家、物流公司、业主之间信息不对称的问题。与此同时，对农产品进行身份认证，包含对农产品的产地信息、生产时期、生产者信息、流通过程信息等进行编码，使链条上的生产者、经销商、零售商都可以在信息系统中对农产品相关的生产、物流信息进行查询，使末端消费者在购买到产品时进行质量追溯。

（三）智慧冷链发展存在的问题

我国智慧物流起步较晚，存在管理体制机制不健全、物流企业智慧化程度低、物流信息标准体系不健全、信息技术落后、缺乏物流专业人才等问题。

1. 管理体制机制不健全

智慧物流业涉及商务、交通、信息技术等行业领域，业务管理涉及国家发改委、交通运输部、工信部等部门。目前，我国智慧物流业管理体制尚不能打破部门分割、条块分割的局面，仍然存在"信息孤岛"现象，造成我国智慧物流建设资源的不必要浪费，智慧物流管理责任不清晰，急需建立协调多部门资源的智慧物流专业委员会，加强顶层设计，统筹各种资源，确保智慧物流建设的顺利开展。

2. 物流企业智慧化程度低

目前，很多企业已经开始利用物联网技术构建智慧物流系统。但是，企业规模普遍不大，地区分布不均，而且缺乏有效的管理措施，导致管理混乱，生产要素难以自由流动，资源配置无法优化，难以形成统一、开放、有序的市场，特别是缺乏龙头企业带动，难以形成产业集群。大多数中小企业在物流信息化方面显得很吃力，由于缺乏相应的人才和资金，管理层对信息技术应用重视程度不够，即使引进了相关智慧物流技术，配套基础设备也跟不上，导致企业效益没有明显提高。

3. 物流信息标准体系不健全

智慧物流是建立在物流信息标准化基础之上的，这就要求在编码、文件格式、数据接口、电子数据交换、全球定位系统等方面实现标准化，以消除不同企业之间的信息沟通障碍。中国由于缺乏信息的基础标准，不同信息系统的接口成为制约信息化发展的瓶颈，导致物流标准化体系建设很不完善，物流信息化业务标准与技术标准的制定和修改无法满足物流信息化发展的需要。很多物流信息平台和信息系统遵循各自制定的规范，导致企业间、平台间、组织间无法实现信息交换与共享，商品从生产、流通到消费等各个环节难以形成完整的供应链，影响物流行业管理与电子商务发展。

4. 信息技术落后，缺乏完善的信息化平台

目前，条形码、射频识别、全球定位系统、地理信息系统、电子数据交换技术的应用不理想，企业物流设备落后，缺乏条形码识别系统、自动导向车系统、货物自动追踪系统，与国外的智慧物流相比还有差距。物流信息技术缺乏云计算、大数据、移动互联网技术支撑，物流云平台使用缺乏基于大数据技术的数据挖掘平台、数据开发平台的使用，手机移动定位较少，物流移动服务终端产品使用较少。

5. 缺乏物流专业人才

随着物流业迅速发展而产生的人才需求问题日益突出，我国物流人才缺口至少有30万，绝大多数物流企业缺乏高素质的物流一线岗位技能人才，以及既懂物流管理业务又懂计算机、网络、通信等相关技术知识，熟悉现代物流信息化运作规律的高层次复合型人才，高端人才和一线技能型人才培养规模仅占22.7%，现有物流管理人才中能真正满足物流企业实际需求的不到1/10。

（四）智慧冷链发展趋势

智慧冷链的未来发展将会体现出四个特点，即智能化、一体化、柔性化和社会化。智能化指在冷链作业过程中的大量运筹与决策的智能化；一体化指以冷链管理为核心，实现冷链过程中运输、存储、包装、装卸等环节的一体化和智慧物流系统的层次化；柔性化指智慧冷链的发展会更加突出"以顾客为中心"的理念，根据消费者需求变化来灵活调节生产工艺；社会化指智慧冷链的发展将会促进区域经济的发展和资源优化配置。

三、智慧冷链物流应用案例

（一）G7"数字技术助力智慧化发展"[①]

G7（G7物联）成立于2010年，总部位于北京，以物联网技术为核心，主要提供国内冷链食品运输和医药运输业务，合作客户广泛：如乳制品类客户蒙牛集团、肉类客户双汇、其他冷链物流头部企业如荣庆物流、世权冷链等；医药类客户有国药集团。目前公司能够连接上网且提供有效服务的冷藏车数量达近20 000辆。

1. 搭建数字化冷链物流平台

公司的主要业务是提供高科技冷链物流平台，服务于各个冷链物流企业。G7所提供的冷链物流平台业务聚焦于核心能力圈内的标准SaaS服务供应，包括但不限于以下功能：对车辆进行实时监控、预警、报警、智能调度车辆、（上下游）协同管理功能、历史-查询的存储功能、根据历史数据的统计功能、温度存档、数据调取。在应用该平台中，公司聚焦于具体的客户需求和场景问题，以智能终端为基础，用数据连接每一辆卡车和货主，提升运输服务效率。如G7与日本丸红株式会社合资成立"天津吉红融资租赁有限公司"，主要业务涉及智能冷链挂车的融资租赁和车队运营管理，具体的公司运作上，丸红将为合资公司提供资金支持和拓展中国客户，G7则提供包括冷机、温度控制、物联网类服务的核心技术支持。遇到一些有精细化管理需求的客户，公司就协同上游伙伴一起实现远程冷机监控，通过平台智能管理，对于司机难以执行的精准开关机、预冷、故障检测，G7直接可通过技术在平台端远程实现。G7数字货舱实物展示如图5-12所示。

图5-12　G7数字货舱实物展示

2. 可视化、远程化管控货车

G7的数字技术主要表现在管控可视化、远程化，而且通过平台遥控卡车实现相关操作。远程控制基于GPS、RFID、传感技术等，在物流过程中实时实现车辆定位、运输物品监控，温度、湿度控制，并在线调度与配送可视化与管理系统。一方面，将防侧翻预警、震动监

---

① 有关资料由G7提供。

控与地图相结合,为司机提供易侧翻路段的行驶预警和运输过程中震动的记录和溯源。防侧翻预警地图主要是通过车载的 AEBS(紧急刹车辅助系统)结合轨迹进行记录,震动监控则是通过震动传感器与轨迹结合。另一方面,G7 物联网平台与其车辆冷机装置实现了控制级的对接,用户看到车厢内的真实情况,确保货物在正常温度范围中,并可远程进行开关控制。基于 IoT 技术,G7 实现了冷链车辆温度管控数字化,厂商可根据产品所需温度进行运输前的先行设定,通过温度传感器实时反馈数据,实现冷链货物在途温度可视、可控。

未来,公司会基于冷链物流平台的基础功能,结合实际客户的需求,提供更多综合性的解决方案,如加入货险等相关业务。

(二) 瑞云冷链"创新式网络体系建设"[①]

瑞云冷链是一家全国型冷链物流企业,成立于 2020 年 5 月,总部位于北京市望京国际研发园。该公司致力打造一个科技驱动的冷链物流服务平台,采用"自营骨干网+事业合伙人"的模式搭建网络体系。截至 2021 年,其已经有 29 个省级以上转运中心,4 770 条产品线路,覆盖 30 个省份,260 个以上地级市,超过 1 000 个县区,可实现货源地快速入网,主要省会城市 1~2 天准时履约交付。截至 2021 年瑞云冷链自营 15 个省份的骨干网络,再以合伙人模式通过合资的形式来连接和整合区域里的中小型冷链资源,能够辐射超 200 个重要城市,打通产地到销地"最后一公里"的供应链路,保障冷链物流不断链。

建设网络体现,实现资源协同。 瑞云在建设网络体系时,专注信息平台建设,搭建满足冷链物流各方在线交易的网络科技平台——冷运宝,整合优选行业资源,为冷链干支线提供一站式运力服务、全程可视化服务、在线冷链物流交易服务及快捷结算税筹服务,减少信息屏障。瑞云冷链利用高科技整合第三方的资源和服务能力,并监控和优化整个运输过程。

通过该模式,瑞云冷链已经从服务电商、餐饮、工业等领域如三全、盒马、美团等核心客户进一步扩展到覆盖全国主要水果、水产、肉制品等产业带,单月营收已超过 2 000 万元。未来瑞云冷链将进一步夯实冷链运输的基础设施,深化整合供应链,提供"食品供应+冷链物流一体化"的解决方案。

(三) 澳柯玛"ICM 智慧全冷链管理系统"

澳柯玛依托在制冷产业链的完整布局,实现贯穿产地预冷、冷链运输、冷链终端储存、家用制冷产品的全冷链产品线覆盖。借助基于大数据移动互联网技术的"ICM 智慧全冷链管理系统",以最终实现从"最先一公里"、冷链长途运输、"最后一公里"、终端自提的完美解决方案。

澳柯玛"ICM 智慧全冷链管理系统"包括智慧全冷链设备监控系统(ICAM)和智慧全冷

---

① 有关资料由瑞云冷链提供。

链云资源管理系统(ICRM)两部分。依托智慧全冷链设备监控系统,用户通过智能App客户端(手机、电脑)即可实现设备的实时定位,在途物品温湿度、紧急情况报警、故障诊断等的远程智能监测和控制,破解了冷链产业因各环节脱节造成的冷藏物品损毁行业难题;依托智慧全冷链云资源管理系统,用户通过手机或电脑客户端即可对全冷链各环节物品的入库、销售、存储等进行综合信息管理,实现库存管理、订单管理、智能配货、能耗管理等,实时掌控在途物品数量变化,大大提升工作效率。

1. 冷链"最先一公里"解决方案破解产地储存难题

冷链"最先一公里",就是农产品等自产地收获后至移交物流运输之前,为了保持产品质量、延长保质期,需要进行的一系列活动,包括预冷、包装及仓储等,其中最核心的就是产地冷库建设。

澳柯玛冷库采用标准化、模块化设计,安装简单,将工程产品变为工业产品。冷库整体采用高精度的温度控制技术,满足不同果蔬的预冷需要;一次注入整体发泡工艺,保温性能提升10%;应用节能技术,节能效果达到20%以上。

冷库互联网控制方面,接入澳柯玛独创的"ICM智慧全冷链管理系统",用户通过智能App客户端(手机、电脑、PAD)即可实现冷库的位置、温度、湿度、气体成分、故障诊断、远程智能监控和控制,并能实时在线管理冷库库存、查询订单信息、进行智能配货等。

2. 解决冷链长途运输损耗,生鲜全程新鲜直达

澳柯玛依托在制冷领域及新能源电动车等方面的技术积累,积极拓宽延伸制冷产业链条,在冷链干支线运输设备(冷藏车)上布局。

澳柯玛冷藏车引进德国技术,注入式发泡,轻量化车身,省油降耗,运营成本低。冷藏核心竞争力方面,搭载"冷藏+气调保鲜系统",确保生鲜食品持久新鲜;多温区设计,冷冻冷藏空间自由组合,提高载货率,降低成本;独创"双动力独立制冷"系统,停车插电制冷不间断,确保了生鲜冷藏全程无断链,解决了大宗货物长途冷藏运输难题。目前车型涵盖厢式面包车、单体车和挂车,产品齐全,满足各种需要。

冷藏车互联网智能控制方面,接入澳柯玛"ICM智慧全冷链管理系统",用户通过手机客户端即可对冷藏车GPS实时定位、在途物品温湿度控制、在途紧急情况报警等,轻松实现对冷链运输存储环境的全面监测及库存管理、订单管理、智能配货、能耗管理等,实时掌控在途物品数量变化。

3. 打破冷链配送"最后一公里"瓶颈,实现生鲜产品短距离速达

为解决冷链"最后一公里"配送难题,澳柯玛跨界联合研发并推出澳柯玛电动冷藏车。相比传统冷藏车,澳柯玛电动冷藏车具有更低的购买、运营及保养成本。澳柯玛电动冷藏(冷冻)车采用"直流移动制冷技术",纯电力驱动,零排放,不会对食品造成二次污染。厢体采用聚氨酯挤塑板保温层,用真空复合粘接而成,保温性能达到国家A级标准;车厢的冷藏(冷冻)方面,采用直流压缩机组蓄冷、进口名牌冷藏机组,确保在蓄电池条件下精准控温,确保稳定的冷藏保鲜效果,很好地解决了生鲜速冻食品"最后一公里"仓储运输难题。

与此同时,由于澳柯玛电动冷藏车搭载"ICM智慧全冷链管理系统",用户通过智能App客户端(手机、电脑、PAD)即可实现轨迹定位查询、在途物品温湿度控制、紧急情况报警、速度、故障诊断的远程智能监控和控制及库存管理、订单管理、智能配货、能耗管理等,为在途食品实时监控及出入库管理提供了更多便利。

4. 生鲜自提解决生鲜电商"0"公里配送难题

澳柯玛依托在制冷技术、自动售货机技术、物联网等方面多年的研发经验,推出"生鲜自提柜"解决了生鲜配送这一难题。澳柯玛生鲜自提柜用现代信息管理和物联网技术,实现订单式生产及供应;并可实现全程追溯,大大保证了消费者的食品安全;而科学的订单管理、物流配送、财务管理、箱柜管理等一系列配套管理软件,让生鲜经营实现信息自动化,减少了人工操作的成本和错漏。

作为全冷链解决方案的一个终端环节,生鲜自提设备可接入澳柯玛"ICM智慧全冷链管理系统",通过智能定位、温湿度监控、故障报警等,配以澳柯玛电动冷藏车的短途配送优势,从而彻底解决了生鲜"最后一公里"配送难题。利用互联网改造传统企业,"互联网+全冷链"将澳柯玛家用制冷、商用制冷、医用制冷、超低温设备、冷链物流设备、自动售卖终端等各产业产品整合在一条基于互联技术的完美产业链条之上。据悉,下一步,澳柯玛将加快"互联网+全冷链"系统解决方案在其他行业的落地执行,通过与用户的共同实践,不断改进升级,一起推动系统解决方案的普及。

【本章习题】

1. 冷链物流区别于一般物流(常温下)活动,在对象产品、技术要求、作业组织等方面表现出特殊性,试简述冷链物流的特殊性。
2. 冷链物流发展目前面临哪些问题?

【即测即练】

第六章

新零售与农产品供需

本章学习目标：
1. 掌握新零售数字经济特征。
2. 了解运用相应的特征去化解农产品的供需矛盾的方法。
3. 熟悉新零售在满足消费需求升级、推动农业供应侧改革的作用。

新零售利用数字技术，将"人、货、场"等传统商业要素进行全面重构，将线上、线下与物流结合在一起，以互联网的方式予以赋能，实现了农产品供需的优化和重构，推动线上、线下融合消费双向提速。本章首先分析了新零售的数字经济特征，然后探讨新零售满足消费需求升级、推动农业供应侧改革的作用，最后用蛛网理论阐释了新零售由内生机制去实现农产品供需均衡。

第一节 新零售与数字经济

一、数字经济及其技术支撑

（一）数字经济的含义

2016年，G20杭州峰会通过了《二十国集团数字经济发展与合作倡议》，首次将"数字经济"列为G20创新增长蓝图中的重要议题，数字经济的概念应运而生。2017年，政府工作报告首次提到"数字经济"，明确指出要推动"互联网＋"深入发展、促进数字经济加快成长；2019年，全国两会政府报告提出要"壮大数字经济"。

数字经济是人类通过大数据的识别、选择、过滤、存储、使用，引导、实现资源的快速优化配置与再生、实现经济高质量发展的经济形态。[①] 数字经济通过不断升级的网络基础设施与智能机等信息工具，运用互联网、云计算、区块链、物联网等信息技术，能高质量、高效地处理大量数据，推动人类经济形态由工业经济向信息经济、知识经济、智慧经济形态转化，极大地降低社会交易成本，提高资源优化配置效率，提高产品、企业、产业附加值，推动

---

① 陈世清：对称经济学术语表：https://xueqiu.com/9680417822/131899102。

社会生产力快速发展,同时为欠发达国家后来居上实现超越性发展提供技术基础。

2021年6月,国家统计局发布《数字经济及其核心产业统计分类(2021)》(以下简称《分类》),不仅明确了数字经济的概念,还引入数字经济核心产业,标志着数字经济与实体经济的对应关系得以确认(图6-1)。

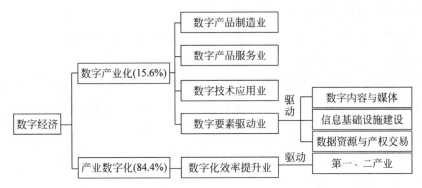

图6-1 数字经济的构成与新发展方向

资料来源:数字经济及其核心产业统计分类(2021),中国信通院,ICBC International。

注:15.6%和84.4%分别指数字产业化和产业数字化创造的经济增值的占比,数据取自中国信通院,为2020年全球平均数据。

《分类》指出,数字经济是以数据资源作为关键生产要素、以现代信息网络作为重要载体、信息通信技术的有效使用作为效率提升和经济结构优化的重要推动力的一系列经济活动。准确来说,数字经济分为五大类,包括数字产品制造业、数字产品服务业、数字技术应用业、数字要素驱动业、数字化效率提升业。其中数字产品制造业、数字产品服务业、数字技术应用业、数字要素驱动业属数字产业化部分,也是数字经济的核心产业,而数字化效率提升业则隶属于产业数字化,重点体现数字经济与实体经济的融合。① 数字经济形态下,信息技术的运用尤为重要。其中,大数据、云计算、物联网及区块链都是为数字经济提供发展支撑的重要技术。

(二) 大数据

大数据是指通过多元化的渠道收集而来的巨量数据集合,往往具有实时性特征。大数据具有四个典型特征:一是数据体量巨大。大数据通常以PB、EB或ZB为起始计量单位②,数据存储规模庞大。二是数据类型繁多。大数据的类型包括文字、视频、图片、地理位置信息等多种形式,涉及维度广。三是数据价值密度低。由于数据体量大,有价值的信息往往占比较小。四是数据处理速度快。数据处理遵循"1秒定律",可从各种类型数据中快速获取所需数据。

大数据技术以海量大数据为基础,通过数据采集、数据存储、数据管理、数据分析与挖

---

① 国家统计局:http://www.stats.gov.cn/tjsj/tjbz/202106/t20210603_1818134.html。
② PB、EB、ZB都是存储单位;1 PB=1 024 EB=1 024 ZB。

掘、数据展现等过程，从中筛选出对企业有价值的数据信息，帮助企业更好地进行经营与决策。

大数据在农业生产、零售环节的应用主要体现在以下方面。

（1）农业生产环节：大数据在农业生产环节的应用主要在于对市场需求的预测以及对种植计划的调整。通过对市场销售信息的实时监控，最大限度地避免盲目上产和跟风种植造成的农产品滞销。同时大数据分析能够在气候预报和灾害预警上提供更加精确的数据，为农户做好预防准备提供依据。

（2）零售环节：零售行业大数据应用有两个层面，一个层面是零售行业可以了解客户消费喜好和趋势，进行商品的精准营销，降低营销成本；另一个层面是依据客户购买产品，为客户提供可能购买的其他产品，扩大销售额，也属于精准营销范畴。电商是最早利用大数据进行精准营销的行业，除了精准营销，电商可以依据客户消费习惯来提前为客户备货，并利用便利店作为货物中转点，在客户下单15分钟内将货物送上门，提升客户体验。

（三）云计算

云计算是一种分布式计算，通过网络"云"将巨大的数据计算处理程序分解成无数个小程序，然后，通过多部服务器组成的系统处理和分析这些小程序，得到结果并返回给用户。简单而言，云计算就是分布式计算，解决任务分发，并进行计算结果的合并。

2004年，Web 2.0会议举行，Web 2.0成为当时的热点，这也标志着互联网泡沫破灭，计算机网络发展进入一个新的阶段。Web 2.0模式下的互联网具有去中心化、开放、共享的显著特点，能让更多的用户方便快捷地使用网络服务。

通常一台计算机的运算能力无法满足数据运算需求的，公司就要购置多台运算能力更强的计算机，也就是服务器。服务器的数量会直接影响数据中心的业务处理能力。除了高额的初期建设成本之外，计算机的运营支出中花费在电费上的金钱要比投资成本高得多，再加上计算机和网络的维护支出，这些总的费用是中小型企业难以承担的，云计算的概念应运而生。应用云计算技术，企业不仅可以在很短的时间内（几秒钟）完成对数以万计的数据的处理，提供强大的网络服务，也大大降低了成本。

云计算的应用场景主要在于云端可以实现各类线下网点资源的共享。客户可根据个人需求，通过PC端、手机App等联网设备实时查询最近的网点地址、在店人数、在售商品数量、在售商品价格等信息。用户还可以利用社交功能，建立圈子，加强与同类用户之间的交流。企业对售卖信息和社交数据进行收集、处理，并对销售、库存、采购进行调整，还将利用数据，分析需求，设计专门的产品，定向销售。

此外，云计算聚合与分享、多方协同的特点，能够整合产业链各方参加者所拥有的面向最终消费者的各种资源，包括产品、线下服务、账户信息等，为消费者提供全面、精准、实时的信息与相应服务，解决平台与用户、线上线下信息不对称的问题。

(四) 物联网

物联网是指通过各种信息传感器、射频识别技术、全球定位系统、红外感应器、激光扫描器等装置与技术,实时采集任何需要监控、连接、互动的物体或过程产生的信息,实现物与物、物与人的泛在连接,实现对物品和过程的感知、识别和管理。物联网是一个基于互联网、传统电信网等的信息承载体,它让所有能够被独立寻址的普通物理对象形成互联互通的网络。

作为数字经济时代的"新型基础设施",物联网本身具备较强的多样性,包括垂直行业的多样性、应用场景的多样性和终端产品形态的多样性。物联网应用于物流行业中,主要体现在三方面,即仓库管理、运输监测和智能快递柜。

(1) 仓库管理:通常采用基于 LoRa(远距离无线电)、NB-IoT(窄带物联网)等传输网络的物联网仓库管理信息系统,完成收货入库、盘点调拨、拣货出库以及整个系统的数据查询、备份、统计、报表生产及报表管理等任务。

(2) 运输监测:实时监测货物运输中的车辆行驶情况以及货物运输情况,包括货物位置、状态环境以及车辆的油耗、油量、车速及刹车次数等驾驶行为。

(3) 智能快递柜:将云计算和物联网等技术结合,实现快件存取和后台中心数据处理,通过 RFID 或摄像头实时采集、监测货物收发等数据。

此外,物联网还可应用于商场、超市等零售环节,实现数据整合、简化购物流程、定制售后服务。

(1) 数据整合:可以将实体店与线上店的数据整合,除了可实现消费者画像和商品属性归类外,还可以结合近期消费数据,统计热销品与滞销品,为下期进货提供参考数据。

(2) 简化购物流程:可以借助射频识别技术,让消费者实现"购后即走",简化购物流程,缩短结算时间,减少不必要的排队。

(3) 定制售后服务:可以对不同需求的消费者定制售后服务,在短时寄存、快递运输、售后退还等方面提升服务水平。

(五) 区块链

区块链是一个信息技术领域的术语。从本质上讲,它是一个共享数据库,存储于其中的数据或信息。

从技术角度来看,区块是一个一个的存储单元,记录了一定时间内各个区块节点全部的交流信息。各个区块之间通过随机散列(也称哈希算法)实现连接,后一个区块包含前一个区块的哈希值,随着信息交流的扩大,一个区块与一个区块相继接续,形成的结果就叫区块链。

从应用视角来看,区块链是一个分布式的共享账本和数据库,具有去中心化、不可篡改、全程留痕、可以追溯、集体维护、公开透明等特点。这些特点保证了区块链的"诚实"与

"透明",为区块链创造信任奠定基础。

区块链具有丰富的应用场景,能够解决信息不对称问题,实现多个主体之间的协作信任与一致行动。

区块链在物联网和物流领域也可以天然结合。区块链可以降低物流成本,追溯物品的生产和运送过程,并且提高供应链管理的效率。该领域被认为是区块链一个很有前景的应用方向。

区块链技术的应用能够将不同商品流通的参与主体的供应链和区块链存储系统相连接。其中包括原产地、生产商、渠道商、零售商、品牌商和消费者,使每一个参与者信息在区块链的系统中可查可看。尤其是在食品行业,通过唯一溯源编码,消费者清楚地了解所购食品的真伪、全程追溯信息,极大提升信任。同时,通过大数据舆论帮助企业开展品牌文化宣传等智慧营销活动,实现企业和消费者收益最大化。

二、数字经济的基本特征

(一)快捷性

首先,互联网突破了传统的国家、地区界限,使整个世界紧密联系起来,把地球变成一个"村落"。

其次,互联网突破了时间的约束,使人们的信息传输、经济往来可以在更小的时间跨度上进行。

最后,数字经济是一种速度型经济。现代信息网络可用光速传输信息,数字经济以接近于实时的速度收集、处理和应用信息,节奏大大加快了。

例如,淘宝平台极大地缩小乃至消除了卖家与卖家之间在时间和空间上的距离。借助成熟的快递运输网络,买卖双方可以无视地理与时间上的跨度完成交易。此外,阿里巴巴的云计算把云(云技术是指在广域网或局域网内将硬件、软件、网络等系列资源统一起来,实现数据的计算、储存、处理和共享的一种托管技术)和端(用户端)高度一体化,云边端实时交互,实现数据的快速收集和急速处理,积累成大数据资产,并应用于当前的各种新业态实践中。

(二)高渗透性

迅速发展的信息技术、网络技术,具有极强的渗透性功能,使得信息服务业迅速地向第一、二产业扩张,使三大产业之间的界限模糊,出现了第一、第二、第三产业相互融合的趋势。

(三)自我膨胀性

数字经济的价值等于网络节点数的平方,这说明网络产生和带来的效益将随着网络用户的增加而呈指数级增长。在数字经济中,由于人们的心理反应和行为惯性,在一定条件下,优势或劣势一旦出现并达到一定程度,就会不断加剧而自行强化,马太效应增强,出现"强者更强,弱者更弱"的"赢家通吃"的垄断局面。

比如饿了么和美团已占据外卖市场的绝对份额,它们已经形成成熟的从餐馆到家的配送系统,消费者对这两个平台都有很大的黏着性,新用户也更倾向于选择这两个平台(图 6-2、图 6-3)。

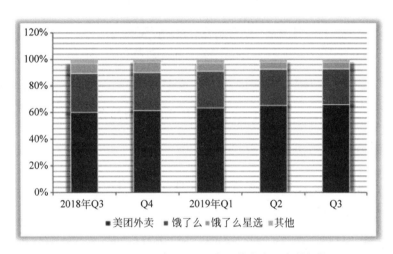

图 6-2 2015—2019 年 Q1-Q3 中国外卖产业交易额情况

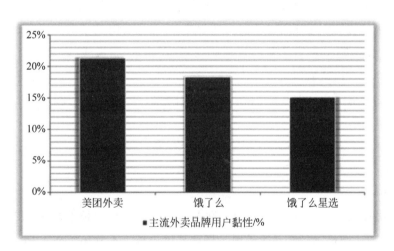

图 6-3 2019 年 Q3 中国主流外卖平台用户黏性对比情况

资料来源：http://jingzheng.chinabaogao.com/jiudiancanyin/12244FMH019.html。

(四)网络外部性

网络外部性是指每个用户从使用某产品中得到的效用,与用户的总数量有关(图 6-4)。用户人数越多,每个用户得到的效用就越高。网络外部性分为直接网络外部性和间接网络外部性。直接网络外部性是通过消费相同产品的用户数量变化所导致的经济收益的变化,即由于消费某一产品的用户数量增加而直接导致商品价值的增大。间接网络外部性是随着某一产品使用者数量的增加,该产品互补品数量增多、价格降低而产生的价值变化。

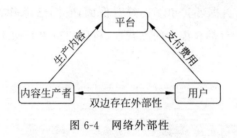

图 6-4 网络外部性

如淘宝作为一个网络平台,当入驻商家和消费者的人数越多时,消费者更可能挑选到心仪的商品,而商家也会获得更多的收入,每个用户的效用都会得到提升。

(五) 可持续性

数字经济在很大程度上能有效杜绝传统工业生产对有形资源、能源的过度消耗,避免造成环境污染、生态恶化等危害,助力实现社会经济的可持续发展。

(六) 直接性

由于网络的发展,经济组织结构趋向扁平化,处于网络端点的生产者与消费者可直接联系,而降低了传统的中间商层次存在的必要性,从而显著降低了交易成本、提高了经济效益。例如叮咚买菜、朴朴超市等新零售企业兴起的"前置仓"模式,通常采用产地直采的方式,将生鲜农产品直接运输到城市分拣中心,省去了批发等中间环节,不仅缩短了鲜活农产品的流通时间、降低了生鲜农产品损耗,还能够让消费者享受到更加新鲜的农产品和更加便利的服务。

三、新零售与数字经济

由于互联网和移动互联网终端大范围普及所带来的用户增长以及流量红利逐渐萎缩,传统电商所面临的增长"瓶颈"开始显现。移动支付等新技术开拓了线下场景,智能终端的普及,以及由此带来的移动支付、大数据、虚拟现实等技术革新,进一步开拓了线下场景和消费社交,让消费不再受时间和空间的制约。在这种环境下,新零售受到数字经济环境中不断升级的网络基础设施与新技术的推动,利用大数据、人工智能等先进技术,将线上服务、线下体验以及现代物流进行融合,为线上零售与线下零售寻求新发展。

阿里巴巴集团首席执行官张勇表示,数字经济时代新零售核心是数字化。阿里巴巴集团作为新零售的"领头羊",将在生态系统中沉淀的数字化能力与客户共享,帮助商家实现数字化转型,从客户管理、渠道营运、市场营销以及供应链管理方面进行数字化升级。[①]

(一)数字经济时代零售业新变化

数字经济时代,以数字化、智能化为支撑的信息基础设施催生了围绕数据这种新型生产要素的系列经济活动,市场整体环境处于模式转换的特殊时期。在产业数字化的不断渗透下,零售与互联网开始深化融合发展,零售呈现出新的变化。

1. 行业属性

在数字经济的推动下,新零售已成为资本密集进入的领域。一方面,零售商业模式发生了翻天覆地的变化,线上、线下融合等新零售模式逐步兴起;另一方面,大量资本的聚集使得零售业的要素布局也在逐步发生变化。

2. 市场结构

数字经济促使国内经济更加开放,使得零售业从完全竞争市场向垄断竞争或寡头市场转变。传统零售市场,尤其是线下的大型综合超市已经实现较高的市场集中度,在长期大发展过程中逐步形成了垄断竞争或寡头竞争。

3. 渠道范围

数字信息技术的应用,使得传统单渠道零售逐步淘汰,取而代之的是多渠道乃至全渠道的零售发展。渠道的多样化不仅可以拓宽销售市场的范围,还可以在很大程度上扩大零售行业的受众范围。

4. 驱动要素

随着信息技术的发展,零售行业的驱动要素从技术驱动转变为大数据驱动。传统技术对数据的分析能力有限,对销售的结果很难作出改变,而大数据的应用能够更加精准地把握消费者对各类产品的偏好,通过与互联网信息的串联,突破实体零售在物理空间的屏障,更加符合现代消费者的消费习惯。

5. 创新范围

新零售企业业务范围逐渐遍布城乡地区,随着电子商务进村政策的引导,一些零售企业逐步向农村发展,加之快递业务、自提业务的便利化程度提高,电商平台在村镇的发展趋于更加符合乡村居民购物习惯的态势。

6. 跨界趋势

科学技术的快速发展催生了新一代的消费者,消费习惯更加趋于需求化、个性化、品质化,单纯的传统零售业已经不能满足现代消费者对产品多样化和服务多样化的需求,因此

---

① 阿里张勇:数字经济时代新零售核心是数字化:https://baijiahao.baidu.com/s?id=1638186008012268857&wfr=spider&for=pc。

传统电商打破原有的业态边界，在原有业态发展的基础上，拓宽业务范围与边界，逐步形成多业态融合的商业形态，通过全方位满足消费者需求，实现零售商业模式创新。

（二）新零售中大数据应用现状

1. 新零售中的大数据架构

新零售商店的大数据体系架构共分为四层，分别为数据源、新零售数据仓库、数据应用及后台支撑系统（图6-5）。

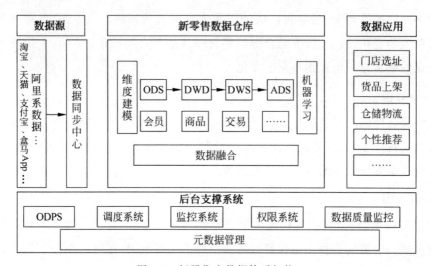

图6-5　新零售大数据体系架构

资料来源：新零售下的大数据架构及应用，https://mp.weixin.qq.com/s/mZfqp0HKNAzAVmNtvDEyfA。

1）数据源

数据源，顾名思义，即数据的来源，它是大数据技术在新零售中能够成功应用的基础。盒马鲜生是阿里巴巴对线下超市进行重构的新零售业态，因此其收集到的数据来源统称为阿里系数据。盒马鲜生的数据收集渠道主要包括：通过盒马App收集消费者信息（盒马鲜生在线支付仅支持盒马App付款）；通过售卖储值卡获取消费者数据（盒马鲜生保留现金支付通道）。

通过多种渠道获取数据信息之后，盒马鲜生将收集来的数据信息同步上传至数据平台上，以便下一步形成数据仓库，进行整合与分析。

2）新零售数据仓库

随着公司规模扩张，产生的数据也越来越多，传统数据库已无法满足存储要求，新零售数据仓库作为传统数据库的升级，能够存储更为庞大的数据，具有便捷、高效的特点。具体来看，新零售数据仓库可分层为以下几种。

（1）ODS层：存放原始数据，直接加载原始日志、数据，数据保存原貌不做处理。

（2）DWD层：在ODS层的基础上对数据进行简单的加工处理，提供更干净的数据。

关注点在于数据的全面性。

(3) DWS 层：以 DWD 层为基础，根据不同维度对数据进行轻度汇总。其关注点在于数据的有效性和精确性。

(4) ADS 层：根据不同的业务需求，从前面三层数据中筛选出所需数据，生成轻度或者高度汇总的数据。其关注点在于数据的可用性和相关性。

3) 数据应用

数据应用环节即大数据技术在新零售商店中的具体应用场景。以盒马鲜生为例，其应用场景包括门店选址、货品上架、仓储物流、个性化推荐等。

4) 后台支撑系统

后台支撑系统是保障整个大数据体系架构流畅运行的关键所在，包括 ODPS(开放数据处理服务)、调度系统、监控系统、权限系统、数据质量监控、元数据管理。

2. 新零售中的大数据应用场景

1) 门店选址

互联网，尤其是移动互联网的发展使大数据选址成为可能。人们普遍使用的打车、购物、外卖等 App 都需要通过定位提供相应的服务，再加上这些众多 App 提前获取到的消费者基本信息、出行、消费等数据，同时结合 GIS 的应用，商家就能准确识别消费者所处位置、购买能力、收入水平等信息，从而为门店选址提供精确参考。

盒马鲜生大数据选址同样如此。盒马鲜生并不追求核心商圈，它的选址标准是配送范围内所覆盖人群的数量和质量。盒马鲜生利用大数据技术进行选址时主要基于用户端数据，包括门店所在区域的用户密度、区域用户的手机淘宝使用率、区域用户的支付宝使用率等，从而预估出整个地区的电商、移动支付渗透比率，为其选址提供重要参考依据。此外，2021 年 5 月，盒马鲜生依据大数据分析，在城市外环、盒马鲜生门店暂无法覆盖的区域上线了全新的社区项目——盒马邻里，通过提前一天 App 下单、第二天在邻近自提点(盒马邻里服务站)提货的购物模式，为周边缺少农贸市场、便利店等鲜活农产品购物渠道的居民提供各类生活必需品。截至 2021 年 12 月，盒马邻里的门店数已超 2 000 家，进入北、上、广、深，以及杭州、成都、武汉、苏州、西安、南京 10 个城市。①

2) 货品上架和品牌引入

以盒马鲜生为例，通过大数据技术，同时结合 Wi-Fi 探头、电子射频等多项技术，建立销售端的客户信息库，从而获取顾客的年龄、性别、购物偏好、购买频次、评价内容等多项数据，数据中心将这些数据提供给盒马专门的门店运营团队，即可快速、准确、实时了解到门店所需上架货品、所需补货商品、补货时间等要素。

不同地区甚至同一地区不同门店的上货品类都不是完全一样的，入驻餐饮品牌也是各有不同，这主要依赖于大数据技术的信息筛选功能。由于不同区域人群具有不同的消费偏

---

① 上线 4 个月后，盒马邻里为何开始了区域撤离？https://www.sohu.com/a/505163811_250147。

好特征。阿里巴巴通过打通旗下淘宝、支付宝、菜鸟、饿了么等平台的消费者数据,精准掌握不同区域人群的消费习惯和消费偏好,在店铺内上架满足消费者需求的商品,为商品复购提供可能。再者,盒马鲜生还可以通过阿里巴巴旗下饿了么的数据获得最受欢迎餐饮品牌信息,从而为引入什么样的餐饮门店提供参考。

3)仓储物流

新零售业态竞争中,提升仓储和物流效率至关重要,阿里巴巴旗下菜鸟裹裹物流多年来积累的相关设施、数据,以及各种调度算法,给盒马物流提供很大帮助。基于大数据技术,盒马鲜生构建了完善的"全自动物流体系",实现商品从下单、拣货、包装到配送的全程智能化,保证消费者无论是店内购买还是App下单,都能够实现"3公里30分钟"的时效诉求。首先,在订单处理方面,店铺接到用户订单之后,在门店前端进行取货,通过自动传输系统将商品传送到后台合流区,装入专用配送箱,再利用垂直升降系统送到一楼出货,整个过程只需要10分钟;其次,在商品打包方面,盒马鲜生使用统一的保温、保湿袋进行商品包装,从而保证生鲜商品不受户外温度和湿度的影响;最后,在物流配送方面,盒马鲜生采用"自建物流+第三方物流"的模式①,基于配送员熟悉的配送区域、配送员所在位置、订单的批次和品类等做出智能化调度,保证效率最大化。

4)个性化推荐

个性化推荐是大数据应用于新零售的重要体现之一。传统零售通过零散的、未经智能化分析处理的消费数据很难捕捉到消费者的行为变化,也难以对用户实行个性化服务。新零售时代就不一样了,打开盒马App,每个人看到的推送内容是不相同的,这就是所谓的"千人千面"。其背后有一套强大的大数据体系和算法驱动作为支撑,盒马鲜生通过线上App和线下门店收集到消费者行为数据(包括性别、年龄、学历、购买时段、消费频次、客单价、加购品类等),同时结合淘宝、支付宝等社交App对消费者数据做补充分析,使用户画像刻画更加精准,从而实现对用户的针对性推荐和营销,增强用户体验;对复购意愿不强的用户,盒马鲜生还会采取定期监控、商品推送、优惠券发放等方式挽留或唤醒用户,刺激消费需求再生。

5)商品可追溯

数据是商品可追溯的基础,通过整合产品信息、产地信息、加工商信息、供货商信息,提高商品流转的透明度和信赖感。

在盒马鲜生门店中,部分商品上印有可追溯码,消费者只需通过手机扫一扫,就能获得完整的产品信息,为商品购买增加信赖的砝码(图6-6)。

6)精准预测

与传统商超凭借摊主或采购部门的经验进货相比,新零售基于海量数据分析,结合人工智能、机器学习等前沿技术,能够对顾客需求进行预测并作出相应决策。比如盒马鲜生

---

① 盒马鲜生叫你上饿了么逛它:https://baijiahao.baidu.com/s?id=1644750948771849978&wfr=spider&for=pc.

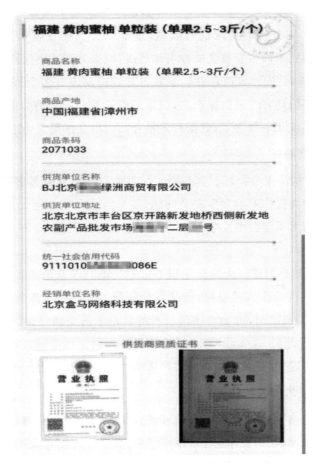

图 6-6　盒马鲜生黄肉蜜柚可追溯信息

每天下午根据当天销售数据决策,动态制订第二天的销售计划,在与蔬菜生产基地合作的基础上,通过即时分析数据提供需求的方式,保证获取到最新鲜、最充足的食材。再比如盒马鲜生烘焙区域销量较高的麻薯、桃酥等网红产品,后台会根据近期的单品销售时间高峰及单日销售数量预估销售额,最终由店长选取最佳的销售量预估范围,作为第二天备货的依据。

基于大数据技术的精准预测是建立在与消费者的持续互动之上的,一方面使产品和服务持续优化和更迭,让消费者在海量信息中轻易匹配到适合的产品与服务;另一方面使消费者愿意主动提供更加完善的数据,成为零售商提升利润、降低成本的有效途径。

(三)新零售中大数据应用问题

大数据技术如同新零售发展的引擎,为新零售行业的蓬勃发展插上了腾飞的翅膀,如今已被广泛应用于新零售企业之中,但同时,大数据应用于新零售也面临着诸多挑战。

1. 技术水平需要突破

(1) 数据量大,垃圾数据过多,筛选出有效数据难度大。现如今,半结构化和非结构化的数据量都在呈几何级增长,新零售企业虽然通过多种途径积攒着大量的原始数据,但许多数据并没有按照数据分析的要求进行收集,这就导致数据在收集过程中存在大量"垃圾",传统的数据分析技术面临着较大的冲击和挑战,数据处理效率亟待提高。

(2)数据"信息孤岛"问题普遍存在。新零售企业内部设有多个部门,包括运营、采购、销售、财务等,不同部门均有大量数据产生,数据的广泛性和部门的分散性使得数据以不同的形态分布于多个系统和平台之上,数据有效整合和利用存在很大困难。

2. 信息安全存在隐患

(1)企业内部数据泄露与损坏。其包括:企业数据平台遭遇黑客攻击导致数据泄露;数据管理员可能会因为操作不当发生安全问题,甚至给企业带来巨大的损失;平台基础设施存在漏洞或升级滞后可能会引发数据存储错位和数据管理混乱,为大数据后期处理带来安全隐患等。

(2)消费者隐私数据泄露。大数据应用不可避免地会涉及消费者的隐私信息问题,包括年龄、收入、婚姻状况等个人信息,也包括身份证号、银行卡号、生物识别信息、行踪轨迹等敏感信息,如若泄露或滥用,可能会使消费者的日常生活受到侵扰。2018年,《信息安全技术 个人信息安全规范》正式实施,为个人隐私保护提供了标准规范,但近年来,个人隐私泄露事件仍时有发生,这就要求更加详细和严格的法律法规政策的出台。

3. 业务部门与技术部门融合度低

新零售企业中,业务部门、主管部门日常经营运作,对于大数据价值认知度低,而技术团队和大数据团队对运营、采购、销售等业务环节不了解,数据分析较为孤立。二者较低的融合度使得数据分析无法被高效、快速地与业务结合起来,给新零售企业带来的价值也会大打折扣。

4. 相关专业人才匮乏

人才匮乏也是制约新零售企业挖掘大数据价值的主要障碍之一。行业需要"跨学科"背景人才,即该类人才不仅需要数学、统计学相关专业知识背景,也需要对零售、物流、供应链等有一定了解。而目前新零售企业中的大数据人才往往仅具有单一背景,对数学和统计知识精通,但对企业业务熟悉度不够,很难将海量数据高效合理地转化为新零售企业所需信息。

第二节 新零售与农产品供需均衡

由于信息不对称所导致的农产品流通效率低、流通成本高,是传统零售需破除的主要瓶颈。与一般产品不同的是,流通中的农产品大多是具有自然属性的初级农产品,自身品项极多,与消费者需求匹配的难度大,这给农产品流通带来困难。此外,传统的农产品流通从产地、批发、分销再到最终消费者,中间环节较多,生产者与消费者之间没有合理、有效的信息渠道,形成了"信息孤岛",极易导致流通链不畅通、需求不确定、价格波动等,进而导致流通中的农产品存储损耗率高、流通效率低、流通成本高,进而不能满足农产品流通现代化的内在要求。

一、农产品供需均衡的内涵

农产品供需均衡是指在某种价格条件下,市场上某种农产品的供给量和需求量恰好相等。这时的价格称为均衡价格,其数量称为均衡数量。在市场经济条件下,农产品的供需平衡是通过价格机制的作用,由供给和需求的相互影响而实现的。供求规律:需求、供给、价格三者之间经常表现为一种规律性的运动,即当需求大于供给时,市场上的价格将上升;相反,当需求小于供给时,价格将下降。但是值得注意的是,农产品生产周期较长,极易出现市场和自然的双重风险,一旦市场受到外力干扰,就会偏离原有均衡,而农产品往往是缺乏需求价格弹性的商品,最终导致价格与产量的波动越来越大,价格和产量离均衡点越来越远,不能趋于均衡。均衡价格:是指一种商品需求量与供给量相等时的价格,这时该商品的需求价格与供给价格相等。为了扶持农业,政府通常会对农产品制定高于其均衡价格的支持价格,当市场价格高于该支持价格时,政府对市场活动不加干预;反之,政府则会按照支持价格对农产品进行收购(通常称为干预性收购),以保证农产品的市场价格不会低于支持价格。其目的是保证农民的收入,并稳定农产品市场。

二、农产品供需失衡的原因

农产品市场需求情况对农业投入和农民收入有很大影响。近年来,频繁出现农产品滞销的事件,严重影响了农民的种植积极性。农产品滞销主要是由于生产和需求信息的不对称。在传统产销对接模式中,农民获取市场需求信息的渠道单一,无法根据市场需求的变化调整种植计划,而盲目种植、跟风种植往往会导致农产品产量急剧增加,市场上供大于求,尤其是水果、蔬菜类农产品极易受到季节、流通方式等因素的影响,就更容易出现农产品价格"大跳水"和滞销现象。

(一)供给端

1. 农村信息基础设施建设薄弱

当前网络覆盖的范围越来越广,即便是在较为偏远的地区,也可以使用网络。网络信息化的出现,拉近了买卖双方沟通的距离,为交易带来了极大便利。但是,在我国一些农村地区,上网条件和上网设施仍然不是很先进,一些农村地区的网络设施建设尤其是上网速度、网络安全管理等都比较落后,人们安全上网的意识有待加强,相关的网络营销条件尚不能满足。除此之外,即便是有关部门成立了农业网站和电子商务网站,但是也都处于有待改进完善的状态,里面的内容空洞,应用范围不广,导致效率较低。当地的农户在思想观念上仍然较为保守,对于网络营销平台没有过多地了解,一些农户并不信任网络营销平台,过多地担忧其风险,这就使得真正在平台上交易的农户数量不多,网络营销平台无法发挥自身的优势,同时也无法良好顺畅地运行。

2. 农户对网络营销手段缺乏正确认识

我国人口基数大、网民人数多,但是大多数都是年轻人,真正进行农产品交易的人不是很多。一些农户缺乏对网络营销手段的正确认识,对电脑的操作方法也不是特别清楚和了解,这就导致在进行农产品销售时不会优先选择网络营销的方式。网络营销的模式需要农户对操作流程进行详细了解,这就需要农户掌握计算机相关知识,充分认识到网络技术的优势,利用其优势对产品信息进行搜寻、收集与发布,但是大多数农户都欠缺此知识,这对于网络营销手段的发挥有着消极影响。

3. 农产品标准化程度低

当前,大多数农业生产仍实行一家一户家庭联产承包制,这样的生产模式有一些不足之处,主要表现为单个农户生产力分散、生产规模小等。不同农户对于生产或者技术掌握不同,人们的知识程度不均衡,无法进一步对农产品实行规范化的生产,更无法制订科学的生产计划。同时,农产品质量标准和包装规格不规范,尤其是季节性的农产品,其自身保质期具有局限性,不便于长时间储存,更无法达到质量标准,阻碍着农产品网络营销的发展。

4. 农产品冷链运作落后

农产品具有鲜活易腐的特性,需要流通环节更加顺畅和高效,但目前产地缺少冷链集散中心,导致生鲜农产品在产地即难以实现品质的保障。同时,农产品物流标准化运作率较低。农产品运输贮存的设备、周转筐、托盘、包装箱等材料规格多,多数未采用国家通行标准,影响相关设施在不同单位、不同环节的周转、装卸,增加了流通的成本,加大农产品流通耗损。产区在农产品预冷、分级、包装、产品、服务、温度、湿度、操作方法、操作时间、设备设立等环节缺乏标准或标准化程度较低,设备标准不统一、冷链器具标准不配套、行业规范非标准化等问题也较为突出,与农业发达国家差距较大。这就是智利车厘子漂洋过海一个多月,在中国大城市以高质量获得高溢价,而山东樱桃却难以在国内卖上好价的主要原因。此外,某些生鲜品类及物流场景缺少冷链物流规范指引,导致冷链断链,引发市场失序。其包括:这些品类的采摘后预冷、贮藏运输温度及贮藏条件要求,肉禽屠宰后的加工、贮藏运输温度及贮藏条件要求等,还包括相应设施设备及监管要求。

(二)需求端

随着消费需求的升级,消费者对食品品质的要求逐步提升,市场上时常出现消费者有需求但无法获得心仪货物的现象。这就需要能将消费者需求和市场信息反馈给生产者的平台,增强对接市场需求的能力,实现农业供给侧与需求端的有效匹配。

此外,当农产品供大于求,农产品滞销会对农业经济造成反复伤害。农产品中有相当一部分产品需求弹性较小,乃至小于供给弹性,通过蛛网理论了解到,农产品滞销会导致下期农产品供给量减少,此类农产品的价格上涨,最终会波及消费者一侧。因此,从需求端维持农产品供需均衡是十分必要的。

三、新零售下的农产品供需均衡

(一)新零售消除流通中的"数据孤岛"

农产品生产具有周期性、时效性的特点,由于信息不对称而产生的农产品滞销,使农户收入大幅下降,严重打击了农户生产积极性。但随着以农产品为代表的生鲜电商市场规模不断扩大,农产品供应链的提档升级也随之加强。以大数据等网络技术驱动的新零售模式,为农产品供应链在新时期的发展提供了新的思路与发展方向,对加快国家经济社会发展、重塑农产品行业商业模式具有重要意义。在新零售兴起的风口下,企业通过供应链信息平台实现信息交互、资源共享,借助其扁平化、透明化的特点,通过市场信息引导农户种植,在降低生产盲目性的同时促进我国传统农业转型升级,从源头上有效地解决农产品滞销问题。

1. 生产模式逆向重构

新零售可放大市场信息对农业生产指导的效率,提高农产品供需之间的匹配性,减缓因信息不对称造成农产品供需矛盾。

农户→消费者的生产模式是传统农业种植的主要形式,往往依靠个体劳动力和机械化生产。新零售时代,利用数据逆向重构生产结构,形成消费者→农户的生产模式。如"订单农业"模式,以消费者需求为起点,向农户发起订单,一方面可以缓解一部分农业种植原材料的购买压力,另一方面还可以有效避免农户由于信息不畅导致的盲目跟种。随着数字化转型步伐的加快,农产品流通中的龙头企业信息枢纽作用尤为重要。链路上的龙头企业既可以是大型农产品批发市场,也可以是位于零售环节的连锁商超、电商平台等。通过信息化平台,广泛收集消费者信息、产品评价、购买决策、支付、购后行为等数据,实现目标消费者的精准画像。在此基础上,以零售端信息流为生产依据倒逼农产品生产模式转变。

如盒马鲜生将阿里巴巴在零售端的数据优势运用于"日日鲜"计划。对于蔬果而言,盒马鲜生依据大数据分析计算,将次日的销售计划发给合作农场基地,农户根据计划进行采摘、包装,通过冷链送到城市大仓。又如盒马鲜生的肉食计划,同样用倒推的精确的链路设计来确定采购数量。屠宰场算出屠宰时间、物流时间,倒推时间安排养殖计划。

新零售思维下的农产品流通模式,在农产品生产者与消费者之间构建起可视化的信息链,消费者能够参与到生鲜农产品的生产供应过程之中。此外,以销定产的生产方式特性,实现生产供给与市场需求的有效衔接,有利于降低因供需失衡所导致的生鲜农产品滞销或缺货风险,为农民增产增收奠定了坚实基础。

2. 信息的广泛收集与有效传递

信息的共享能够降低供应链的运营成本，给供应链上各成员企业都带来利润，同时也能够提高供应链的有效性与绩效水平。通过信息共享，减少信息的失真，能够有效地减弱"双重边际效应"和"牛鞭效应"的危害，提高供应链的协同和整体竞争力。信息技术的发展给供应链企业的信息共享提供了多种有效的信息传递渠道，能够实现在统一信息平台中，供应链的所有成员企业共享供应、生产、销售、运输、仓储、订货、配送信息，供应链无缝对接，通过信息共享减少不确定性。此外，通过大数据分析、处理、调整产品相关信息与销售数据，获取消费者偏好信息，并基于此制订有针对性的销售跟踪和营销计划，实现广告精准投放和产品更新，促进企业发展。

3. 精准化的农产品生产

在新零售时代，农产品生产者和销售者得到的不仅是订单的信息，还能通过大数据、云计算深度分析出消费者的需求喜好、农产品的实时库存及在途状况。新零售业态从零售端到产品直采平台，再到源头产地，对播种、收割、产后初加工、仓储等起到了重要作用，帮助农产品流通在日益频繁的技术改革中探索全新的经营模式，推动我国农业现代化发展。

（1）决策环节。从宏观角度而言，通过数据的收集与分析能够实现全国范围内农业生产、产品存量等数据的实时汇总。对于微观参与者而言，末端生鲜零售商可得出市场期望平均值，建立基本模型，综合考虑节假日、同时期、同品类、同价格产品的需求量，加上优惠政策等影响因素，制定下一时期的销售方案，倒推制定前端种植方案，以最大限度帮助农业生产者掌握产品供给状况、预判未来农产品市场需求，进而从源头方面消弭农业供求失衡的周期性问题。

（2）种植环节。在种植环节，随着智能物联网设备的进一步布局，还可能实现从播种到收获的自动化运转与农产品品质的提升。龙头企业可深入生产基地，从源头进行提升。如利用卫星遥感、地面传感等物联网技术与设备实现对日照时长、灌溉水量、温度的监控，以此实现对果品甜度、直径等品质方面的严格把控，进一步实现农资更为高效的利用与生产风险的有效降低。这样在精准化生产的同时，促进了农产品生产等级化、规范化、标准化，进一步推动农产品经营品牌化建设。

（3）流通环节。农产品，尤其是鲜活农产品，消费者对新鲜度的要求倒退到流通环节就是低损耗、高时效的要求，从产地采摘预冷、分级、加工、包装、仓储再到运输必须保证适宜的温度环境。在此期间，除各类冷藏库、冷藏柜等储存设备外，运输环节冷藏车的使用也是保障农产品稳定、及时供应的重中之重，这就要求冷链物流企业以数字技术为引领，借助电商、新零售等流通新业态的发展势头，积极完善冷链物流基础设施、创新冷链物流发展模式，在避免冷链物流各环节衔接不足、运输途中断链现象的同时，应着力构建具有高效率组织协作的冷链联盟，提升冷链物流上下产业链之间的凝聚力。此外还应培养或引进有先进技术开发、应用经验的人才，为冷链物流发展提供支持和服务。

(4)交易环节。农产品线上结合线下的新零售营销模式综合和利用了各种营销方法优势互补的特点,从而达到以运营终端建设为营销渠道之一的最佳营销效果。互联网突破时空限制,消除信息障碍,创新了生鲜农产品的商业模式。例如,电商平台与直播营销能够更好地结合图像、声音和文字,以消费者喜闻乐见的方式扩大销售范围。一方面不断促进平台线上、线下融合发展,赋予企业新的发展活力。另一方面通过实行新零售的数字化管理,提升流通端的供应链效率,在销售方面聚合消费能力拓展销售市场,打通数据在农业产业链上下游的流通渠道。同时各类生鲜电商平台基于大数据智能算法降低中间商带来的流通与价值损耗,扩大农产品的交易规模,有助于进一步开发农产品的市场潜力。

(二)案例分析:阿里"盒马村"的建设

长久以来,我国农业始终面临着小农户与大市场的矛盾,这直接影响新技术推广运用和生产经营决策,间接造成利润和经济效益低下,并且导致农村青壮年劳动力等优质资源要素外流。而近年来,我国农业与数字新技术加快融合,农业数字化发展趋势势不可挡。阿里巴巴作为新零售的领航者,在数字农业为创新新产业、新业态、新模式方面发挥了引领作用,在维护农产品供应链畅通、促进供给与需求良性联动方面做出了明确示范。

1. 建设目的

阿里巴巴依托数字农业技术打造"盒马村"项目,首先在生产组织端利用大数据洞悉市场需求,帮助农户科学生产决策,把分散、孤立的生产单元升级为规模化、标准化的数字农业基地。其次,在产销对接环节中推动农产品加工、分选、营销全链路数字化进程,培育优质品牌,实现精准对接。最终实现打通农产品生产决策、田间种植管理、产品加工分选、末端精准营销等全产业链条,帮助小农户找到大市场。

2. 实施路径

一方面,阿里"盒马村"从以生鲜电商为代表的销售端向农业产前、产中、产后的全产业链延伸,并向农业相关产业跨界融合及拓展,布局全产业链的数字化应用;另一方面,阿里巴巴充分调动数字技术资源,将大数据、物联网、人工智能、区块链、云计算等多种数字技术嵌入农产品产销。通过电子农情监测、传感和数据分析等智能手段,辅助进行科学决策,以及农业投入品精准投放、生产过程精准控制、农产品全程可追溯和全环节精益化管理,实现标准化生产、集约化经营和资源高效利用,促进农业全要素生产率提升。

3. 运行效果

"盒马村"以解决农产品生产对接、经营与加工对接、流通与市场对接等根本性问题发力,运用数据与技术优势,形成全产业链的集成与带动。这种做法将分散的小农户高效地组织起来,把看不见的市场信息透明化和公开化,打破小农户与现代农业之间的壁垒和藩篱,实现与现代农业有机融合。

这一案例说明农业数字化不仅给我国农业技术带来革命式的进步,还带来经营理念的革新和消费观念的深刻变化，极大地促进农业生产流程再造、产业生态再造和市场格局再造。

（三）未来发展方向

未来农产品产销应充分利用现代信息技术，推进以消费市场为导向的拉式供应链建设，加快农产品从生产到销售全方位的数字化转型。

1. 提高数字化生产设备使用率

农产品生产是否可实现精准操作与控制，首先需要精密的数字设备与管控技术，对农业要素进行更加精准的感知与控制。通过传感网络技术，实现对农业要素的更加精准动态管控，如运用数字化的传感器和制动器，实现对农业生产系统中的土壤条件、温度、湿度及微生物等要素的监控调节。只有实现精准化的农业投入产出控制，才能真正实现精准农业，从而进一步提高农产品质量与产量。

2. 注重运营数据分析，提升营销精准化

在数字技术和大数据分析的时代，任何有关农产品销售的数据都值得进行分析，尤其是更接近消费者的营销数据。通过处理农产品的相关销售数据，能够深入挖掘这些信息背后反映出来的产品销售难题，通过分析、处理和调整，能够确立更加精准化的销售跟踪和营销计划，提升产销对接效率的同时为农产品销售企业创造更多的利润。

3. 提升信息共享水平，搭建数字化平台

数字农业最基本的特征是把数字化的农业知识与信息作为关键生产要素。为进一步解决"蛛网效应"与"牛鞭效应"所带来的供需失衡，应践行数字化系统的建设，实现驱动生产与销售的一体化。重构新型农产品供应链数字化系统，需借助大数据、云计算等新一代信息技术挖掘客户需求，让农户为市场而生产，为消费者提供专业、高效的服务。加强技术革新，应用智慧物流、移动通信等技术，促进管理平台的智能化联网和升级，提升新零售农产品供应链运作效率与精准服务水平，从而为消费者提供快捷、个性化、定制化的配送服务。并借助大数据分析消费者心理，赋予线上销售数字化能力，拉近农产品与消费者的距离；依托数字化系统构建的农产品供应链网络体系，畅通了农产品商贸往来渠道。

具体而言，一是搭建以龙头企业为核心的数字化平台，实现农产品生产采购、批发、分销、零售信息的数据存储，依照消费数据，为农户科学规划种植与销售，从而有效规避农产品供给和市场需求脱节的局面。在地方政府的引导下，面向农户提供信息化解决方案，帮助其提升数字化运营能力，如针对滞销品和不良品，对农户提供市场需求、种植技术等科学建议。二是搭建更完善的农产品价格预警体系，提供更真实客观的信息，让农户的生产决策有据可依，从而缓解农产品的供求冲突，避免农民生产过度或退出市场。

4. 加强订单农业，实现订单锁定

针对交易费用理论中交易频次低、不确定性高与克服供应链管理中的双重边际效应问

题,可利用订单农业提高农户与批发商之间的交易稳定性,同时零售商与消费者之间的订单锁定有助于进一步减少市场需求的不确定,从而减弱资产专用性强带来的不利影响,最终实现成员协同决策、共享收益。

互联网是新一代消费者与外界联系的主要渠道,电子商务平台将成为消费者购买生鲜农产品的重要平台。以线上交易平台为核心发展订单农业,是稳定交易频率、提高履约率的重要保障,不仅有利于增强农产品生产经营单位抗风险和投入能力,还可抑制农产品生产者的投机违约行为。

为提升农产品零售端需求的准确性与规模化,零售商可通过线上、线下销售平台使购买支付环节前移、生产订单提前锁定,实现生产者和消费者的双向互动,增强生产者对消费实际需求的准确理解。此外,零售商联合生产者设定农产品预售时间、预售价格及数量,该过程以供销双方信息为基础,重构供应链上下游间产销流程,以销量驱动产量,实现以销定产。

第三节 新零售与消费需求升级

一、消费需求升级的定义

消费需求升级,一般指消费结构的升级,是各类消费支出在消费总支出中的结构升级和层次提高,它直接反映了消费水平和发展趋势。消费提质升级是中国经济平稳运行的"顶梁柱"、高质量发展的"助推器",更是满足人民美好生活需要的直接体现。

二、我国消费需求升级的发展历程

改革开放以来,我国出现了三次消费需求升级,推动了经济的高速增长,消费结构的演变带动我国产业结构的升级。

(一) 第一次消费结构升级:改革开放之初

此阶段,粮食消费下降,轻工产品消费上升。这一转变对我国轻工、纺织产品的生产产生了强烈的拉动,带动了相关产业的迅速发展,并带动第一轮经济增长。

(二) 第二次消费结构升级:20世纪80年代末至90年代末

在这一阶段的前期,"老三件"(自行车、手表、收音机)和"新三件"(冰箱、彩电、洗衣机)分别是温饱和小康时期的标志性消费品,作为一种时尚受到消费者的青睐,并带动了相关产业的迅猛发展。随着经济的进一步发展,后期阶段的消费特点表现为家用电器消费快速增加,耐用消费品向高档化方向发展,大屏幕高清晰度彩电、大容量冰箱、空调、微波炉、影碟机、摄像机成为城镇居民的消费热点,普及率进一步提高。这一转变对电子、钢铁、机械制造业等行业产生了强大的驱动力,带动了第二轮经济增长。

(三) 第三次消费结构升级:目前

在这一过程中,增长最快的是教育、娱乐、文化、交通、通信、医疗保健、住宅、旅游等方面的消费,尤其是与IT(信息技术)产业、汽车产业及房地产业相联系的消费增长最为迅速。①

其中,品质消费成为食品消费升级的重要方向。中国商业联合会、中华全国商业信息中心发布了2018(第二十六届)中国市场商品销售统计结果。其中,对于食品消费市场的分析认为,我国食品消费结构升级明显,全国重点大型零售企业的食品消费也呈现出同样的趋势。2017年,各食品类别中粮油食品、食用油类及肉类、蛋类、家禽类零售额增速相对较低,而符合人们高品质需求的水产品类、干鲜果品类、奶及奶制品类零售增长较快,同比增速分别为5.4%、4.8%和6.5%。②

目前,我国食品消费市场呈现出如下特点。

1. 方便、快捷成食品消费重要诉求

随着我国家庭规模的缩小,消费群体趋于年轻化,对食品消费的方便化、快捷化、品质化要求越来越高,如在外吃饭的频率加大,即食即用食品、小包装精装食品的需求增加。近几年,外卖由于为消费者节省了时间,更是出现急速增长。此外,随着消费者对便利性的要求越来越高,消费者在小型零售店和连锁便利店的花费更多,同时也减少了对大卖场和超市的光顾。

2. "场景化+社交化+时尚化+智能化"消费兴起

一是场景化。大型商业综合体成为城市消费平台,2011年以来全国新开业超过1 000家。③ 盒马鲜生、超级物种与传统的农贸市场或生鲜超市最大的区别是创造了新的消费场景和体验:有更好的性价比,可以即买即食,是家庭社交的场合,提供快捷的到家服务,这些都切中年轻消费群体的消费痛点。

二是社交化。比如星巴克咖啡厅,人们到星巴克喝咖啡更多的是为了与亲人朋友体验一段美好的时光。

三是时尚化。例如,奶茶早期以夫妻店形式出现,原料简单,制作快速,品牌形象和装修非常简单,食品卫生和体验都不能保障。而2017年喜茶之所以大火,茶产品本身当然是

---

① 我国第三次消费升级发展概述:https://zhuanlan.zhihu.com/p/36103624。
② 2019年中国坚果行业研究报告:https://www.sohu.com/a/362643708_445326。
③ 专家细数中国消费新趋势 消费升级需求大:https://baijiahao.baidu.com/s?id=1680609623362401489&wfr=spider&for=pc。

重要的一方面,更重要的是,喜茶产品已经不仅仅是一种茶饮,环境、感觉和体验更是其重要组成部分。

四是智能化。消费需求升级更加具体的表现是对多功能、科技化、智慧化产品的需要。据统计,2019年中国智能音箱市场总出货量4 589万台,同比增长109.7%。[①]

3. 健康是食品消费的必然追求

近几年来,中国消费者对食品的需求已发生质的变化,食品已经从温饱的需求升级为健康、享受的高端化层次,时尚、品质、节能、智能等升级类产品更受到市场欢迎。从具体消费品类来看,果汁饮料的销售额增速逐步超过碳酸饮料。在很多品类中,高端细分市场增速已超越大众细分市场。如瓶装水、酸奶的高端产品增速远高于大众产品,证明中国消费者愿意为健康产品买单,健康类型的食品消费成为拉动行业增长的重要因素。

4. 品质消费成为食品消费升级的重要方向

当前,食品消费需求已经由"物美价廉"的阶段上升至"品质优先"的阶段,越来越多的人愿意为了高品质的健康食品支付额外的价格。尤其是作为消费主力的年轻一代对食品消费也更理智,对传统品牌的依赖日益减少,他们善于利用互联网技术手段,购买高品质的食品,在外就餐时也会选择环境较好、服务较好的餐厅。

5. 圈层消费模式下,食品消费层次更加分明

由于居民收入差距拉大,投射到食品消费市场,呈现出食品消费分层的趋势,不同消费者的食品消费差距逐渐扩大。其中,高端市场消费者对食品质量和营养性有较高要求,对无公害食品和绿色有机食品、进口食品、滋补食品消费量较大,消费内容已从数量型向质量型、享受型转变;中档市场,则以高端消费市场为标杆,同时考虑价格的合理性和产品的质量与营养状况;低档市场消费者和高档消费出现断层,以生活必需的食品为主,消费内容相对单一,但中低档的大众消费容量巨大,且大众食品需求较为刚性,增长较为稳定。居民食品消费层次区分更加明显,也将带动食品消费总量的增长。

6. 信息技术保障食品消费市场安全、健康、稳定运行

信息时代,大数据等信息技术越来越多地应用于食品安全监管与风险防控。例如运用信息技术对供应链上各种食品信息分类、采集、分享,最终实现生产、加工、物流、零售整个供应链的追溯,保证了消费者食品安全基本需求、降低食源性疾病风险。尤其是区块链技术有望在食品安全领域更进一步推广,京东希望区块链技术能够证明其澳洲牛肉的真实性,从2018年春季开始,京东的顾客可以跟踪到他们购买的每一块牛肉在什么地方、如何运输,以及产出这块牛肉的牛是如何饲养的。可以说,这是新时代食品安全的重大变革。[②]

中国改革开放以来,经济一直在增长,经济快速发展拉动居民收入的快速增长,1978年

---

① IDC《中国智能家居设备市场季度跟踪报告》。
② http://www.ccn.com.cn/html/shishangshenghuo/shipin/2018/0403/345860.html。

中国城镇居民人均可支配收入为343.4元,农村居民人均纯收入为133.6元,而2021年城镇居民人均可支配收入达到47 412元,农村居民人均纯收入达到18 931元[1],城镇居民人均可支配收入增长了137倍,农村居民人均纯收入增长了141倍。居民收入的增长必然促进居民消费结构的变动,中国居民消费结构伴随人均收入增长先后经历了以衣食消费为主的温饱消费阶段、以家庭日用消费品为主的消费阶段、以改善生活质量的家庭耐用消费品消费的增长阶段、教育和医疗高速增长的阶段,以及当前正在经历的以家庭轿车和住房为主的住行消费阶段,而且这一阶段还要持续一段时间。[2]

三、消费需求升级催生新零售的出现

随着消费需求升级、消费观念逐渐改变,传统的销售方式和电商已无法满足现代消费者对商品和服务的双重要求,新零售应运而生。

(一)消费观念转变

消费的主要实践者是消费者,消费者的行为和心理成为新零售出现的主要原因。现阶段,80后、90后、00后逐渐成为消费主流,新一代消费者相较于价格,更注重自我享受和对消费过程的体验,更追求质量和性价比,消费观也更加科学化、理性化。

1. 协调性消费理念转变

马斯洛需求层次理论认为,人类需求从低到高分为五个等级,只有在满足了最基本的生理需求之后才会有更高等级的需求。在经济发展落后时代,消费是以能够满足基本需求为主,此时的消费理念呈现单一性的发展态势。随着民众收入水平的不断提高,基本的生理需求已经不能满足人们的消费需求,民众开始追求更多方面的需求,加之中国扩大进口的同时吸纳了大量国外商品和服务,品质、节能、智能、时尚等升级类产品更受到市场欢迎,这也就激发了新零售发展。

2. 绿色消费理念升级

绿色消费是以可持续发展为基础,倡导消费者与生态环境和谐发展,鼓励理性消费、适度消费,最终通过对于消费方式的改变引导生产模式变化,鼓励绿色生态发展观念。绿色消费理念主要包括三方面,首先是积极引导消费者选择绿色生态产品,而不是只关注于物质生活享受;其次是引导民众正确处理生活垃圾,减少垃圾对于生态环境和自然的影响;最后是引导消费者转变消费观念,崇尚自然、追求健康,在追求生活舒适的同时,注重环保、节约资源和能源,实现可持续消费。

---

[1] 国家统计局:2021年农村居民人均可支配收入18 931元,增长10.5%;https://baijiahao.baidu.com/s?id=1722166086748835492&wfr=spider&for=pc。

[2] 《居民消费结构变动对产业结构转型影响的实证研究》。

当生活水平快速提升的时候,民众的消费更趋向于享受,而这样的消费方式和理念必然会对自然环境产生过多的压力,生产这些产品也会过度消耗资源。绿色消费理念的升级将会缓解这些问题,促进人与自然更为和谐地发展。

(二)消费模式调整

据统计,2021 年 1—10 月,全国网上零售额 103 765 亿元,同比增长 17.4%。① "网络+消费"的消费方式增加了新零售出现的可能性和必然性。社会民众所能接受的消费方式其实是受到社会经济发展的影响。相比单一社会,多元化社会更容易接受新型消费方式。消费模式主要是指在一定时间内社会中的消费特征,包括消费方式、内容、结构和水平等。大量的社会现实表明,民众对于网络消费的接受程度要远远高于以往任何时期,这种消费模式与传统的消费模式存在着很大不同。

1. 更大程度上满足了消费者的需求

在传统消费模式下,生产者一般是根据自己的理解加工产品,通过线下渠道将产品流通至消费者手中。此时,人们可选择的种类较少,产品很难满足人们的多样化需求。网络的兴起实际上是在商家和消费者之间搭建了沟通的桥梁,二者可以通过网络进行交流沟通,厂商通过改进或拓宽品种规格可以更加满足消费者的多样化需求,为消费者提供便利,提升消费满意度。如京东正在发展不同行业的互相融合以及多领域聚合,在电商平台的基础上发展京东物流业务,为消费者提供"购买+配送"的一站式服务。

2. 优化了生产结构

传统生产过程中,流水线使得大部分产品都具备相同的特征,当厂商规模越来越大的时候,生产过剩必然会发生,由于缺乏特性,存在大量滞销产品,"网络+消费"使厂商可以根据市场和消费人群的需求进行产品生产,优化了生产结构,减少了库存。

3. 打破了消费空间范围的限制

线下消费通常受到地域的限制,人们只会在一定的范围内进行消费。但是网络的加入打破了这个限制,自主线上购物实现了购物终端和消费场景的多元化与智慧化,人们可以通过网络向全世界的商品供应者下单,快递渠道又解决了商品流通问题,打破了空间对人民消费的限制。例如盒马鲜生通过打造以用户为中心,线下实体店、线上 App 的闭环生态,很好地实现了线上、线下全渠道融合和"餐饮+零售"跨界融合。

(三)传统销售方式遭遇瓶颈

近年来,线下方式正面临前所未有的考验,互联网销售方式的兴起使部分实体店面临关闭转让的困境。除了实体店面,传统电商的发展也到了瓶颈期,传统电商渠道的红利正

---

① 国家统计局政府信息公开:http://www.stats.gov.cn/xxgk/sjfb/zxfb2020/202101/t20210118_1812462.html.

在逐渐缩减。数据显示,传统电商的零售额正在连续下降,商家始终都没能找到解决这一问题的方法。

现阶段,低廉价格已经不能吸引更多的消费者,人们更加注重消费体验和优质服务。而新零售模式的推广更能完善消费方式、升级消费体验、优化服务。我国 2019 年社会消费品零售总额为 408 017.2 亿元,较上年增长 8 个百分点。2020 年受疫情影响,我国社会消费品零售总额 391 981 亿元,比上年下降 3.9%。[①] 从 2014 年开始,增长放缓,这样的数据代表着零售业发展态势趋于平稳且减缓。

(四)新技术广泛应用

新技术的出现为新零售的产生提供了平台。这里的技术包括两方面,一方面是互联网技术发展,另一方面是企业生产销售过程中所运用到的新技术。大数据、云计算等技术为生产企业带来了快速发展,让这些企业可以更加全面分析市场上消费者的需求,以此来调整生产计划。同时,信息技术加深了消费两端主体的联系,使企业能为消费者提供全面的服务,提升了顾客的参与程度。新技术的应用可以改善企业运行效率,将原本大量人工完成的工作,都通过专业信息技术来完成,降低了企业运行成本,增加了利润,同时通过工业互联网,可以共享员工、设备、技术等来提高运行效率。在运输的过程中,企业运用信息化的物流系统可以更有效提高配送效率,更快更好地将产品送至消费者的手中并完成售后服务。

第四节　新零售与农业供给侧改革

一、农业供给侧改革概述

中央农村工作会 2015 年 12 月 24 日至 25 日在北京召开。会议强调,要着力加强农业供给侧结构性改革,提高农业供给体系质量和效率,使农产品供给数量充足、品种和质量契合消费者需要,真正形成结构合理、保障有力的农产品有效供给。"农业供给侧结构性改革"这一新鲜表述,通过中国最高级别的"三农"会议,首度进入公众视野。[②] 其具体可以从调结构、转方式、促改革三个方面来理解农业供给侧改革。

(一)调结构:农业结构调整要形成长期管用的农业生产力布局

一是优化农业的产品结构和生产结构,更好地对接国内外市场需求,更充分地发挥不同地区的比较优势,以打造"三区"(即粮食生产功能区、重要农产品生产保护区和特色农产

[①] 国家统计局政府信息公开：http://www.stats.gov.cn/xxgk/sjfb/zxfb2020/202101/t20210118_1812462.html。
[②] 中国新闻网：https://www.chinanews.com.cn/gn/2015/12-25/7688689.shtml。

品优势区)为基本框架,在全国范围内形成长期管用的农业生产力布局。例如,中国的玉米生产带应该怎样布局,不同的经济作物应怎样向优势产区集中;又如中国生猪生产的布局,如何从南方人口稠密地区和水网地区转移到环境容量大的地方去。

二是优化农村产业结构,就是要促进农村第一产业、第二产业和第三产业的融合发展。以第一产业为基础,把农业产业链条拉长,增加农业的附加值,形成完整的产业链。这里最主要的就是农产品加工业。我国农产品加工业增加值与农业增加值之比已从20世纪90年代中期的0.8:1提高到现在的2.2:1,但与发达国家的3:1至4:1相比还有不少差距,特别是在品质和质量方面还有很大的提升空间。因此,我国进行农产品精深加工的潜力很大。

此外,还要高度重视电商、乡村旅游业等新业态的发展,这些对传统农业改造提升的影响非常大,能够做大深挖农业的潜力,增值空间很大。

(二)转方式:不能光靠自给自足的小农户

1. 转变农业生产方式

在转变农业生产方式方面,要强调绿色、标准、品牌、科技四个关键词。推进绿色发展,是农业可持续发展的根基。首先要按农业农村部的部署推进化肥农药的零增长,还有实施休耕轮作、黑土地保护、退耕还林还草还湖、地下水漏斗区的治理、土壤污染的治理、秸秆的综合利用、禽畜粪便无害化处理等,促进宝贵的农业资源永续利用。推进标准化,就是要形成良好的农业生产规范和技术规程,这是提高农产品质量和食品安全的重要基础。推进品牌化,就是要强化供给侧的市场意识,以品牌打开市场,以品牌提高效益。强化科技支撑,不仅是推动农业转型升级的第一生产力,也是促进农业节本增效的最有效的手段。

农业的技术体系也要转变,可以归纳为三个方面:从过去追求数量增长向追求质量增长转变;从过去围绕粮食作物生产向围绕整个大农业转变;从过去只关心种养环节向全产业链转变。

2. 转变农业经营方式

在转变农业经营方式方面,关键是要培育新型农业经营主体,光靠自给自足的小农户,永远实现不了农业现代化。伴随着农村劳动力的转移,农业的经营体制要创新,要在家庭承包经营的基础上培育"3+1"体系,"3"就是家庭农场、农民合作社、产业化龙头企业,"1"就是全产业链的农业服务体系。有了"3+1"的经营体系,中国农业才有可能实现现代化。

(三)促改革:调动农村所有的要素资源,发展才有新动能

促改革的层次十分丰富,如农产品价格形成机制的改革、集体产权制度的改革、承包地的三权分置改革、集体经营性用地制度改革、农村金融改革、支持下乡返乡人员创业就业等。改革的核心是把农村的生产要素和资源激活,增加农业农村的发展新动能。[1]

---

[1] 农业供给侧结构性改革是什么 三个关键词告诉你! https://baijiahao.baidu.com/s?id=1607587829782502915&wfr=spider&for=pc。

二、新零售与农业供给侧改革的关系

以前我国农业是以个体"小农"生产为主的典型东亚小农经济,生产源头农户较为分散,各地生鲜品种、质量、价格不统一,农产品品质缺乏标准。第三次全国农业普查结果显示,2016年末,全国规模农业经营户398万户;农业经营单位204万个,较2006年增长417.4%(图6-7)。根据国家市场监督管理总局的数据,近年来,我国农民专业合作社数量稳步提升,入社农户数量也随之增加,2020年中国农民专业合作社入社农户数量达1515.7万人,较2019年增加了62.3万人,同比增长4.29%。① 施行农业供给侧改革后,我国耕地流转规模不断加大,农业生产经营单位、农民专业合作社等新型经营主体增加,我国农业生产向规模化、专业化方向发展,农产品的标准化、集约化程度也随之提升,产地农产品集散率与品质进一步提升,为生鲜电商规模采购提供了基础。

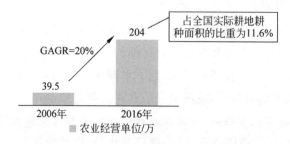

图6-7 2006年、2016年中国农业经营单位数量

资料来源:国家统计局《第二次全国农业普查》《第三次全国农业普查》。

注:GAGR指年均复合增长率,本处指农业经营单位数量的年均复合增长率。

农业经营单位指中华人民共和国国内(未普查港澳台)以从事农产生产经营活动为主的法人单位和未注册单位,以及不以农业生产经营活动为主的法人单位或未注册单位中的农业生产活动单位。

随着电子商务的发展,农产品销售渠道也在不断拓宽,逐渐出现了线上下单、线下配送的业务模式。但生鲜农产品的特性注定农产品零售端的流通模式无法完全借鉴其他商品,由此"新零售"的内涵应运而生。

此外,在第一产业与第三产业的交叉处,新零售也对其进行了很好的衔接。过去乡村以具有乡村性的自然和人文为旅游吸引物,依托农村区域的优美景观、自然环境、建筑和文化等资源,在传统农村休闲游和农业体验游的基础上,拓展开发会务度假、休闲娱乐等项目。虽取得一定的收获,却始终无法解决农产品如何通过电商"走出去"而将数据留在当地,无法解决营销受到局限,消费者大多出现在周末、节假日,而平时包括晚上的时间便成了农庄的"空窗期",无法解决农庄特色不鲜明、记忆感不强等问题。

通过引入平台模式和在场景服务运营商的专业策划,农庄可以打造为各大优质产品的

---

① 产业信息网:https://www.chyxx.com/industry/202106/956165.html。

体验场景,打破传统依靠"食宿"为主的单一盈利模式。如引进品牌特色农产品,将餐桌变成食材的销售场景。消费者得到优质的体验,可通过线上下单购物,回家后也可重复购买及分享,购物便利的同时,保证了货品品质,零库存的管理下,农庄可获得订单的持续分利,拓宽盈利来源。

在农业供给侧改革的时代背景下,在大数据时代,农产品确定正确的发展方向,产地农产品集散率与品质进一步提升,无论是生鲜电商,还是农庄(场景)共享场景、共享流量实现共赢,加快实现新零售。

【本章习题】

1. 为解决农产品长期以来的供需不均衡问题,新零售模式可以提供哪些新的思路与方向?

2. 大数据技术如同新零售发展的引擎,为新零售行业的蓬勃发展插上了腾飞的翅膀,但同时,大数据应用于新零售也面临着诸多挑战,试举例有哪些挑战。

【即测即练】

第七章

新零售下的消费者剩余与生产者剩余

本章学习目标:
1. 掌握消费者剩余与生产者剩余的概念。
2. 熟悉新零售的社会福利价值。

微观经济学中,消费者剩余是指消费者购买一定数量的某种商品愿意支付的最高价格与这些商品的实际市场价格的差额,并用于衡量消费者的净福利。生产者剩余用来衡量厂商在市场供给中所获得的经济福利的大小,指厂商在提供一定数量的某种产品时实际接受的总支付和愿意接受的最小总支付的差额。

随着人工智能、大数据与云计算等新兴技术的广泛应用,中国的零售业态进入新时代。在给予生产者提质增效的同时,消费者也获得了无法用数字衡量的净福利。

第一节 消费者剩余

一、新零售时代的消费者

进入新零售时代,零售的变化背后是消费者的代际变迁,这也是新零售的重要驱动因素。新一代人有新的消费,同时也是带动上下两代人消费行为习惯、改革和变迁的推动力,消费者代际变迁最终会带来消费观念、消费诉求及消费方式的转变。

(一) 消费观念的转变

(1) 购物时间。传统零售时代,购物时间是由零售商来主导约定的。而在新零售时代,时间由封闭变得开放,任何时间只要消费者想要购买商品,都可以轻松实现。

(2) 购物地点。传统零售时代,零售商的服务范围限于商圈附近,消费者可在门店进行一站式购物,但购物地点仅限于线下实体店。而在新零售时代,购物地点的选择更加灵活。消费者可以足不出户,通过使用互联网,对成千上万条不同店铺的商品信息进行对比和筛选,并下单购买商品;也可以通过线上、线下结合的方式购买心仪商品,满足线下体验需求。

(3) 购物习惯。传统零售时代,线下是消费者唯一的选择。但如今,去哪里购物,用什么方式购买,消费者的选择显然多了许多,线下不再是唯一。更多的消费者游走于线上与线下之间,交叉往返,行动路线并不受限制。路线的转变有时是思考的结果,有时则是无意识的。

(二)消费诉求的转变

随着生活水平的提高、收入的增加,消费者的诉求与愿望也发生了诸多变化。传统零售时代,消费需求单一且单纯;新零售时代,消费者的愿望多样且多变,他们表达了一些诉求,也愿意选择与自己诉求相吻合的零售商。新零售提供了多元化的选择,给予消费者更多的空间。通过大数据分析和精确画像消费者,零售商还能向消费者推荐个性化的商品,这让消费者备感亲切。

消费者原来是各自为战、形单影只,一个人在消费的世界里默默体验。在零售技术的助推下,新零售让消费者找到了归属感。消费者能很快找到社群,找到有共同意愿的人;还能畅所欲言、分享感受;也能从他人的分享中获得灵感。新零售把消费者紧密地联系起来,组成了一张张网状关系图,消费者与消费者之间、消费者与零售商之间,成为一个有联系的整体。

(三)消费方式的转变

现在出门可以不带钱包,但必须带手机,这就是新零售带来的支付方式变化。手机代办了一切,线下的零售商原来只接受现金和刷卡,现在也必须把第三方支付采纳为一个重要的收款方式。

传统零售时代,消费者需要拿出时间专门到购物场所购买;而现在,可以边追剧边购物、边坐车边购物、边等电梯边购物,这些行为的出现,就是购物行为碎片化的体现。购物由一个片段变成一个个碎片,一笔交易见缝插针就能完成,购物行为变得不可捉摸。

二、消费者购物价值

一般认为,消费者购物价值指消费者在购物过程中获得、体验、感知到的价值。消费者购物价值具有三个维度,即功能性购物价值、享乐性购物价值、社会性购物价值。

(一)功能性购物价值

早期研究中,认为购物的价值源于对消费者需求的满足,形成了购物价值的"一维说",即功能性购物价值。无论是传统零售模式还是新零售模式,商品都承载着价值,当消费者在完成消费行为后必然产生了一定的效用。因此,两种零售模式下的消费行为都能够带给消费者最基本的功能性购物价值。

（二）享乐性购物价值

1994年，Babin.B.J将购物价值发展为"二维说"，在功能性购物价值的基础上添加了享乐性购物价值，即从购物过程中得到的享受与娱乐的购物体验。而相比于传统零售模式，新零售正是在这一方面不断加强和深化。根据阿诺德（Arnold M J）等人的观点，享乐型购物价值可以进一步从以下六个方面体现。

1．奇遇性（adventure）：从购物过程中所经历的奇遇性体验

传统零售的销售场景通常是顾客到店、挑选、付款的简单过程。而新零售模式中不断加入的科技场景能够吸引大量的顾客前来体验。比如，7FRESH专为水果溯源而生的"魔镜系统"、盒马鲜生自主研发的携带更多商品信息的电子价签及悬挂链技术等。诸如此类的新科技将原本单一乏味的购物场景升级为高交互性的娱乐消费空间，带给消费者前所未有的新颖体验。

2．满足性（gratification）：从购物过程中获得的良好服务及产生的满足性体验

传统零售模式仅仅以物为本，零售商只想方设法把商品卖给消费者。而新零售以人为本的思维方式，能够根据其需要提供最佳的产品和服务，从而使消费者在购物中不断获得意外的满足感。比如，以盒马鲜生为代表的生鲜电商都提供在线下单、配送到家的服务。快速的物流配送服务成为吸引消费者的一个因素，盒马鲜生保证了在用户下单后的10分钟内完成打包，3千米内半个小时完成配送，在保证产品新鲜度的同时，又提高了用户体验。消费者会因享受到快捷便利的服务而产生满足性购物体验。

3．经济性（economic）：在购物过程中买到物有所值的商品的体验

传统零售模式下消费者往往选择同类商品中价格低的产品，但此时质量就难以得到保证。随着消费者货比三家的需求下降，新零售时代致力于让消费者花相同的钱买到高质量的产品，在原有基础上的消费经济性得到提升。

4．角色承担性（role）：为他人购买的合适的商品而产生的角色承担性体验

目前，新零售生鲜电商的选品通过消费者数据沉淀及大数据、人工智能等数字技术的应用切实掌握消费者的消费习惯及偏好，从而使零售商进一步实现精准选品，这也为每个消费者购买到更合适的产品提供了可能。

5．社会性（social）：与家人、朋友共同参与购物而产生的社会性体验

新零售模式的消费中，店铺不断扩大与顾客的联系，产生互动。在实现奇遇性购物价值的需求下，使家长带孩子共同购物的情况大幅增加。例如盒马鲜生将消费者以家庭方式吸引到店铺进行购物，家长和孩子一起买蔬菜、海鲜等生鲜农产品，同时体验店内高科技的设备，顺便一起在盒马鲜生吃饭。如此的环境使得社会性体验增加，这是传统的销售场景难以做到的。

6. **思想性**(idea)：在观念维度上购物使得消费者与最新潮流保持一致，持续关注最新产品和创新

随着消费主体的购买力不断增强，注重生活质量、知识型和时尚型的消费者更容易接受新颖的消费模式。在从众心理的作用下，消费者担心跟不上潮流，而愿意持续关注新零售消费模式，因而获得了思想性的购物价值。

（三）社会性购物价值

提莫（Timo R）等发现消费者的购物行为具有地位、权威、自尊等方面的动机和价值，社会性购物价值是指消费者通过购物这一行为所感到的自尊满足、社会形象及社会地位的提升，也是得到他人或者社会认可的象征。

新零售模式下，线上、线下的购物渠道不仅是一个购物平台，也成为消费者之间、消费者与商家之间互动交流的社交平台，即通过线上平台将商品情况与购物体验向其他消费者和零售商及时反馈。在分享与反馈的过程中，消费者从中收获自我认知和自尊的满足，最终获得社会性购物价值。而传统零售模式将这一过程局限于口口相传，对零售商也难以形成有效的促进。通过梳理，最终本书将这三种购物价值体现在消费者剩余的核算中。

三、便利的生活方式

基于消费者的三种购物价值，新零售为消费者创造了功能性购物价值，为消费者提高了购买效率，引领消费者采取更加便利的生活方式。在微观经济学中用 $CS = \int_0^{Q_0} f(Q) d(Q) - P_0 Q_0$ 来衡量消费者剩余。将传统销售形式中价格与需求之间的关系表示为 $P = f(Q)$，而新零售模式的销售行为使消费者增加了更多的便利性与优质的购物体验，在实际最终支付不变的情况下，表现为消费者购买相同产品所愿意支付的价格增加。因此，基于消费者对便利性和购物体验等方面的需求提升，消费者需求曲线向上旋转，将此情况下的消费者需求函数的反函数表示为 $P = g(Q)$。

$f(Q)$ 代表传统零售的消费者需求曲线，$g(Q)$ 代表新零售模式下消费者的需求曲线，当市场处于均衡状态时，两条需求曲线与供给曲线相交于均衡点 E，形成均衡价格 P_0 与均衡产量 Q_0。显然，新零售模式下的消费者剩余大于传统销售模式的消费者剩余，其差额可以表示为 $\Delta CS = \int_0^{Q_0} g(Q) d(Q) - \int_0^{Q_0} f(Q) d(Q)$，具体见图7-1。

（一）空间便利性

越来越多的零售商进行线上、线下的整合，线上

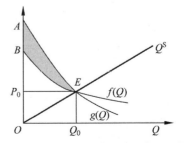

图7-1 两种模式下消费者剩余的比较

线下相互反哺、引流。由线下引流到线上的消费者可以做到处处可消费、时时可消费。由线上引流至线下的消费者则强调带给消费者更好的购物体验。线上、线下两种渠道并行将使消费者在更短的时间内得到想要的产品。新零售时代，线上、线下渠道的不断融合，不仅拓展了产品的营销范围，且为消费者提供了更多可选的购物场景，让企业的销售和消费者的购买行为都变得更便捷。

案例7-1

本来生活——线上线下融合发展

2012年，本来生活于北京成立，其主要以互联网为交易载体，向东部地区的一、二线城市居民提供生鲜农产品和日常食物。2018年，本来生活涉足新零售并全面布网，即在原来线上继续售卖农副产品或食品外，开始在武汉、天津等二线城市居民社区布点生鲜连锁超市——本来鲜。

本来生活线上、线下的融合发展，使得本来鲜成为导流线上的入口、互动平台和配送节点，同时线上购物则摆脱了传统销售模式空间上的限制，使得消费者可以在本来鲜的线下购物空间和线上虚拟空间随时切换。不得不说，这一无缝融合逐渐演变成为一种可以极大满足消费者需求，同时不受时空限制的具有高效便利性、场景化的生活方式。消费者可以足不出户完成交易，亦可以到线下门店进行直观体验。本来生活通过运用新零售模式让顾客时刻在线，时刻有黏性，不断拉近顾客与店铺之间的距离，做到了无论下雨、下雪店内都可以产生交易。

资料来源：新浪科技.本来生活：线上线下融合 布局生鲜全业态 http://tech.sina.com.cn/i/2016-01-26/doc-ifxnurxn9978139.shtml。

（二）时间便利性

新零售时代线上、线下的加速融合，使得企业可以迅速提供消费者所需要的产品。消费者可以从App或者微信小程序等迅速下单，下单后又能迅速得到自己想要的产品。零售商通过加快供应链的反应速度，而使整个价值链的运转速度得到提升，同时缩短了商品流转到消费者所需要的时间，逐步拉近与消费者的距离。

案例7-2

盒马鲜生——3公里30分钟

盒马鲜生是阿里系探索的"先遣部队"，借助线下吸引顾客，并通过高质量与配送快两个方面赢得消费者的倾心。

盒马鲜生门店同步上线的App，主打"3公里30分钟"的服务，只要消费者位于盒马鲜生门店的 3 公里电子围栏内,就可以通过盒马 App 在线下单,选购所需要的商品。接到订单后,盒马鲜生后台系统会将一张订单根据区域划分成不同部分,即拆单拣货模式。在不同区域的拣货员根据最优路径完成拣货后,直接通过升降系统将商品送到打包区;打包员负责将拆分的订单合并、打包、出货。受益于模块化、标准化的系统分工,从收到订单到打包出货整个流程的时间可以控制在 10 分钟之内,为配送员争取了更充裕的配送时间。这意味着消费者可以在半个小时内收到来自盒马鲜生的生鲜产品,这种快捷的一站式购物方式直接填补了传统的便利店、超市存在的诸多服务空缺。

资料来源:海商.【新零售案例】盒马鲜生:新零售业态的重构与崛起 https://www.hishop.com.cn/xls/show_55467.html。

案例7-3

苏宁以顾客全方位体验为核心

2013 年,苏宁进行了集团更名,由以前的苏宁电器更名为苏宁云商,这也是为了告诉消费者苏宁不光经营电器,苏宁已明确地进入全品类领域。现在,苏宁对超市商品、百货商品,包括母婴商品都已经在操作,并且为了实现线上、线下的融合,苏宁对后台系统进行了打通,所有消费者在门店都可以买到任何一种在苏宁线上销售的商品。消费者去门店,想购买某一款门店没有陈列的商品时,导购可引导他在线上了解产品,并直接在线上完成所有购物流程。苏宁也在考虑线上、线下融合的另外一个重要方面——服务。

为此,苏宁做了几项尝试:①消费者一旦对商品不满意,可就近去实体店进行退换货;②抓取离消费者最近的门店,直接从门店库房出货,让所有门店充当"快递点",实施从消费者线上下单到收货只要 1 个小时的"极速达"服务;③消费者在网上购买产品以后,可预约实体店专业人员上门进行产品讲解并指导操作;④消费者若习惯线下购物,苏宁可提供"微购"服务,在去实体店之前,消费者利用苏宁的 App 还可与销售人员预约,选择以前接触过或满意度高的某位销售员服务。

苏宁力图通过整合线下线上全渠道,以顾客的全方位体验为核心,为顾客提供无差别一致性的服务和体验。

资料来源:王晓锋,张永强,吴笑一.零售 4.0 时代[M].北京:中信出版集团,2015.

四、优质的购物体验

体验价值是指依托产品的功能价值衍生出来的人类某种情感满足或心理归属的价值,如通过显示、炫耀等表达方式获得尊严、自豪或满足等情感的价值。产品体验价值强调产品的情感归属,对产品功能价值的折旧敏感度低。新零售模式下的营销渠道更加立体化和多元化,更加强调对于消费者体验价值的满足。在以消费者为中心的新零售模式下,为了提升消费者购物体验和满足消费者个性化购物需求,逐渐形成了新的营销渠道和形式,如App、微信小程序、VR(虚拟现实)购、智能货架购物、无人超市、直播购物等多场景,打造立体化的购物场景,触发消费者的购物需求,通过"货找人"的模式来完成交易。提升消费者的购买体验需要依靠强大的供应链体系。只有实现人、货和场三种元素之间的联通,才能摆脱传统的消费结构,实现顾客满意度的提升。

在新零售的时代背景下,依循供应链管理的本质,集成和协同供应链条上的各个环节,如供应商、品牌商、各个销售渠道、门店等,整合品牌大数据,进行大数据的研发和挖掘,使消费者所需要的商品和服务以准确的数量与质量,在最短的时间之内以合理的方式送到消费者手中,从而在保证产品质量和服务水平的同时使整个供应链系统的成本最小化。

新零售的另一个重要创举在于催生新的零售物种。截至2019年,市场上已经出现了包括盒马鲜生(阿里巴巴)、超级物种(永辉超市)、Sp@ce天虹超市(天虹商场股份有限公司)、百联RISO(百联集团)、步步高鲜食演义(步步高集团)、大润发优鲜、新华都海物会等零售平台。这种新的零售平台让消费者获得了更好的体验与满足。

案例7-4

盒马鲜生——优质的购物体验

盒马鲜生经历了无数次的模式迭代,确定了"物流区+餐饮区+购物区"的门店形式,也就是今天盒马鲜生的标配,迭代之后的标准模式带给了消费者更全方位的优质体验。

在产品新鲜度方面,盒马鲜生将其作为优质服务的标准之一。在店内有专人对青菜、果品进行实时换新;采用小包装方式,提前把不易保存且单次食用量少的蔬菜切块分装,尽量做到一包一餐,这大大地节省了消费者清洗、处理原材料的时间,让烹饪体验更加便捷、轻松。

在价格方面,盒马店可以买到传统超市、菜市场买不到的龙虾、帝王蟹等高端生鲜产品且价格比酒店、水产店更便宜。而日常消费的水果、蔬菜虽然比传统超市的售价会小幅上升,但品质、新鲜度与便利性远远胜出,所以综合来看,盒马的性价比优势也很明显。

在商品品类方面,盒马鲜生覆盖的品类更全面,能够满足一站式的购物需求。盒马鲜生是一家生鲜专业店,水产区有帝王蟹、八爪鱼、龙虾、鲈鱼,果蔬区有苹果、杧果、车厘子、牛肝菌、花椰菜,肉禽区有火腿、羔羊、各类鸡肉。同时,盒马鲜生又是一家食品超市,以相对平价买到普通生活超市所经营的各类食材、副食品、调味剂等。此外,根据盒马App给出的烹饪指南,让一家老少每天都吃到不同的食物更能体现其智慧化的服务。

在门店内部环境方面,经过设计的灯光照射在果蔬上,商品本身明艳的颜色与盒马鲜生整体清新、简洁的背景相得益彰,营造出干净、品质和多样化的购物环境;与传统超市中紧凑、高大的货架不同,盒马鲜生并没有一味追求门店面积的最大化利用,而是以消费者最能感到舒适和便捷的标准来设计货架高度与布局;货架上的每种商品都有属于自己的身份证——电子标签,顾客通过扫码的形式可以获取商品的来源地、日期、价格和其他属性,一方面便于门店统一管理和统计,另一方面也能帮助顾客更好地了解产品及解决售后问题。

由此不难看出,盒马鲜生在商品质量、商品价格、商品品类和购物环境等方面的优势给予了消费者优质的购物体验,这是传统消费无法比拟的。

资料来源:中国管理案例共享中心,原标题《盒马鲜生:不断迭代前行的新零售领航者》,本文作者:中国人民大学商学院刘向东、石明明、张霞和何明钦。

第二节　生产者剩余

生产者剩余的大小与供给曲线密切相关,通常用价格线以下和供给曲线以上的面积来表示,总收益与可变成本的差额就是生产者剩余。如果消费者剩余衡量了买方的福利,那么卖方的福利水平可以由生产者剩余来表示。正如低价格能够增加"消费者剩余",从而提升消费者的经济福利感一样,高价格也可以增加卖者的"生产者剩余",从而提升卖者的经济福利感。对比传统零售,新零售对于生产者福利的直接增加主要通过降低企业成本和提高商品价格实现。

一、降低企业成本

对于零售企业而言,在供应链的上游针对部分生鲜产品进行基地直采,通过规模经济降低采购成本。对于供应链中游和下游的环节,利用信息系统,提高商品在从销售到配送等各个环节的效率并降低运营成本。此外,在选品环节,基于大数据等手段可以对顾客偏好以及需求进行精准分析,可避免选品的长尾效应[①],严格把控商品的损耗率,这一点对于生鲜零售商而言尤为重要。

在微观经济学中用 $PS = P_0 Q_0 - \int_0^{Q_0} F(Q) d(Q)$ 来表示生产者剩余的大小。将传统销售模式中生产者的供给函数的反函数表示为 $P = F(Q)$,均衡价格为 P_0,均衡产量为 Q_0,其生产者剩余可用三角形 $P_0 EA$ 的面积来表示。在完全竞争的市场结构中,供给曲线表明厂商在各个价格水平上愿意而且能够提供的产量之间存在着一一对应关系。对完全竞争厂商来说,厂商只有在 $P \geqslant \min AVC$ 时,才会进行生产。所以,厂商的短期供给曲线应该用 SMC 曲线上大于和等于 AVC 曲线最低点的部分来表示,即 SMC 曲线上大于和等于停止营业点的部分来表示生产者供给曲线是短期边际成本曲线的一部分。在新零售模式下,由于生产者通过各种方式使得边际成本降低,因此生产者供给函数向下旋转,将此情况下的生产者供给曲线的反函数表示为 $P = G(Q)$。显然,新零售模式下的生产者得到更多的生

---

① 长尾效应:若存储和流通的渠道足够大,需求不旺或销量不佳的产品所共同占据的市场份额可以和那些少数热销产品所占据的市场份额相匹敌甚至更大。

产者剩余,其差额可以表示为 $\Delta CS = \int_0^{Q_0} F(Q)d(Q) - \int_0^{Q_0} G(Q)d(Q)$,具体见图 7-2。

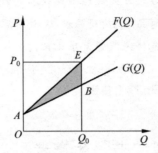

图 7-2 降低企业成本对生产者剩余的影响

二、提高商品价格

生产者除在经营过程中降低成本外,让消费者自愿支付品牌溢价和体验溢价,以此提高商品价格,从而获得更多的消费者剩余。传统零售模式下,消费者以 P_0 的均衡价格购买商品,其生产者剩余的大小可用三角形 AOP_0 的面积来表示。随着生产者提高商品价格,一些对价格不敏感的顾客愿意为此买单,从而使价格由 P_0 上升至 P_1,最终生产者得到面积为 BOP_1 的生产者剩余。此时,生产者剩余增加,其差额为 P_1BAP_0,具体见图 7-3。

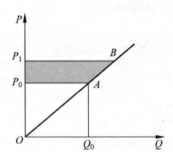

图 7-3 提高商品价格对生产者剩余的影响

(一)品牌溢价

品牌溢价是指消费者愿意花更高的价格购买具有相同性能或属性但有品牌的产品。就如同即使我们知道超市的产品价格往往比菜市场的价格更高,但一部分消费者还是会去超市购买蔬果生鲜。对于新一代的消费者而言,他们大多希望购买的生鲜及蔬果能有预料之外的高品质,如将蔬果按照统一规则包装将其标准化,降低人为挑选而造成的损耗,对商品初步加工实现即食即用等。此外,随着区块链在食品溯源领域的广泛应用,消费者可以通过扫描商品二维码追踪到商品生产、运输的过程。消费者在获得便利的同时也愿意为食品安全支付更高的价格,随着对服务的认可及品牌的依恋,消费者自愿购买这种品牌溢价的商品就成为可能。

 案例7-5

盒马鲜生——品牌溢价

品牌是提高消费者溢价支付意愿和水平的重要途径。盒马鲜生通过增加自有品牌的比重拓宽价格带、提升商品平均价格。自有品牌体现着差异化,品牌溢价就给传统的生鲜品类带来更多价格空间,盒马鲜生的一些苹果每斤要比传统超市贵1~2元。其原因是这些产品有品牌支撑,携带电子价签可以帮助顾客溯源并了解更多信息,还能凭借其享受损坏无条件退货的服务。消费者相信品牌背后的信誉和保障,自然就会愿意支付一定的溢价。

自有品牌还代表了定制化、个性化的能力。同时,阿里巴巴的技术平台能够对顾客作出准确的需求分析与预测,基于一个地理范围或一个时期内全样本的分析还能够掌握市场喜好的走向,那么盒马鲜生便可以几乎同步地跟进市场,一旦发现顾客产生什么新的需求,上游生产和供应就能第一时间跟进,并打造成自有品牌商品提供给顾客。

资料来源:百度.盒马鲜生的商业模式精髓在这里(上)https://baijiahao.baidu.com/s?id=1610244775787058267。

(二)体验溢价

体验为王的时代扑面而来,消费者购买商品不仅仅是要实现功能性价值,更看重与物质伴随的精神慰藉。打造独一无二的体验场景就能够牢牢地锁住消费者。随着80后、90后逐渐成为城市新中产阶级,他们对于生鲜的品质需求日益提高,而盒马鲜生和超级物种的餐饮模式恰好满足了他们这种需求。消费者在购买这种餐饮体验属性的产品时,可以直观感受到店内生鲜产品质量及服务水平。因此,零售商和消费者之间信息不对称程度较小,消费者更愿意为这样的体验溢价而买单。

案例7-6

盒马鲜生——体验溢价

餐饮作为典型的体验性行业,盒马鲜生将其作为一个重要服务场景影响着消费者体验,在融合了氛围、食物和服务元素等多种元素后,同样带给顾客功能性、享乐性和社会性的价值。

盒马鲜生针对餐饮场景引入龙虾、帝王蟹等商品品类,而大部分家庭对于一些海鲜类产品感到束手无策,这产生了盒马鲜生的逻辑起点。消费者对购买的海鲜类产品支付15~35元不等的制作费,由专业厨师制作,可根据口味和饮食偏好添加其他配菜或盒马鲜生自制的调料。盒马鲜生把消费者的潜在需求直接变成体验,就成为盒马鲜生的体验溢价。这样的体验行为不仅会给消费者带来积极的消费体验,也会给零售商带来更高的产品溢价和竞争优势。

资料来源:观研报告网.盒马鲜生:从生鲜食品到餐饮服务的一站式购物体验 https://jingzheng.chinabaogao.com/shipin/12I0595H017.html。

三、实现精准营销

传统零售在向新零售模式的转变过程中,数字化成为新零售的重要工具。过去,消费者去超市或百货店购物，商家难以获取、记录消费者的信息。最好的情况也不过是商家对常来光顾的顾客比较熟悉，能够了解少部分消费者的个人信息和购买习惯，但是不能对所有消费者进行深入的分析，这样的情况下即使获得了一些信息也难以进行有效的利用，不能对商家的生产经营起到有效引导作用。

目前，在线上、线下不断融合的趋势下，消费者信息数字化变得非比寻常。各大商家通过 App 注册或者微信小程序等方式来获取消费者信息，顾客的每次购物就由原来的不记名制变为实名制消费。消费过程就涉及了地址、联系方式、金额等详细信息，这些信息被数字化之后形成了有迹可循的顾客档案，商家可据此追踪到消费者的偏好及需求，可以通过线上推送、线下爆品促销等多种方式，提高消费者的复购率，由此实现精准营销。特别是对于生鲜产品而言，这在一定程度上减少了商品库存成本，从而间接增加了生产者剩余。

案例 7-7

卫岗乳业

南京卫岗乳业是由 1928 年宋庆龄、宋美龄创办的国民革命军遗族学校实验牧场发展而来，经过 90 多年来的传承创新，现已成为国家农业产业化重点龙头企业、中国食品百强企业、江苏省大型乳品生产企业。

如今，卫岗乳业正不断完善全产业链信息平台，加强数字产业化的建设。其 CEM（customer experience management，客户体验管理）运营平台，通过全触点身份识别，形成消费者全域档案。基于"一物一码"的精准赋码建立了与消费者的关联，快速掌握消费者数据。同时，利用线上、线下各渠道，对消费者历史数据进行导入和集成，形成消费者的数据档案。在完成信息的收集后，对数据进行分析管理，如 360 度用户画像、消费者等级与活跃度、消费习惯等。最终实现数字化营销，完成对工厂、渠道、终端、消费者的智慧管理。卫岗乳业自有电商平台"天天订"已能够实现千人千面差异化营销，以数据驱动营销，保障营销的高转化率。

资料来源：新华日报. 卫岗乳业：为爱传承 做奶业高质量发展的践行者 http://xh.xhby.net/pc/con/202201/20/content_1023023.html。

四、实现精准采购

数字化建设是打造柔性供应链生态体系的前提。以大数据、云计算、物联网、区块链等信息技术为手段，对人、货、场进行深度的数据采集、应用与分析，真正体现新零售以用户体验为中心的准则。数据资源的整合能力决定了企业供应链竞争实力的强弱。对于生鲜零售来说，数据资源整合需要将前端的客户订单系统与后端的产地进行整合，是培育种植、采摘包装、冷链运输与最终订单交付的统一。在全链路数字化进程中，实现了消费者信息、营销信息与养殖信息的及时传递,使得上游生产决策的产品数量与性能更接近消费者的真实需求,同时加快库存周转,减少生鲜农产品的损耗率,从而实现精准的供需匹配及生产者剩余的增加。

因此,基于数字化驱动的柔性供应链的建设可以形成更精准的消费者需求,在提升零售端效率的同时,通过消费者需求信息的及时传递和实时反馈驱动生产与供给效率提升,最终实现需求高效满足。

案例7-8

盒马鲜生——实现精准采购

盒马鲜生(以下简称"盒马")依托阿里巴巴多年来积攒的用户大数据,通过数据分析选址于网购用户数量大、消费能力强的区域。此外,无论是线上购买还是线下购买都是统一的数据采集方式,最终汇聚成为完整的消费者形象绘制。大数据通过对消费者热衷或冷淡的商品数据分析,确定产品的库存量和采购量,挖掘新上市产品,形成精准采购,并根据用户的个人数据绘图。

为满足顾客每日的生鲜产品需求,盒马提出"日日鲜"计划,将次日的销售计划发给崇明合作农场基地,农户根据计划进行采摘、包装、冷链送到门店,进行统一包装、统一定价,这种B2B的冷链供应模式避开了其他生鲜店每单30元的运输成本,最大限度避免了生鲜电商传统损耗20%~30%,使得盒马在毛利仅为10%的情况下,实现了"日日鲜"。同时基地面对消费者,取消批发市场等中间的损耗,在第一个环节就进行包装,更是大大降低了成本。面对线上、线下的双线订单,盒马的肉食计划和中粮合作,用倒推的精确的链路设计来确定采购数量应付终端订单的整合。屠宰场在江苏台东,算出屠宰时间、物流时间来安排养殖计划,其就是盒马和合作方的数据共享,去掉中间环节,包括分级的分销机构,直接对接生产企业,实现"一对一",利用大数据进行大规模的采购,通过对线上、线下订单的分析预测进行门店配送,来达到降低采购成本的目的。

资料来源:环球网.盒马大幅度扩充日日鲜产品,将覆盖生鲜全品类 https://www.360kuai.com/pc/93d8f4744171da324?cota=3&kuai_so=1&tj_url=so_vip&sign=360_57c3bbd1&refer_scene=so_1。

案例7-9

叮 咚 买 菜

叮咚买菜创立于2017年5月,致力于通过产地直采、前置仓配货和最快29分钟配送到家的服务模式,以技术驱动产业链升级,为用户提供品质确定、时间确定、品类确定的生鲜消费体验。

(1)采购:以城批采购、品牌供应商直供为主,相较源头采购,模式更轻、配送路径更短,有效控制冷链配送成本,价格相对稳定、补货更容易。

(2)配送：采用前置仓模式，配送到家。将前置仓建在社区周边1千米内，商品先由中心仓统一加工后运至前置仓，消费者下单后由自建物流团队29分钟内配送到家，且当单仓的日订单超过1 500单时则裂变成两个仓，保证高效配送，"0配送费＋0起送"更好地满足即时消费需求。

(3)品控：从采购到配送，全链路重视产品品控，有效保障品质。

(4)数据：采购前精准预测用户订单情况，并根据结果进行采购；通过用户画像及智能推荐精准向目标用户推荐相关产品，并利用自建物流体系智能调度和规划最优配送路径，最快将产品送达用户手中，实现低滞销和低损耗。

叮咚买菜将大数据运用到从采购到配送整个环节，在采购前，通过"订单预测"精准预测用户订单情况，并根据预测结果进行采购；在销售端，通过用户画像及智能推荐，精准向目标客户推荐相关产品，并通过自建物流配送体系智能调度和规划最优配送路径，最快将产品送达客户手中。

资料来源：亿欧网.生鲜新零售：叮咚买菜案例分析 https://www.iyiou.com/news/2017091855437。

第三节　社会福利

新零售发挥平台经济与数字经济新业态的优势，有效助力稳就业、保民生的经济发展任务。在就业层面，新零售催生了大量新岗位、新职业，同时采取灵活用工、共享用工等方式，缓解了短期的社会就业压力。在民生层面，新零售通过丰富充足的品质供给、高效的供应链网络与物流配送等，为居民的生活与消费提供了稳定的保障，增加社会福利、创造更多的就业机会、赋能个体经济、助力乡村振兴。新零售正通过寻找新的增量，为解决存量所面临的问题、零售业的供给侧改革提供新思路。

一、创造就业机会

新零售下平台企业的发展，创新出了一种新的商业模式——众包，指将传统由一名员工完成的工作以公开邀约的形式外包给不确定的多数人。[①] 从理论上讲，这些新技术企业通过数字平台直接将客户与执行任务的个体劳动者进行匹配。比如美团(上门餐饮)、全国导游之家(导游服务)、货拉拉(搬家服务)等。众多灵活就业者(如司机、送货员等)可以通过美团、饿了么等平台工作。

以即时配送、直播电商、智慧门店、短视频营销等为代表的新业态开辟了新的市场需求，获得了大量用户支持，也持续创造出新职业、新岗位。这些新的就业形态容量大、门槛低，灵活性和兼职性强，使得更多年轻人乃至年龄更大的城市及农村创业者、参与者加入其

---

① 百度百科词条 https://baike.baidu.com/item/%E4%BC%97%E5%8C%85/548975。

中,成为吸纳就业的重要渠道。以即时配送为例,外卖骑手作为新就业形态的一种,满足了从业者就业门槛低、时间灵活、补充家庭收入等多方面的需求,成为社会就业的重要组成部分。疫情防控期间,因即时配送的需求量巨大,外卖骑手成为临时失业人群的"就业避风港"。又比如,直播带货模式催生了海量的新型人才需求,衍生职业百花齐放,催生了助播、选品、脚本策划、运营、场控等多种新职业的需求。

国家信息中心分享经济研究中心发布的《中国共享经济发展报告(2021)》显示①,2020年,以新就业形态出现的平台企业员工达到631万,同比增长1.3%;平台带动的就业人数约8400万,同比增长7.7%。不仅如此,新就业形态还有助于提高就业质量,56.9%的新职业从业者月收入超6000元,36.1%的从业者月收入超9000元,21.2%的从业者月收入超1.2万元。

二、推进灵活用工

新零售推进灵活用工模式发展提高就业弹性。在疫情下,很多暂时难以复工的中小企业需要支付员工基本工资,承受着巨大的资金压力。但同时,由于线上需求猛增,智慧零售企业的门店员工、分拣、配送人员等岗位出现大量空缺。一些智慧零售企业便通过共享用工的模式,让劳动力过剩的行业员工暂时到劳动力紧缺的新兴电商零售平台就业,实施灵活用工,使得双方企业以及员工都解决了自身需求。随着智慧零售行业为共享用工提供了契机,共享模式在各行业中不断渗透突破,逐渐推广至物流、制造业等众多其他行业。

共享用工、灵活用工的模式借助数字经济的发展,解决资源壁垒,实现供求双方快速、精准匹配,让劳动力资源更有效地流动,提升了特殊时期的就业弹性,有效促进了就业市场的稳定。2019年8月至2020年8月,共有2 097万人通过抖音直接获得收入,其中女性占比54%,24~40岁的中青年是就业主力军;加上间接获得收入的情况,一年来抖音共带动3 617万个就业机会。②

三、赋能个体经济

除了新职业,蓬勃发展的新业态,还孕育出了新个体经济。当前,新个体经济从业者的主要特征是依托互联网平台独立工作。相对传统个体经济从业者而言,他们有更大的技术优势、市场优势和管理优势。

技术方面,借助互联网平台,他们不需要自己投入开发成本,就可以低门槛地享受到数字技术红利;市场方面,他们面对的是广阔的线上市场,市场范围和市场容量大;管理方

---

① 《中国共享经济发展报告(2021)》国家信息中心 http://www.sic.gov.cn/News/557/10779.htm.
② 《灵工时代:抖音平台促进就业研究报告》中国人民大学国家发展与战略研究院。

面,他们借助互联网平台的工具赋能,实现管理运营"外包",运营更为高效。新个体经济的发展,对稳就业发挥了重要作用。

四、保障民生供给

疫情给我国零售企业带来了巨大的考验,而新零售在这个过程中展现出优势。在用户端,通过全场景、全渠道的数字化布局,零售在线下受阻的情况下能依托线上渠道和配送体系,有效支撑居民的消费履约,提供安心便捷的到家服务;在供给端,高效的全球供应链帮助智慧零售企业发挥产地直采、全球采购、全国配送、高效物流的优势,为消费者提供充足的物资保障。作为新零售企业,为了更好地满足"1小时场景生活圈"的消费需求,保障终端服务工作的运转,线上、线下全产业服务终端投入保供增援。例如,苏宁充分发挥其多产业、全场景的抗疫保供优势,通过苏宁易购主站、苏宁小店、家乐福、苏宁物流等各平台的全方位运营,有力地保障了民生供给。

五、助力乡村振兴

新零售从电商助农、物流建设、农产品供应链打造等方面有效地推动了农产品上行与乡村振兴。近年来,农村电商模式不断创新,在电商服务站、村淘的基础上,直播电商、短视频卖货、社区团购等新模式快速涌现,为乡村振兴持续提供支撑。尤其是2020年以来,各平台纷纷开启直播带货助农,联合各地政府机构及基层干部进行直播活动,推介特色农产品,帮助农户增收。各电商平台还通过打造数字农场、搭建农业数字分销平台等方式助力数字农业的建设。

案例7-10

苏 宁 电 商

苏宁很早开始布局农业电商,依托全场景的智慧零售布局优势,苏宁搭建起了一个渠道丰富、触达便捷、运行高效的农产品销售网络。一方面,苏宁通过打造中华特色馆、苏宁村等特色兴农项目,结合苏宁易购、苏宁拼购等多个渠道,为农户解决了"农产品进城难"问题,也为众多地区打造出县域特色品牌。另一方面,苏宁用"智慧零售"赋能县镇市场,通过布局苏宁零售云等数字化门店,推动着乡村零售业态的全面升级,助力乡村振兴。

资料来源:搜狐网.智慧零售赋能:苏宁易购打造江苏农村电商发展生态圈 https://www.sohu.com/a/305139281_190241。

【本章习题】

1. 试画图分析传统零售和新零售的消费者需求曲线特点,并比较两者消费者剩余的大小。

　　2.试画图分析新零售企业降低成本时对生产者剩余的影响。

【即测即练】

第八章

新零售投资风险与成本效益分析

本章学习目标：
1. 掌握新零售经营成本特点。
2. 熟悉新零售企业生鲜经营成本结构、经营痛点。
3. 了解各类业态的成本差异。

新零售模式给零售企业带来了新的机遇和挑战。新零售模式打通了资金流、物流和信息流，实现了三者的有效结合。新零售模式的创新必然影响企业的经营成本，进而影响零售企业效益。本章主要在分析传统商超、纯电商生鲜零售的成本结构及经营痛点，着重探讨了新零售企业生鲜经营成本结构、经营痛点以及与上述业态的差异。

第一节 新零售投资风险

一、宏观经济形势风险

零售行业的发展始终离不开健康的外部市场环境，一旦我国经济增长势头放缓、居民可支配收入增速放低，将不可避免地影响到消费者的消费能力及水平，给零售业务发展带来一定的风险。良好的宏观经济形势是零售连锁行业持续发展的依托基础，在中国经济全球化进程中，影响未来中国经济发展的因素更加复杂多样，国内外多种因素都将影响零售连锁行业的市场需求，从而对零售企业的经营业绩产生一定的影响。

风险防范措施：宏观经济形势风险可以说是最难防范的风险，因为其具有明显的突发性和不可控制性，面对变化的经济环境，企业很难把控，一般可以以微观层面（目标客户）为主，以宏观层面（宏观经济）为辅，对各项业务进行谨慎的分析评价，而后决定资金投向和服务方向。

二、产业政策风险

目前我国仍处于市场经济快速发展期，国家实施的各项经济政策对整个国民经济的运行、企业的微观经营活动、居民消费支出水平和结构以及未来收入的预期等都将产生较大的影响。《国务院关于推进国内贸易流通现代化建设法治化营商环境的意见》（国发〔2015〕49号）、《国务院办公厅关于推动实体零售创新转型的意见》（国办发〔2016〕78号）、《国务院办公厅关于加快发展流通促进商业消费的意见》（国办发〔2019〕42号）等政策均对零售业持积极支持和鼓励，极大地促进了零售连锁业的发展。但是，如果产业政策指向发生变动，可能会对行业内企业的经营产生不利影响。[①] 因此，公司的经营活动、盈利能力及未来发展将因国家和地方政府可能出现的政策变化而受到一定影响。

风险防范措施：国家的产业政策是规范行业发展的主要标准，零售企业应密切注意行业的产业政策，避免参与和国家产业政策不符的项目，从而避免政策风险。虽然零售行业的政策风险不大，但是零售企业要紧跟政策支持的方向，才能获得更好的发展机会。

三、市场竞争风险

近年来，零售业发展迅速，网络电商、专业连锁、大中型超市、百货商场、商业综合体等各种业态并存，市场竞争日趋激烈；同时，自2004年12月起，我国已经逐步取消对外资投资国内零售企业在地域及持股比例等方面的限制，外资零售企业开始加速进入我国零售市场，加剧重塑了国内零售市场的整体竞争格局。零售企业面临市场竞争加剧及目标市场被抢先布局从而影响其市场占有率和盈利能力的风险。另外，一定时期内特定商圈市场的消费者购买能力有一定的稳定性和局限性，如果区域内竞争加剧，公司的市场占有率和盈利能力存在下降的风险。最后，随着零售行业市场集中度提高，零售业面临很多新变化，新零售间行业竞争会更加激烈。

风险防范措施：

一是积极进行转型和变革以应对行业竞争，这对公司的资源整合、经营管理、市场开拓等方面提出更高的要求。

二是采取差异化竞争策略，如发展以面向住宅、学校、商务、娱乐等商圈的便利超市零售和服务业态，同时不断提高增值服务质量，大力拓展增值服务内容，在激烈的市场竞争中进一步强化差异化竞争的领先优势。

四、运营成本风险

运营成本也称营业成本、经营成本，是指零售企业经营过程中所发生的所有成本的综合。随着经济的快速发展，零售行业的市场竞争激烈，实体零售租金、人力成本及水电、促销等费用支出的持续上涨趋势不可避免，新业态、新模式和新技术等各项研究成本需要持

---

① 2019—2025年中国零售电商行业投资与经营风险防范措施研究报告[R].盛世华研，2019.

续地投入,企业面临运营成本持续增长的风险,对经营业绩形成较大压力。另外,在日常经营活动中,涉及采购、会员招募、企划、营运等诸多环节,每个环节均存在一定的运营风险。

风险防范措施:加强成本费用的管控,通过精耕细作的管理,提升员工劳效和卖场坪效,降低费用率,合理控制成本,具体可从以下方面入手。

一是采购成本。任何零售业态成本的降低,都以采购成本推动,采购成本是降低经营成本的重要环节,零售业的竞争其实就是采购成本的竞争。不同的供应链模式会产生不同的采购成本,所以要优化供应链模式、降低采购成本。

二是物流体系。由于物流技术的推动,物流体系随之强化。有效的物流运作能够提升库存周转率、有效改善现金流。各大零售商已经展开了物流体系的内部优化,这种内部优化能够显著提高存货周转率、提升优化物流效率。

五、门店扩张风险

公司在开设新门店、拓展新区域、改造旧门店时,可能出现市场波动、经营亏损的情况,从而影响公司整体业绩,增加经营的风险。同时,新开门店需要进行店面装修、广告宣传等前期投入。消费者对新开门店的认可需要一个过程,因此新开门店从开业到实现盈利需要一定市场培育期。公司门店的快速扩张势必会因为市场培育期的长短差异、前期资金投入、未来市场的不确定性等因素而面临一定风险。

风险防范措施:保持稳健的拓展策略,不断优化评估和决策机制,加强新店拓展的风险管控。在开设每家门店前一般都会进行详细的可行性论证,对新开门店周围的市场初步估算并进行风险评估,以尽可能地降低新开门店而产生的市场不确定性风险,做好投资规划,避免出现扩张过快带来的风险。针对新开门店短期亏损风险,企业应有规划地实施展店计划,形成陆续开业、陆续盈利的滚动发展,减少单个门店亏损对整体业绩的影响。同时,制定详细的《投资开发管理手册》,提高开店成功率,缩短新店培育期。①

六、技术冲击风险

新技术的推动使业态管理更加高效,人力成本大幅降低。但技术必须不断优化升级,否则极其容易被复制和替代。

七、区域发展风险

在新进入地区或进入较晚地区开设的门店可能出现业务发展迟缓、部分商品滞销或者

---

① 大润发、永辉等10大超市目前面临哪些经营风险? http://www.linkshop.com/news/2018401499.shtml.

部分当地热销商品无法及时充足供应等情况,导致门店实现盈利所需时间与成熟区域门店相比较长。当公司连锁网络向新区域拓展,相对成熟区域,消费者对新进入市场的企业品牌认知度低,需要一定的培育期。在此期间,公司需要付出营销成本;除此之外还有配送中心、运输设备等基础设施成本、人力资源的支出成本。

风险防范措施:积极深化战略转型,创新商业模式和管理方式,不断强化优势区域的竞争力。同时,通过大力引进和培养适合公司业态发展的各类管理人才,逐步提升公司对新业态、新模式的综合运营管理能力。

八、管理层面风险

(一)快速发展引致管理风险

随着公司经营门店的数量和营业面积的不断增加、区域布局的不断完善,公司经营规模及资产规模将得到快速扩张。规模的扩张对公司的采购管理、销售服务、物流配送、人才管理、财务体系及经营管理等方面提出了更高的要求,也增加了公司管理层对公司经营和管理的难度。如果公司管理层的业务素质及管理水平不能适应公司快速发展及规模不断扩大的需要,组织模式和管理制度未能随着公司的发展而做及时、相应的调整和完善,将给公司带来较大的管理风险。

(二)物流配送的管理风险

一般零售企业都有物流仓储基地,且拥有部分自有货运车辆,能够满足一定范围内的门店配货需求,但部分城市配货及电子商务销售商品的配送仍需要依靠第三方物流运输企业,物流配送的及时性和准确性对公司的直营门店经营效率与顾客线上购物体验有一定的影响。若对第三方物流企业的管理出现疏忽或失误,则可能导致商品配送或供应出现延迟或差错,从而对公司的经营业绩产生不利影响。

(三)房产租赁不规范的风险

门店以及仓储中心位置的选取对业务发展具有重要的影响,租赁合同到期后如不能续租,公司将不得不在附近寻找新的经营场所,需要承担迁移、装修、暂停营业等额外成本。如果不能续租,同时又难以在附近寻找到新的经营场所,将会在一定程度上影响公司的业务,给公司经营带来一定的风险。

零售企业在各地经营的直营门店、主要办公场所多是通过租赁取得。由于各地实际情况不同,部分门店房产租赁存在着租赁房产无对应房屋所有权证以及出租人未取得房屋所有权人的同意函而进行转租等情况,租赁存在一定的规范性风险,若未来因部分门店租赁存在法律瑕疵而导致相关门店被调整或关闭,会在短期内影响门店的经营绩效。

(四) 人才短缺引致管理风险

作为零售企业,公司的持续发展得益于拥有擅长经营管理的管理人才和具有丰富实践经验的专业人才。从业人员除了具备本行业要求的商品知识、管理技能之外,还需要具备很强的服务精神、敬业精神及丰富的从业经验。行业竞争的不断加剧及公司经营规模的不断发展壮大,对公司在管理、营销、物流和信息等系统化的组织和管理以及基层员工的业务能力、服务水平等方面提出了更高的要求,如果公司不能保持员工队伍的稳定或人才储备步伐跟不上公司快速发展的速度,甚至发生人才流失的情况,将对公司的经营管理和持续发展产生不利影响。在未来的业务发展中可能存在人才短缺的风险。

企业应重视人才的培养与引进,并通过定期举办培训班、建立和完善和谐的工作环境及有效的激励机制等措施加强人才的管理和储备。

九、其他风险

(一) 财务风险

比如存货余额较高的风险,还有现金流、资金链等风险。

(二) 品牌和商标被仿冒、侵权的风险

对于零售企业,品牌是影响消费者购买产品及服务的重要因素,商标被侵权及品牌被仿冒等事件将会影响企业的品牌形象,进而对公司经营效益产生不利的影响。企业应持续通过注册商标的申请及其他相关方式来进行公司品牌的保护,借助法律、行政、诉讼等方式保护自身的合法权益。

第二节 成本结构概述

一、成本结构的定义

成本结构亦称成本构成,是指产品(服务)成本中各项费用(例如,人力、原料、土地、机器设备、信息、通路、技术、能源、资金、管理素质等)所占的比例或各成本项目占总成本的比重。当某种生产因素成本占企业总成本比重高,该生产因素便成为企业主要风险。[1]

成本结构可以反映产品(服务)的特点,从各个费用所占比例看,有的大量耗费人工,有的大量耗用材料,有的大量耗费动力,有的大量占用设备引起折旧费用上升等。成本结构

---

[1] 成本结构,https://wiki.mbalib.com/wiki/%E6%88%90%E6%9C%AC%E7%BB%93%E6%9E%84。

在很大程度上还受技术发展、生产类型和生产规模的影响。

分析成本结构,可以寻找进一步降低成本的途径。研究产品成本结构,首先应对各个成本项目的上年实际数、本年计划数、本年实际数的增减变动情况进行观察,了解其增减变动额和变动率;其次应将本期实际成本的结构同上年实际成本的结构和计划成本的结构进行对比,结合各个项目成本的增减情况,了解成本结构的变动情况,进一步分析各个项目成本发生增减及成本结构发生变化的原因。

从会计核算角度看,广义的成本包括所有成本和费用,狭义的成本为库存商品的成本和取得销售时结转的主营业务成本。

二、零售企业的成本构成

从会计角度来看,零售企业的成本主要包括运杂费、保管费、挑选整理费、包装费、商品损耗、(委托代购代销代办业务)手续费、业务费、利息、保险费、工资、职工福利费、工会经费、职工教育费、折旧费、修理费、低值易耗品摊销、租赁费、劳动保护费、税金以及其他费用等。

以上分类不便于从业务流程了解企业成本的发生,为了在分析中更直观地了解零售企业的成本构成,对以上成本进行重新分类与整合。生鲜零售企业的营业成本包括九部分:采购成本、包装加工和流通运输成本、仓储成本、配送成本、人力成本、店面支出、获客成本、损耗成本及研发成本。

(1) 采购成本:在生鲜产品的采购环节所发生的相关费用,包含采购生鲜产品的费用、专业生鲜品采购员的差旅费等。

(2) 包装加工和流通运输成本:加工及包装成本主要涉及生鲜品的初次加工(如预冷)费用以及全程专业化包装费用。这些费用包含设备折旧费、加工成本费和包装材料费等;运输成本是指在运输生鲜品的过程中所发生的费用,包括运输车的配置费用、燃料费用、保养费、维修费、折旧费,以及运输、装卸的人工费。

(3) 仓储成本:房租与自建、自购房产和其他固定资产的折旧、运营费用等,具体包括生鲜品储存时产生的人工费、温控设备的折旧费、租金、日常产生的电费。

(4) 配送成本:企业为实现即时配送,在配送环节消耗的配送运输费用、分拣费用、配装及流通加工费用、包装耗材成本等。

(5) 人力成本:企业经营的每一项内容都需要人来完成,不论是采买、仓储、运输或销售,都需要人的参与和把握,但不包括第三方仓储运输及流通加工中的人员费用。

(6) 店面支出:租金、装修费用折旧,以及场内固定资产的消耗折旧。

(7) 获客成本:获取客户流量的成本,包括营销、广告成本、营销工具成本、老客户的维系成本等。

(8) 损耗成本:本书讨论的主要产品为生鲜农产品,由于生鲜产品自身易损耗的特性,将该部分成本单独列出。

（9）研发成本：研究、开发、维护信息管理系统，以及分析相关大数据流而产生的必要的支出费用。

第三节　传统生鲜零售模式的成本效益分析

本节主要分析两种传统生鲜模式，即连锁超市和纯电商生鲜销售，分析这两种传统生鲜零售商的成本构成，得出其发展的痛点和难点。

一、连锁超市

（一）主要成本构成

1. 采购成本

在采购过程中发生的一系列费用即为采购成本。常见的采购渠道有农批市场采购、供应商供货、产地直采等，生鲜连锁超市采购渠道多样，一般都由总部统一采购，可发挥集中议价功能，降低采购成本。

2. 店面费用

店面租金的多少取决于店面的位置和大小，生鲜连锁超市一般位于人流量较大的地点，店面的租赁费用通常较高；同时为了让顾客有满意的购物体验，装修费用的支出必不可少。

3. 损耗成本

损耗成本包括运输中的损耗、销售过程中消费者挑拣损耗以及供销不一致导致的滞销损耗等，是无法避免的成本。生鲜超市可以通过打折出售等方式弥补损耗成本。

4. 员工工资

生鲜超市大部分交易都发生在店内，需要配备足够多的人手，因此需要支出大量的员工工资。若合理配置员工和设置考核机制，能显著降低该部分支出。

（二）经营痛点

一是网络购物的普及分散了客流量。随着网络购物的普及，消费者逐渐接受从网上直接购买附加值高的水果和冻品，分散了超市的客流量。

二是无法与电商比拼低价格。生鲜电商兴起后，生鲜零售业间的实质竞争都以价格战为核心，价格血拼的背后是各大电商雄厚的实力，这些电商企业能够重塑农产品供应链，从根本上降低生鲜产品价格。在产品质量相同的情况下，消费者自然会喜欢产品价格低的电商。

三是快递服务的优化使商超消费者被分流。以往消费者考虑到生鲜的易腐性,在线上商家无法做到"及时送达"和"保质保鲜"的前提下,会以线下的生鲜超市作为首选。但如今配送服务正不断迭代优化,为客户提供即时配送:如美团买菜可以做到消费者从 App 下单后,系统自动派单给距离最近的前置仓进行分拣、配送,从而实现 30 分钟送货到家。这一业务的出现加速了传统线下商超生鲜零售的消费者分流。

(三) 盈利能力分析

以永辉超市为例,分析生鲜连锁超市经营盈利能力。永辉超市成立于 2001 年,是中国内地首批将生鲜农产品引进现代超市的流通企业之一。永辉超市很早就明确了以生鲜超市作为特色,所以超市的生鲜展位占比 50% 左右,远超过普通连锁超市,虽然生鲜的毛利率较低,约为 13%,但是生鲜是高频次消费产品,这提高了顾客的重复购买率和消费者黏性。同时,永辉超市还结合公司发展战略建设了生鲜冷链仓,新建并升级改造常温、冷链物流中心,打造了属于自己的物流体系。截至 2019 年底,永辉超市的物流配送范围覆盖了我国 28 个省区市;截至 2020 年,永辉超市已拥有 19 个常温仓、11 个冷链仓,保证了商品配送的效率以及质量。①

生鲜经营是永辉的主营业务,生鲜产品的销售额占到总销售额 50% 以上②,涵盖果、蔬、禽、肉、蛋、鱼等品种。永辉超市的财报显示(图 8-1),除去主营业务成本③,期间费用④主要包括销售费用、人员费用(管理人员)、租赁费用等。

	2019 年		2018 年		同比增减	费用占比同比增减
	金额	占主营业务收入比例	金额	占主营业务收入比例		
销售费用	33,532,018	12.72%	26,066,677	10.81%	28.64%	1.91%
管理费用	4,945,032	1.88%	5,200,684	2.16%	-4.92%	-0.28%
研发费用	3,267,610	1.24%	2,261,875	0.94%	44.46%	0.30%
财务费用	2,237,420	0.85%	1,234,626	0.51%	81.22%	0.34%
销售费用、管理费用和研发费用明细						
人员费用	14,303,621	5.43%	11,522,777	4.78%	24.13%	0.65%
租赁费用	7,271,078	2.76%	5,839,755	2.42%	24.51%	0.34%
广告促销费	6,691,996	2.54%	6,741,701	2.80%	-0.74%	-0.26%
其他费用	6,642,532	2.52%	4,520,196	1.87%	46.95%	0.65%
物流费用	4,751,478	1.80%	3,395,580	1.41%	39.93%	0.39%
水电费	1,056,568	0.40%	818,647	0.34%	29.06%	0.06%
装潢费	1,027,387	0.39%	690,580	0.29%	48.77%	0.10%
合计	41,744,660	15.84%	33,529,236	13.91%	24.50%	1.93%

图 8-1 永辉超市财务报告(单位:千元)

---

① 永辉超市分析:https://xueqiu.com/5963976743/168427124。
② 百度百科:永辉超市。
③ 主营业务成本指公司销售与主营业务有关的产品所必须投入的直接成本,主要包括原材料、直接人工工资和固定资产折旧等。
④ 期间费用指不归属于某个特定产品核算、不计入营业成本,直接计入利润的费用。

首先,销售费用占比最高,占主营业务收入的 12.72%,且较 2018 年费用增加 1.91%,说明永辉超市注重在销售环节的投入,通过加大销售力度来带动营销收入增长。

其次,人员费用和租赁费用占比分别达到主营业务收入的 5.43% 和 2.76%,且和 2018 年相比,费用呈现增长趋势。随着企业业务扩张,线下店面通常需要配备充足的管理人员来维持业务运转;租赁费用过高是传统生鲜业态的鲜明特点之一:由于超市的选址通常集中在人流量较多的地区,这些区域的店面租金较高,加重企业运营负担。

而进货渠道的不同,导致产生的采购成本也不同。去大型批发市场集货,采购产品的单价低,拿货利润高,但是需要承担装卸、仓储、流通加工、配送等成本,且需要充裕的资金量。若通过供应商供货,即从送货上门的厂家、代理商、批发商手里拿货,虽然很便捷(省去流通加工,甚至配送),且有应付货款期,但产品价格高,利润也会同时被压缩。这两种方式各有优、劣势。

通常来说,生鲜超市靠压低进货成本,再以高价售卖产品来赚取差价获利,是主要利润点。实际经营中,水果生鲜超市的毛利润维持在 20%~35%。利润的高低,与经营者的投资规模、商圈位置、人员素质、采取的营销策略等也有着很大的关联。在经营的位置好、资金充裕、从业人员经验丰富且能吃苦耐劳的正常情况下,从事水果经营零售店的毛利润约 20%,从事蔬菜经营零售店的毛利润约 28%,在附带一些特产的情况下,一个蔬果水果零售超市整体上一般能保持 25% 左右的毛利润。①

二、纯电商生鲜销售

在不同的供应链模式下,成本会有所差异。电商销售方式与传统销售的供应链模式不同,因此成本构成也有所不同。传统渠道是由农户到各级批发商,再到零售端,最后到达消费者手中的单一的流通渠道;生鲜电商的上游通过多种渠道对接生产端,下游通过网络平台集合碎片化需求,直接对接多个消费者,流通链条短。因此其成本结构和传统渠道相比有差别。传统渠道与电商渠道供应链的异同如图 8-2 所示。

(一)主要成本构成

1. 获客成本

对于纯生鲜电商,要获得巨大客流量,除了自身做线上营销,还要投入巨额广告费用获取客流量。如拼多多的主要服务对象是三、四线城市人群,初期营销策略是在传统媒体渠道做了大量广告,具有不错的引流效果。对于大平台,如阿里巴巴、京东,有成熟的平台引流,但对于其他小企业、小品牌,广告支出巨大,需要付出较高的获客成本。

---

① 一个水果超市,到底每年能赚多少钱? http://www.360doc.com/content/20/0329/09/256492_902391708.shtml。

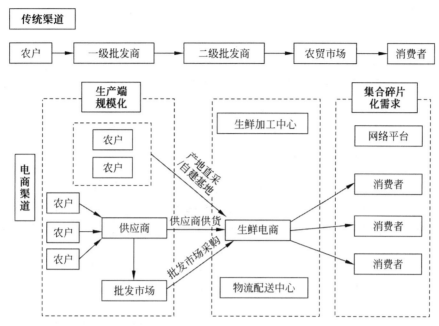

图 8-2　传统渠道与电商渠道供应链的异同

2. 损耗成本

不少生鲜产品由于自身的生理特性,对温度控制与货架时间要求高,稍不加注意就会产生品质变化。生鲜产品中间流通环节冗长,需要从产地小仓,到销地仓,再到消费者,供货周期长,如果冷链设施条件不行,达不到控温要求,必然损耗大。

3. 员工工资

纯电商销售模式下也需要配备相应员工用于售前、售中以及售后咨询,还需雇用发货人员,员工工资是成本的主要构成之一。

4. 物流成本

生鲜纯电商销售模式下,发货距离一般较远,需要全程冷链,要使用专用设备如低温库、冷藏车等,这些设备的成本远高于普通常温设备,进而增加了物流成本。

(二)经营痛点

1. 消费者体验感差,获客成本高

由于我国上游农产品种植分散,多数产地缺少明确的产品分级筛选标准,农产品的"非标"问题明显。因此同样商品不同购买批次存在外形、口感、品质上的显著差异。生鲜电商消费者在下单前无法直观感受商品,到货后由于产品品质的差异,会产生心理落差。在这样的体验下,消费者会更倾向于线下看得见、摸得着的购买方式,从而使线上客流量受到影响。此外,小品牌生鲜电商基本上靠广告获取流量,竞争压力大,用户黏性低,一旦停止线上以及线下的广告投放,用户就会大量流失。

2. 全程冷链运输,物流成本高

生鲜产品保质期短,易变质。不仅在干线运输需要全程冷链物流,而且在"最后一公里"配送也需要专用保温材料,如泡沫箱、冰袋、保温铝膜等对产品进行包装配送,冷链物流设施投资与运营成本大,从而导致生鲜产品运输费用较高。一笔100元的生鲜类农产品订单中,物流成本高达25%~40%①,成为制约农产品电商发展的瓶颈因素。

3. 生鲜产品易腐蚀,损耗率高

传统生鲜电商普遍采用的冷链物流模式是"泡沫箱＋冷袋"的模式。用"泡沫箱＋冷袋"把生鲜产品打成一个包裹,走现有常温物流配送体系,因此其生鲜产品从出货到消费者手中,品质难以得到有效保障。据相关统计,我国果蔬类农产品在流通过程中损耗率达到25%~35%②,到货损耗率高导致消费者购物体验差,退货率居高不下。

(三) 盈利能力分析

以拼多多为例,分析纯电商生鲜经营盈利能力。拼多多成立于2015年9月,是一家专注于C2B拼团的第三方社交电商平台,用户通过发起和朋友、家人、邻居等的拼团,可以以更低的价格,拼团购买优质商品,自创立以来农业就是拼多多的基本盘,并始终保持高速增长。

2018年,拼多多推动农(副)产品销售额达653亿元;2019年,拼多多农产品和农副产品成交额超1364亿元;2020年,拼多多农产品订单同比增长超过100%,商品交易总额超2700亿元;2021年上半年,拼多多农产品和农副产品的订单量同比增长431%,单品销量超过10万单的产品超过4000款,同比增长超490%。③农产品类别是拼多多相对其他电商平台的"比较优势",2019年拼多多就成为国内超大的农产品上行平台。截至2021年5月,逾1200万农业生产者通过拼多多对接全国消费者。

过去几年间,拼多多农产品上行的重点是提升流通效率,推动"拼购＋产地直发"模式,以及"百亿补贴"持续向农产品倾斜,去中间、补两头,让供需末端的农户和消费者受益。由图8-3可知,2017年至2020年,拼多多的农(副)产品成交额从196亿元增长至2700亿元,复合增长率为140.0%,占农产品网络销售额的比重从8.0%上升至43.8%,成为中国最大的农产品上行平台。

在目前主流生鲜电商平台依靠生鲜产品销售收入短期仍无法取得盈利的情况下,生鲜电商最终要想提高盈利能力,一方面根据商品销售公式:毛利＝成交额×毛利率＝(用户

---

① 生鲜电商行业深度报告:前置仓的市场空间及竞争力几何:https://baijiahao.baidu.com/s?id=1715899101793403174&wfr=spider&for=pc。
② 生鲜农产品配送主要有哪些特点:https://www.sohu.com/a/500906845_100049550。
③ 农产品上行市场有多大? 拼多多上半年农(副)产品订单量同比增长4倍:https://baijiahao.baidu.com/s?id=1714578532333315504&wfr=spider&for=pc。

图 8-3　农产品网络销售额及拼多多农产品网络零售额

资料来源：商务部、国盛证券。

数×客单价×购买频率)×毛利率,可以在毛利率、客单价、用户数和购买频率这四个方面持续努力,来提高产品销售收入;另一方面依靠其他业务收入如平台会员费收入、平台服务佣金以及冷库租赁、仓储物流等平台配套服务收入和 B2B 业务收入[①]的增加来抵补亏损也是一条可循之路。最后,生鲜电商盈利模式可简化为:经营利润＝商品销售毛利＋其他业务收入－营业费用。其中,商品销售毛利＝商品销售收入－商品成本,其他业务收入＝平台会员费收入＋平台服务佣金＋冷库租赁、仓储物流等平台配套服务收入,营业费用＝物流配送费用＋仓储费用＋营销推广费用。

第四节　新零售企业的成本效益分析

一、新零售企业整体成本结构分析

目前生鲜新零售主要商业模式可分为前置仓模式、"到店＋到家"模式、社区生鲜零售(包括社区生鲜小店和社区团购)模式和平台模式。

(一) 采购成本

新零售企业的爆品[②]主要从产地直采,此时产品单价低、采购成本低,但需要承担存储、运输、流通加工等成本;而其他生鲜品类主要由当地供应商提供,这种情况下应充分掌握供

---

① B2B 业务收入指电商平台为企业提供网上交易场所而收取的费用。
② 爆品指销量特别大的某一个单品或一类商品,如盒马鲜生的鲜活海鲜、超级物种根据季节和营销节点主推龙虾、牛肉等单品营销。

应商信息,优化采购流程和验收标准,以降低采购成本。

(二)物流成本

物流成本指包装、装卸、运输、储存、流通加工等各个活动中支出的人力、财力和物力的总和。① 传统生鲜电商收到订单后,在中心仓完成分拣,之后采用单件发货方式,这种物流模式的成本较高。而新零售模式下物流成本有所改善。

(1)前置仓将产品按照供应商/产地/批发市场—城市分选中心仓—前置仓—消费者的流程进行供应。其中从产地到中心仓,再到前置仓,均为大批量集结运输方式,降低了单件商品的冷链成本;前置仓密集铺设在小区附近,前期会有较高的前置仓建设成本;消费者下单后从附近前置仓发货,履约时效为 30 分钟,为保证送达时效,会产生较高末端配送成本。

(2)社区团购模式采用开团预售,将小批量分散订单整合成大批量订单,将产品按照中心仓—网格仓—团长—消费者的流程进行供应,省略了末端站点,节省了物流环节。公司统一采购货物后配送到团长处,消费者次日到团长处自提,无末端配送成本;以销定采,避免库存挤压,可以降低仓库库存的成本。

(3)"到家"+"到店"模式在社区用户附近建立门店,门店有展示、仓储、分拣配送的功能,提供"消费者到店体验+即时配送到家"的服务。店仓合一模式降低了仓储成本,为满足即时配送的要求,末端配送成本高。后续扩张需要投入大量资金在店面仓储及物流体系的建设上,会加大成本压力。

(三)人力成本

社区团购的团长是以社区合伙人的形式获得销售佣金报酬,无固定薪资支出,人力成本低;前置仓的末端仍需要仓内作业人员,人力成本与前者相比较高;"到家"+"到店"模式由于线下店面的存在,人力成本支出较大。

(四)店面支出

"到家"+"到店"模式店面支出较多,主要有租金、装修费用,以及场内固定资产的消耗折旧。社区团购通过设置自提点(社区小超市、便利店),节省了店面支出。前置仓的店面只作为仓库使用,相关成本计入物流成本,不作为店面支出。

(五)获客成本

"到家"+"到店"模式下,线上、线下相互引流,获客方式相对灵活;前置仓模式,因缺少线下渠道的引流作用,要靠打广告和优惠补贴来获得客流量,需要消耗大量的资金,获客成

---

① https://baike.baidu.com/item/%E7%89%A9%E6%B5%81%E6%88%90%E6%9C%AC/4370621。

本较高；社区团购模式使用社交获客，因其拼购属性，低价也是获客的关键。

（六）损耗成本

前置仓和"到家"+"到店"模式是根据用户信息和仓储数据，运用智能化手段预测需求，追求供需平衡，减少损耗；社区团购则通过以销定采的方式提前确定需求，再据此把控进货量，减少库存，进一步降低损耗成本。

（七）研发成本

研发成本包括收集消费者习惯、偏好等顾客信息，以及 App 成交页面跳转、App 页面点击量等信息而需要在信息系统上的投入成本。如要想实现"3 公里范围内，半小时送达"的即时物流配送服务，需要利用大数据技术计划出最优的配送路线以提高配送效率，也需要信息研发技术投入。生鲜新零售主要商业模式如图 8-4 所示。

图 8-4　生鲜新零售主要商业模式

资料来源：百度百科，36Kr，中金公司研究部。

二、前置仓模式成本与效益分析[①]

前置仓模式是过去几年间竞争最为激烈，同时也是互联网化更为彻底的生鲜电商模

---

① 中金公司行业研究报告——《线上生鲜市场，寒随一夜已将去，春逐五更似快来》。

式。前置仓的优势在于通过高效的物流节省损耗成本,提升效益。如图 8-5 所示,前置仓模式中,首先不同渠道采购的货物,会聚集于区域仓储中心;其次商家根据周边的需求情况提前将货物运送到社区附近的前置仓内储存,前置仓辐射半径 3 千米以内 1 小时送达,消费者在生鲜电商平台下单后,直接从前置仓中拣取、包装货物,并完成配送。生鲜产品直接从消费者附近的前置仓内发出,缩短了产品到消费者的配送时间,降低了生鲜产品的损耗。

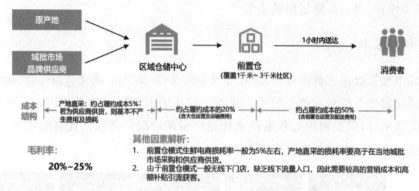

图 8-5　2020 年中国生鲜电商前置仓模式分析

资料来源:生鲜电商的典型模式:https://baijiahao.baidu.com/s?id=1678248511115584608&wfr=spider&for=pc。

选取其中最具代表性的每日优鲜、叮咚买菜、朴朴超市的典型仓店作为研究目标,各家公司疫情前的单仓经济数据对比如图 8-6 所示。

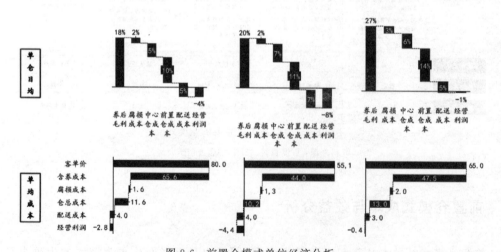

图 8-6　前置仓模式单位经济分析

资料来源:艾瑞咨询,36Kr,中金公司研究部。

在进一步考虑总部成本的情况下,前置仓单仓整体盈利仍然面临较大难度。现选取叮咚买菜和每日优鲜中平均仓型的部分指标进行对比,结果见表8-1。

表 8-1 叮咚买菜、每日优鲜单仓模型对比

指 标	叮咚买菜(平均仓型)	每日优鲜(北京平均仓型)
开仓时间	6个月以上	6个月以上
商圈客群	临时买菜代跑腿的社区用户	年轻白领
SKU/个	1 650	1 800
门店经营面积/平方米	200	155
单仓员工数量/个	17	16
日订单量/单	650	600
客单价/(元/单)	50	90
单仓流水/(元/天)	32 500	54 000
月流水/元	975 000	1 620 000
税后月营业收入/元	862 832	1 433 628
综合毛利率/%	32.5	20.0
毛利额/元	280 420	286 726
总仓加工包装及摊销等成本/(元/月)	107 854	100 354
总仓费用合计/(元/月)	107 854	100 354
仓内:		
仓内运营员工/人	6	4
运营员工总成本/(元/月)	36 000	24 000
配送人员/人	11	12
配送员工总成本/(元/月)	88 000	87 600
人工成本合计/(元/月)	124 000	111 600
租金水平/(元/月/平方米)	90	90
租金/(元/月)	18 000	13 950
水电(元/月)	3 500	5 000
物料耗材/(元/月)	4 314	35 841
折旧摊销+其他/(元/月)	12 942	14 336
仓内费用合计/(元/月)	162 757	180 727
营销费用/(元/月)	77 655	57 345
利润总额/(元/月)	−67 845	−51 700
所得税税率/%	25	25
净利润/(元/月)	−50 884	−38 775
净利率/%	−5.90	−2.70

资料来源:国信证券,互联网行业专题报告《生鲜到家》。

由表8-1的数据可知,其成本结构主要有以下特点。

第一,"中心仓+前置仓"的总运营成本占比15%~20%,包含仓内的人员成本、租金、水电、折旧摊销相关成本。仓内运营成本相对刚性,受到占地面积与SKU构成的影响。朴朴超市由于SKU的扩充和日杂标品的加入,进一步增加了仓内运营的费用率。

第二,在具体的SKU选择上,叮咚买菜精简SKU主打蔬菜、肉蛋奶等刚需高频品类,一定程度提升了单仓每日单量,提升了单仓的周转效率;而朴朴超市在福州地区推出了涵盖大量日百标品的SKU选择,大幅提升了毛利水平。

第三,配送服务成本占5%~7%。前置仓的生鲜配送服务由于距离相对较短(1.5千

米),订单时间分配更为均匀,每单成本在 3~4 元,大幅低于外卖配送每单 7 元左右的成本。尽管这样,由于当前的行业竞争环境,此部分费用较难转嫁给消费者,为前置仓模式的盈利添加了较大的障碍。

第四,腐损率控制在 2%~3% 的较低水平。一方面,前置仓模式具备相对完善的冷链仓配和分拣环境;另一方面,前置仓团队多数内部自建领先的模型和数据团队,帮助进行需求的预测和货品的管理,进一步提升了每个前置仓的周转效率。

综合来看,前置仓模式成本结构优化的空间,来自对周围消费者需求充分理解的基础上,对 SKU 的合理优化,如增加日百标品来提升毛利水平,或增加菜肉品类、增加单仓周转效率。以一线城市的典型前置仓模型为例,可对前置仓模式的盈利能力加以测算。

核心假设:每单腐损成本控制在 2%;每单前置仓运营成本控制在 8 元;每单中心仓运营成本控制在 4 元;每单配送成本控制在 4 元;客单价、毛利均为券后;不考虑获客营销成本。参照以上假设,测算结果见图 8-7。

毛利率 客单价	18%	20%	22%	24%	26%	28%	30%	32%
50	-16.0%	-14.0%	-12.0%	-10.0%	-8.0%	-6.0%	-4.0%	-2.0%
55	-13.1%	-11.1%	-9.1%	-7.1%	-5.1%	-3.1%	-1.1%	0.9%
60	-10.7%	-8.7%	-6.7%	-4.7%	-2.7%	-0.7%	1.3%	3.3%
65	-8.6%	-6.6%	-4.6%	-2.6%	-0.6%	1.4%	3.4%	5.4%
70	-6.9%	-4.9%	-2.9%	-0.9%	1.1%	3.1%	5.1%	7.1%
75	-5.3%	-3.3%	-1.3%	0.7%	2.7%	4.7%	6.7%	8.7%
80	-4.0%	-2.0%	0.0%	2.0%	4.0%	6.0%	8.0%	10.0%
85	-2.8%	-0.8%	1.2%	3.2%	5.2%	7.2%	9.2%	11.2%
90	-1.8%	0.2%	2.2%	4.2%	6.2%	8.2%	10.2%	12.2%

图 8-7 前置仓模式营利性分析

资料来源:艾瑞咨询,36Kr,中金公司研究部。

通过图 8-7 的测算结果可得,如果引入日杂标品销售将毛利提升至 26% 水平以上,同时单价保持 70 元以上,前置仓模式将获得更好的盈利空间。在 SKU 中扩充日杂标品的过程中,通常选择线下社区零售业态相对落后的区域,同时需要在选址过程中满足 400~800 平方米的仓配面积要求。

三、"到家"+"到店"模式成本与收益分析[①]

"到家"+"到店"的仓店一体化模式,是在线下连锁经营的基础之上,同时利用线上化运营拓宽单店的经营半径来提升坪效和盈利的综合经营模式。盒马鲜生的店仓一体化模式满足了不同场景消费需求,创造了门店坪效优势。传统线下商超坪效 1 万~2 万元,而盒

---

① 中金公司行业研究报告——《线上生鲜市场,寒随一夜已将去,春逐五更似快来》。

马鲜生的经营坪效达到传统门店的3~4倍,由此加速生鲜电商盈利的步伐。生鲜电商在社区周边开设门店,以门店为中心服务周边1千米~3千米的用户,用户既可以到店消费,也可以在App下单后,平台提供1小时内送货到家服务,平台所开设的门店既开门营业,又承担线上仓储配送功能,如盒马鲜生、高鑫零售、谊品生鲜、7FRESH等。

选取仓店一体化模式中具有代表性的盒马鲜生、高鑫零售、谊品生鲜进行考察和对比,见图8-8。

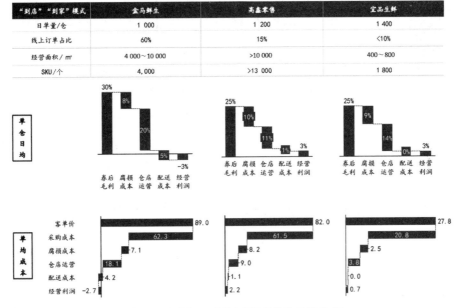

图8-8 "到店"+"到家"模式单位经济分析

资料来源:艾瑞咨询,36Kr,中金公司研究部。

通过图8-8的数据对比可以看到,"到家"+"到店"模式主要分为三种类型:一是以盒马鲜生、7FRESH、超级物种为代表的"新零售"模式为例。此类模式线上订单比例通常较高,以盒马鲜生,成熟店面的线上订单比例通常超过50%。二是以高鑫零售、永辉超市等为代表的传统大型商超,增加到店服务。此类大型商超零售通常具备经营面积大、SKU全等特性,且作为当前核心的生鲜线下销售主流渠道存在。三是以谊品生鲜为代表的新型生鲜中型店。此种模式通过在400~800平方米范围找到较优的产品市场契合点,更好地平衡了"SKU的丰富程度"与"商品周转效率"的问题。需要注意的是,对传统线下连锁生鲜超市的"到家"改造仍然具备较高的运营门槛,大部分线下零售连锁业态仍未实现线上化改造。当前行业竞争环境下,单纯将线下订单转化为线上订单,而不为门店创造增量收入,可能拖累线下生鲜业态的盈利能力。以典型的400~600平方米仓店为例,尝试模拟线上化订单比例的提升,以及订单量的变化对其盈利能力的影响。

核心假设:线下400~600平方米的迷你型生鲜店;不考虑线上获客成本;每单配送成本5元(配送距离3千米);线上订单单价为线下订单单价的75%;单店固定成本不变;店

内人员费用率保持 5%；腐损率控制在 9%。参照以上假设，测算结果见图 8-9。

线上化率 每日订单数	5%	10%	15%	20%	25%	30%	35%	40%
1,500	0.6%	-0.4%	-1.4%	-2.5%	-3.5%	-4.6%	-5.7%	-6.9%
1,700	1.7%	0.7%	-0.3%	-1.3%	-2.3%	-3.4%	-4.5%	-5.7%
1,900	2.6%	1.6%	0.7%	-0.4%	-1.4%	-2.5%	-3.6%	-4.7%
2,100	3.3%	2.4%	1.4%	0.4%	-0.6%	-1.7%	-2.8%	-3.9%
2,300	3.9%	3.0%	2.0%	1.0%	0.0%	-1.1%	-2.1%	-3.3%
2,500	4.4%	3.5%	2.5%	1.5%	0.5%	-0.5%	-1.6%	-2.7%
2,700	4.8%	3.9%	3.0%	2.0%	1.0%	-0.1%	-1.1%	-2.2%

图 8-9 迷你型生鲜店营利性分析

资料来源：艾瑞咨询，36kr，中金公司研究部。

通过图 8-9 的测算结果可以看到，线下生鲜连锁店的订单线上化面临盈利挑战，主要成本压力来自当前竞争环境下店家补贴的配送成本，以及店内增加的分拣、包装人员成本。情境模拟中，当订单线上化率从 0 增加到 20% 时，单店每日订单需要至少维持在 2 100 单，较当前 1 800 单的平均水平需要提升近 17%。

四、社区生鲜零售模式成本与效益分析[①]

（一）社区生鲜小店

中国封闭式高密度小区环境为社区生鲜小店业态提供了丰沃的生长土壤，居住在小区内部的消费者无须出小区，在家门口就能够到店挑选每日所需的生鲜食材，体验上更加贴近用户需求。而传统的大型生鲜超市无法直接复制原有经营模式的优势到社区小型店业态的连锁化经营中。不同社区之间消费者的消费习惯、品类需求等都存在较大差异。以社区为核心，消费者通过团长（一般为社区夫妻店）推荐或自行在电商 App/小程序下单，次日在团长处自提，如兴盛优选、美团优选、多多买菜等。

以"钱大妈"为代表的社区生鲜小店针对社区用户的需求做了更进一步的品类管理和营销策略。社区小店通常经营面积在 40~90 平方米。每个小店不仅发挥流量获取和生鲜销售的渠道作用，同时扮演消费者需求收集的"触手"角色，以及消费者的服务和运营角色。另外，过去几年间传统农贸市场的果蔬批发商、肉贩子大量转型进入小区开设社区生鲜小店。这些"夫妻老婆店"大部分持有 1~2 家门店，同时动员亲属参与小店经营管理。这些"夫妻老婆店"受到销售规模的限制，无法形成供应链的议价优势，且大多停留在低水平的

---

① 中金公司行业研究报告——《线上生鲜市场，寒随一夜已将去，春逐五更似快来》。

管理状态。长期来看,"夫妻老婆店"可能被阿里巴巴、美团、京东等巨头整合,完成类连锁化的转型。

选取社区生鲜小店具有代表性的"钱大妈"和一线城市主流社区的"夫妻老婆店"进行考察和对比,见图 8-10。

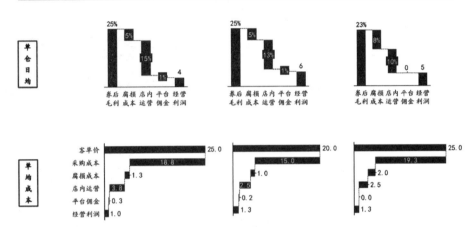

图 8-10　社区生鲜小店模式单位经济分析

资料来源:艾瑞咨询,36Kr,中金公司研究部。

由图 8-10 可知,成熟的"钱大妈"生鲜小店,在经营模式上通常具备以下特点。

一是主打"不卖隔夜肉"。一方面满足了华南用户对新鲜食材的苛刻要求和每日购菜的习惯;另一方面从肉、蛋品类切入,抓住所有社区的通用、高频需求,再做进一步的 SKU 精选和扩充。

二是加盟制扩张。截至 2021 年 10 月,"钱大妈"有 3 700 多家门店,大部分为加盟店。加盟模式帮忙"钱大妈"解决加速扩张和规模化生鲜采购的核心诉求,同时也最大限度激发了店主的主动经营诉求。

三是较高的生鲜周转效率。一方面,"钱大妈"所有门店从每晚 7 点开始对肉类等生鲜产品进行打折清仓;另一方面,门店的 SKU 基本控制在 200～300 以内,最大限度做到了生鲜产品的周转和坪效的利用。

整体来看,一方面,社区生鲜小店模式通过将零售终端打散到各个社区内部,经营杠杆和不确定性在每个小店被放大,要求小店较好地贴合社区消费者的需求;另一方面,国内不同区域之间的消费者需求存在较大差异,加大了社区生鲜小店模式的跨区域经营难度。例如"钱大妈"长期扎根华南地区,准确地把握了华南消费者每日购菜、追求新鲜的第一诉求,并针对性地设计了营销方案和经营模式。类似的方案并不一定完全契合华北市场消费者。

同时，超过 40 万元的加盟费用和优质的加盟店主寻找，都加大了模式的扩张难度。

（二）社区团购

社区团购是传统社交拼团电商在"线下社区"维度的模式创新，同时也是最有可能打开低线城市主流生鲜消费群体的"钥匙"之一。如图 8-11 所示，社区团购基于团长建群推广产品形成拼团，商家再组织商品的采购和配送，以预售的方式，实现集采集销。

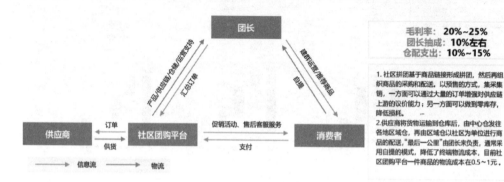

图 8-11　社区团购模式生鲜电商分析

资料来源：生鲜电商的典型模式：https://baijiahao.baidu.com/s?id=1678248511115584608&wfr=spider&for=pc.

对比其他生鲜电商模式，社区团购具备以下特点。

一是极致的"性价比"生鲜电商。社区电商主打"极致性价比"，切入中国大部分家庭日常生鲜消费核心需求。"性价比"优势通过以下两种方式实现：一是预售模式。通过小区微信群进行消费者订单的收集，提前向生鲜供应商下单，次日送达，将生鲜腐损率控制在 2% 左右。二是"爆品"逻辑。社区团购早期通常以爆品模式带量，团长只需要负责 8~10 个精品 SKU 的群内运营。后期再逐步扩充 SKU 规模，增加客单价。

二是下沉市场的渗透利器。国内下沉市场的生鲜电商一直渗透率较低，核心原因是下沉市场无法承受高昂的每单履约成本；另外，生鲜平台方也缺少更加轻量化的零售节点方案。社区团购通过小区"自提站"+"合约"式的平台雇佣关系，很好地解决了以上痛点。极致性价比定位也较好地契合了当前下沉市场消费者的真实消费需求。

三是供应链是核心竞争优势。兴盛优选品牌虽然于 2017 年注册成立，但其孵化主体芙蓉兴盛便利商超连锁品牌在湖南地区经营已有 10 余年，对上游供应链有成熟的合作关系和优势议价能力。供应链的优势帮助兴盛优选拥有更小的毛利成本。

社区团购的运营重心在于团长发现和激励机制，而团长激励的核心是月佣金收入水平。团长在理想情况下能够从平台获取每月 3 000~5 400 元的佣金收入，较好地匹配低线城市主流人群的收入范围，意味着经营社区团购业务能够为低线城市的团长赚取匹配自身收入水平的额外收入来源。在此基础上，社区团购具备在低线城市扩张的牢固基础。

在上述分析的基础上，总结比较传统生鲜零售模式及新零售模式的各项成本大小，结果见表 8-2。

表 8-2 传统生鲜零售模式及新零售模式的成本比较

成本	传统零售	纯电商	新零售 前置仓	新零售 到店+到家	新零售 社区团购
获客成本	—	√	√	√	√
仓储成本	√	√	√	√	√
店面费用	√	—	√	√	—
损耗成本	√	√	√	√	√
员工工资	√	√	√	√	√
配送成本	—	√	√	√	—
研发成本	√	√	√	√	√
营业成本	√	√	√	√	√

注：深色代表此类成本较大，浅色代表此类成本较小。

五、总结[①]

(一) 不同新零售模式成本效益特征

1. 前置仓模式：获客成本、大仓及末端仓配成本高

现如今，生鲜电商行业已进入更追求配送效率的生鲜到家时代，前置仓模式生鲜电商将商品前置到距离消费者更近的场景，提高了物流配送效率及体验，进而受到了资本市场的广泛关注。由表 8-2 可知，前置仓的成本主要集中在获客成本和仓储成本上，前置仓模式一般无线下门店，缺乏线下流量入口，线上 App 的客流量的获得成本就相比其他模式要大，需要较高的营销成本和高额补贴来引流获客，随后需要一定的方式如会员办理、定期折扣等维持该部分新增用户，客户的黏性和复购率不稳定，故有较大的获客成本。仓储成本作为所有新零售模式的重要成本之一，在所有成本中有较大的占比，主要体现在中心仓和各个前置小仓的投资建设成本，以及物流配送过程中的配送中心的仓储成本。

总体来看，前置仓模式需要高昂的成本投入和较长的回报周期。当下，前置仓模式还在不断地发展和迭代，能否实现成本端与收入端的平衡，找到盈利方式，从而获取正向的现金流，是前置仓模式能否成功跑通的关键。

前置仓模式仍处在促销拉新、培育用户习惯的过程，营销、履约费用高，部分平台往全品类方向转型。线下门店大多可以凭借门店位置自带一定客流，但线上生鲜电商无实体经营门店，前期需要投入资源进行营销，同时利用资本补贴形成价格优势，不断吸引用户，培育用户习惯。配送到家履约成本高。由于精选 SKU 且生鲜盈利能力较弱，有的生鲜平台已往全品类方向转型，以高毛利的食品杂百提升盈利。从商业模式的角度看，海内外可持

[①] 本部分内容选自：【中信证券商业研究】生鲜新业态专题——前端创新、后端探索，聚焦四大核心能力 https://www.sohu.com/a/319171133_769093。

续盈利的电商均为轻资产模式,其运营的核心是流量运营、消费者运营;自营模式更重商品运营,供应链、物流、配送等资本开支巨大,资金投入和管理能力存在边界,无法适应不断扩大的多元客群、多元商品与服务。纯线上的生鲜零售模式,采用"自营＋到家",业务垂直容易受到降维打击,拓展全品类供应链和库存管理难度激增。

2. 店仓一体模式:双线融合,门店密度和消费客群受限

店仓一体模式一般以2 000平方米以上的实体门店为基础,划出一部分面积作为前置仓。依托门店,到家业务商品品类齐全,易拉高客单价。上线初期,客源来自线下存量用户转化和新增年轻消费客群。以大润发-淘鲜达到家业务模型为例,履单费用在15元,在22.5%的毛利率下,客单价65元仍微亏。除天虹股份客单近200元、盒马鲜生在一线城市的客单较高外,生鲜到家业务的客单价集中在50～60元,财务口径、券后、损耗后毛利率普遍低于20%。

其缺陷在于门店密度有限,覆盖人群较窄,但盒马鲜生推出大规模铺设盒马邻里店,这一模式类似于社区团购,消费者可线上App或小程序下单、次日到店自提。这一模式有效弥补了仓店一体模式覆盖人群范围的问题;与此同时,由表8-2可知,相对于其他模式,该模式店面费用高昂,店铺的扩张和日常营运都需要背负较大的资金压力,成为典型的重资产营运模式。

3. 社区团购模式:以销定采,集中配送,损耗及终端物流成本低

社区团购模式生鲜电商即以微信为载体整合多个社区社群资源,形成由商家集中化管理运营的"预售＋团购"的电商平台。相较于其他模式生鲜电商,社区团购模式有以下三个特点:首先,社区团购模式由团长在微信群里推广团购产品,利用熟人关系链降低获客成本;其次,采用"以销定采"预售模式,做到零库存的同时降低损耗;最后,以小区为单位,集体发货,"最后一公里"通常采用用户自提的方式,节省物流成本及终端配送成本。近年来,在资本助推下,社区团购赛道异军突起,加之行业门槛较低,社区拼团平台如雨后春笋般涌现,同质化竞争越发激烈。2019年下半年开始陆陆续续洗牌,部分企业出现裁员、倒闭风波,另外有一部分企业通过合资并购来提高竞争力,行业竞争越发白热化。而对于社区团购平台来说,短期内考验的是对团长的掌控、跨地域扩张能力,长期来看比拼的是能够持续稳定提供高性价比产品的供应链与精细化运营的能力。

4. 平台到家模式:线下门店的流量入口,用户覆盖范围较广

平台到家模式生鲜电商属于轻资产运营的模式,平台方承担的大多数是网上引流和线下配送的角色,消费者下单后,众包送货员到附近商家取货,配送完成后,平台会抽取一定比例的佣金来盈利。平台到家模式生鲜电商的毛利率相对较低,但模式轻,平台入驻门槛相对较低,更容易快速实现商家接入规模化,并覆盖更多的用户。平台在扩大版图和辐射面积的同时,还需注意入驻商家的质量和履约效率。对于平台到家模式生鲜电商来说,长期发展还需通过提高商家留存比例和优化配送效率来提高用户的留存率和满意度。

（二）新零售商业模式核心能力分析

整体来看，通过不同生鲜电商模式的对比，我们看到新零售发展初步具备以下特征：第一，商业模式分化趋势明显，各细分赛道竞争格局相对明朗，"头部"玩家初步形成；第二，不同商业模式定位不同消费人群，满足消费者不同场景下的消费需求，存在较强的区隔化竞争态势；第三，当前阶段"头部"公司多选择自主"控货""控店"，自营配送，垂直一体化思路。

1. 生态引流，精准营销

（1）合理化生态引流。虽然部分商业模式本身线下门店因其物理属性（便利、可触达、可体验）而具有自带流量、流量具备一定黏性的特征，但自带流量不足以维持门店盈利及可持续增长，后期运营至关重要。相比而言，线上模式初期引流成本高于线下，新兴社交电商模式引流成本较低，传统中心化电商模式引流成本较高。

（2）营销方式与能力结合目标客群采用合适的营销方式。朴朴超市、叮咚买菜从区域市场起步、深耕，定位中端，目标客群为大众消费群体，消费者画像主要是家庭中主管一日三餐的父母、家庭主妇、保姆等，所以发展初期以线下地推、公交、车站、社区电梯等传统营销方式为主，背靠龙头，生态引流，精准营销；盒马鲜生依托阿里数据资源，在选址时对周边客群进行深度分析用以指导商品组合、营销规划；淘鲜达、支付宝等均是其流量来源。

2. 场景运营，平衡效率与费用

（1）到店门店的选址、店面的大小、装修、动线设计、商品陈列、人员配备、收银效率等均直接影响客户的到店体验，影响转化率、复购率等。

（2）对生鲜运营而言，损耗的管控至关重要，门店运营的精细和效率直接决定扣损后毛利率与门店人工费用率的高低。到家生鲜的典型场景为客户线上 App 下单，运营方以线下店为仓或以前置仓为起点，进行拣货、包装，由骑手配送至客户。配送时间一般设置为 30～60 分钟，配送半径普遍设置为 3 千米～5 千米。可与京东到家、美团等平台合作，将配送外部化，如永辉超市、大润发、步步高等；也可自行组建配送队伍，如朴朴超市；部分采用类自有模式，自行组建配送队伍，而骑手隶属于劳务公司。

（3）平衡效率与费用。骑手的薪酬普遍采用"底薪＋按单提成"的模式，每单提成在 5～8 元，骑手的日配送单量峰值在 70 单左右，常规状态下 30 分钟送达每趟配送单量上限在 4～5 单。盒马鲜生、叮咚买菜等不收取配送费、不设起送金额，大润发、天虹等根据订单金额、重量、距离等决定是否收取配送费及收取的金额。按每单配送成本 7 元、毛利率 20% 核算，不考虑其他履单费用，约 35 元的客单价毛利额可覆盖配送成本。离消费者越近、网点越密集、配备骑手越多，越能尽快送货到家，提高消费者满意度，进而提升转化率、复购率，但与此同时履约成本也将抬升。

3. 高效整合供应链，打通选品（定位、品类与 SKU、定价）-货源-库存-仓配全链条

对生鲜零售商而言，完整的供应链能力包括以下几方面。

（1）选品。其涵盖三个维度：首先在于定位，确定目标客群和商品档次，目前除盒马鲜

生、超级物种的定位为高阶中产外,其他生鲜创新业态的定位均为普通中产和中阶中产。其次是品类的广度和 SKU 的深度,生鲜传奇的品类较广,但每个品类一般不超过 3 个单品,好处是可选品种多、减少消费者的选择性困难;而广州的社区生鲜连锁对生鲜在特定品类上做的 SKU 更深。最后,定价,取决于采用低毛利、高周转的模式,还是通过爆款引流、特色与自有品牌赚取毛利等模式。

(2) 稳定、高质、低价的货源。其取决于:上游资源,如股东是否有生鲜源头采购资源或本身即是农林牧副渔类主体;买手团队的规模与能力;采购规模。

(3) 库存。自营模式下,库存管理能力决定了资金使用效率、ROE(净资产收益率)水平。

(4) 仓配能力。其涉及:运输,对社会化干线、冷链运输资源的整合能力;仓储,大仓即物流中心、分拣中心等的设立与运营,多温区、中央厨房等建设与运营,前置仓的设立与运营;终端配送的效率。

4. 全流程信息化降本提效

零售企业是人力密集、细节运营至关重要的行业,信息系统贯穿选址、选品、供应链、仓配、场景运营、消费者运营的全链条,直接决定着门店客流、线上流量、客单价、复购率等前端运营指标,缺货率、周转天数等后端运营指标,以及损耗、毛利率、人效、店效、净利率、ROE 等财务指标。信息系统的研发本身也是一项重要的资本开支。无论是传统零售商还是初创类生鲜零售商,其信息化能力水平各异,且与人员配置、资本投入并不简单正相关。传统及初创类生鲜零售龙头的信息化团队人员配置均在近千人的规模,相关支出均已达到每年 5 亿元以上的规模。

无论是传统的商超转型变革,还是初创类的企业不断进化,生鲜新业态、新模式是否能够可持续盈利,取决于四大核心能力的综合得分。各能力相辅相成、相互促进。综合来看,生鲜到家的模式距离持续盈利尚有距离,仍需持续探索、迭代。

【本章习题】

1. 试比较不同新零售模式成本效益特征。
2. 对比其他新零售模式,试详细分析社区团购的特点。

【即测即练】

第九章

新零售模式评价与未来展望

本章学习目标:
1. 熟悉新零售特点价值。
2. 了解新零售模式的瓶颈及存在的问题。

近年来,线上、线下融合的新零售模式得到了飞速发展,加速了中国乃至世界零售业的新变革,极大地影响和改变了人们的生产、消费方式。伴随着这一模式的日益普及,传统实体零售商发展线上渠道、传统电商发展线下渠道,商业模式过度模仿,大量资源盲目投放,导致利益主体间矛盾重重、恶性竞争严重,新零售这一新模式遇到前所未有的挑战。电商和实体零售均遭遇发展瓶颈,纷纷寻找新的市场机遇和发展空间。本章将首先阐述新零售模式的特点与价值,进而发掘出新零售在发展过程中的瓶颈与问题,最后提出相应对策建议以及对未来的展望。

第一节 新零售模式的特点与价值

一、新零售模式的特点

(一)渠道一体化

渠道一体化即多渠道深度协同融合成"全渠道",打通各类零售渠道终端,采用多渠道的方式销售商品,关键在于线上线下融合、前端后端打通。其中,交易的融合表现为:线上下单、线下取货,店内下单、现货自提,线下扫码、线上支付等;营销的融合表现为:线上积分线下兑换,线上报名线下体验等。

现今,通过新零售快速发展,城市消费者消费场所、场景的选择项目拓宽,无论是在线下实体门店、淘宝、天猫、京东等电商平台,还是在饿了么、美团外卖等网上订餐平台,都可以获得各种零售渠道。商家不仅要具备多种形式的线下门店,还必须开发多渠道的销售场景。不少商家已经能同时对接线上网店、微店,线下实体店、合作店、加盟店等,打通了各类零售渠道终端,实现数据深度融合,包括商品、会员、营销、订单、库存、仓储、财务、服务等大数据融合。

(二) 经营数字化

线上商业模式的目标就是一切在线,以数字化的方式将各种经营数据搬到线上,然后做到线上、线下融合,从而更好地服务于消费者。顾客信息的数字化,是最为重要的一个前提。只有实现顾客信息数字化,才能实现商品数字化、交易数字化、管理数字化以及商品数字化。利用技术手段构筑多种零售场景,沉淀商品、会员、营销、交易、服务等数据,为运营决策提供数据依据。只有零售基本要素数字化了,才能实现在线化经营、智能化管理。

全品类商品数字化通过 ERP 系统和 WMS(Warehouse Management System,仓库管理系统)实现,全营销交易数字化通过 OMS(Order Management System,订单管理系统)实现,而全服务数字化通过 O2O 系统实现。

经营数字化的结果就是,部分领域线上订单超过线下订单。线下订单属于存量市场,由于受到电商平台侵蚀,以及门店位置、面积、品类限制等因素,销量增长乏力。商家只有搭建线上平台后,与线下融合,如同城 30 分钟配送、次日达、定期送、快递送等方式,才能进一步方便顾客、拓宽消费群体。

(三) 门店智能化

门店智能化可以提高顾客互动体验和购物的效率,从而增加多维度的零售数据,再将这一数据运用到实际零售场景中,进一步提升经营效率和顾客体验感,形成良性循环。

在硬件配置上,实体店可铺设智能触屏、智能货架、电子价签、智能收银系统、人脸识别、客流统计、VR、直播等物联设备,增强卖场体验感,提升购物便捷性。

(四) 顾客社群化

新零售实现条件是顾客与商家有强关系,所以商家要努力把随机关系、弱关系顾客转化成强关系会员。顾客关系如图 9-1 所示。

新零售"人货场"重塑,强调"人"是第一位的,核心是以人为本,以消费者体验为核心,所以围绕"聚合人,整需求,增服务"。

通过商家现有商品及服务,让导购、网红、创客等建立强关系顾客圈,精准定位,用顾客画像挖掘潜在需求;利用顾客社交喜好传播分享,提升品牌知名度及复购率。[1]

图 9-1 顾客关系

---

[1] 遛店:新零售模式有哪些特征? http://baijiahao.baidu.com/s?id=1644822882934220491&wfr=spider&for=pc.

(五) 物流智能化

传统零售只能到店消费,现取现卖;纯粹的在线电商交易对商品的品种有限制,且快递的时效性差。而新零售要求顾客全天候、全渠道、全时段都能买到商品,并能实现到店自提、同城配送、快递配送等,这就提高了配送要求,需要对接第三方智能配送、物流体系,以此缩短配送周期、减少库存量。[①]

二、新零售模式的价值

(一) 新零售是"消费者驱动模式"

新零售是"消费者驱动模式",在消费者的选择和带动下,更易产生裂变价值。阿里巴巴曾提出,零售的本质是无时无刻地始终为消费者提供超出期望的"内容"。"互联网+"时代,消费者(用户)运营围绕产品,而新零售运营围绕消费者体验,重构"人、货、物"的场景化体验,将消费者驱动和数字化运营这两大策略应用得更完整、精准。以瑞幸咖啡为例,瑞幸咖啡在北京选择了公司内部和两个SOHO(小型家庭办公)商圈开店,分别通过微信、LBS门店定投广告和App裂变三种不同社交裂变营销[②]方法,得到市场的反馈;再在线下门店获取分析消费数据,得到价格定位、价格套餐组合、促销政策等关键决策数据。区别于传统电商的线下广告导流线上,瑞幸咖啡使用了"线上+线下"循环互哺的新零售策略,以及全数据化系统的运营和管理,使多场景流量超越传统门店的线下流量,实现低管理、低获客成本,有利于快速流量裂变。

在获取完真实消费需求和喜好之后,即可给消费者提供相关产品推介。和传统零售门店相比,线上技术的应用直接减掉了在场租和装修上的至少30%成本。[③] 持续地进行数字化运营和管理优化,从产品引导用户消费升级为消费者驱动消费模式。

(二) 实现市场价值升级

近10年来,市场关系和社区商业价值的每一次重塑,都能使企业的市场价值大幅升级。无论是传统零售还是电商,都应当遵循最基本的营销和市场规则,供应链效率等其他因素则依附于最基本规则。而新零售破局,就是对这一规则进行重塑,通过建立升级的市场关系和规则,用"新模式"解决内部商品配置、渠道、外部地域划分等老生常谈的问题。

例如,将服务业态重置:具有便捷、区域化等特性的社区商业,通过LBS的营销方式和数字化运营管理,用消费大数据的精准决策,对内可进行商品售卖、类目调整、货架摆放等

---

① 新零售有哪些特征:https://jingyan.baidu.com/article/295430f19d66b90c7e005037.html。
② 裂变营销指引导用户自发传播分享,并快速扩大用户数量的一种营销方式;App裂变通过App以老带新,获取新用户,扩大用户基数。
③ 如何搭上阿里、腾讯布局新零售的顺风车? https://www.sohu.com/a/230132186_555367。

场景体验问题的调整,对外可进行门店区域划分、渠道调配、物流运输等多种业务场景需求的重新配置。

最终,构建"定制化""精准决策型"的复合型社区商业产品。用全方位的场景升级,来满足不断增长的社区需求,并适应于消费者结构变化。

(三)打破转型壁垒,获得系统化的市场核心竞争力

传统零售和电商企业在转型升级时,会面临一个共同问题,即零售终端的业务能力已快速下滑。在早期"互联网+"的转型时代,企业和产品关注于线上产品本身的更新和用户体验。而现在,新零售让互联网企业回归线下,重新审视产品和市场的关系。市场营销是一个关联多种因素的综合体系,需要"线上+线下"结合多渠道数据共同整合和管理,企业需整合多渠道数据,才能打破转型壁垒,获得核心竞争力。

电商、O2O转型升级时,新零售的思维会迫使其关注物流体系的搭建和优化。而大型商超和连锁零售在转型升级时,则需首要实现全面数字化运营管理,注重线上的社交化营销裂变。

第二节 新零售发展的瓶颈和问题

一、新零售发展的瓶颈

(一)新零售发展的环境限制

线上、线下渠道的产品与服务不一致的问题普遍存在,缺少合理的监督机制,传统电商的发展已经到了难以逾越的"瓶颈期",无法克服消费体验感不强等先天短板,面临流量红利日渐萎缩等现实困境。与此同时,国家在政策上也开始积极引导实体零售企业拓展智能化和网络化的全渠道布局。随着新零售行业快速发展,政府关于新零售行业发展的法律法规建设和行业监督机制不健全、行业技术标准不一等问题尚存在。在政策层面,虽然产品及其物流信息可追溯工作方面的政策法律逐步出台,但还远远不够,并且也存在政策执行、管理、监督不到位的情况,这是新零售发展的严重障碍。

(二)新技术应用尚未在产业渗透

新技术是决定新零售与纯电商的本质区别,若新零售没有新技术的支撑,仅仅是互联网技术的延续,则只会沦为一个概念。通常,新技术从萌芽到成熟再到投入使用需要一定的周期。

电商之前的做法主要还是基于人工规则持续优化搜索的结果以及产品的呈现,这种比较被动的做法效果有限,而新零售则更多地使用了新技术或者新服务来强化用户体验,从

而获得更好的效果。比如基于大数据和人工智能的数据挖掘分析、个性化搜索和个性化推荐等,具备更加丰富的多媒体表现形式,如线上下单、限时送货上门的线上、线下融合服务等。所以说,新零售一方面是时代所需;另一方面是技术达到了一定阶段,呈现出更多种形态来推动新零售的发展。随着数据量不断积累、计算力不断提高,再加上网络存储能力的相应配套,人工智能、机器学习更快地处理数据,促使整个新零售的发展进程不断加快。

然而这些新技术尚未在各行各业中渗透到足够广的层次。比如,大数据具有海量的数据规模、快速的数据流转、多样的数据类型和价值密度低等特征,数据规模在获取、存储、管理、分析方面大大超出了传统数据库软件工具能力范围。收集和处理大数据有较高的技术壁垒,只有如阿里巴巴这样的"头部"企业才能自主从技术层面构建大数据网络系统,其余参与新零售的电商只能通过现有平台,利用拥有技术的公司提供的大数据服务。

对于期望通过新零售来破解电商时代困境的人来讲,他们并没有太多的时间和精力以及技术与资金去进行新零售技术的研发和布局,仅仅会继续用互联网技术去做新零售的落地。当新零售缺少新技术的支撑,它必然会落入电商的俗套里。

(三)供应链建设亟须加强

新零售并未对上游供应端产生太多影响,平台作用依旧明显。新零售之所以会对行业的发展有如此巨大的影响,其中一个很重要的原因在于它能够对上游的 B 端行业产生深度影响,改变传统行业的商品产出方式和供应方式,让商品与消费升级下的用户需求产生更加精准的对应。从这个逻辑看,如果新零售缺少了对于上游供应端的影响,一味地搭建平台,所谓的新零售只能变成一个商品与用户对接的平台,而无法给 B 端行业带来影响。这个时候的新零售其实与电商并未有太多本质区别,平台的作用依然明显。

从某种程度来讲,尚未对 B 端行业产生影响的新零售物种不能称为严格意义上的新零售。因为新零售最为基础的商业模式是 S2B(supply chain plat-form to business),而所谓的 S2B 就是要用新技术、新手段和新逻辑对 B 端行业产生深度影响。如果新零售脱离了对于 B 端行业的改造,那么所谓的新零售仅仅是获取流量的一个入口而已。因此,从当前新零售并未过多地对 B 端行业进行深度改变的现实来看,新零售并不新,仅仅是以获取流量为目的的电商思维的延续而已。

(四)用户体验需求需要细分与满足

新零售并未真正给用户体验带来颠覆性的改变,用户痛点依然存在。[①] 对于新零售产生的原因,很多人会将它归结为电商时代下的用户体验的下降。当用户不再追求快速、方便地购买到商品的时候,他们开始追求一种新的购物体验。这种新的购物体验是基于新零

---

① 例如,售后服务体验差,客服不能即时处理顾客需求;支付结算耗费时间长,影响消费体验;顾客与店家信息不对称,顾客的需求(如对商品品类、质量的要求)未能得到充分满足等。

售的体系所建构起来的,尽管当下有很多提升用户体验的新技术不断被应用,但是用户的购物体验与电商时代并没有很大的区别。当用户体验并没有因为新零售而得到改善和提升的时候,新零售只会变成一种概念和噱头,无法真正落地。无论是阿里巴巴的盒马鲜生还是京东的无人餐厅,都是在给用户带来新的体验,但是这些体验距离真正意义上的新零售还有很长的路要走。

资本被新零售概念所迷惑,新零售的落地又困难重重,无人货架、无人超市在经历了资本助推的狂热发展之后陷入困难。可见,当下新零售的发展模式还有待改进与提升。所谓的新零售必然需要进一步完善,才能真正演变成为一个能够给人们的生活带来颠覆性改变的存在。①

二、新零售存在的问题

(一) 线上、线下融合模式存在障碍与成本差异

新零售涉及线上平台和线下实体商业两类经营主体,在运营系统、营销策略以及商品布局等方面都存在差异,线上、线下合作的理想模式是线上、线下相互引流,线下实体店为顾客提供各种服务,弥补线上购物存在的缺陷。但是二者作为完全独立的运营主体,在融合过程中,容易出现渠道间产品、价格和物流等方面的冲突。

目前线上、线下融合的主要方式是,双方在会员、流量和价格方面实现互通,但是作为不同类型企业,都想实现各自利润最大化。因此需要综合考虑线上、线下投资收益比,即需要测度线上流量为线下企业带来的转化收益,以及线下企业能够在多大程度上解决线上平台遇到的瓶颈。线上、线下如何协调,实现双赢,将是线上、线下企业面临的共同问题。线上、线下融合模式加大了信息协同难度,对信息共享提出更高要求。线上、线下融合模式需要信息实时共享,包括在采购、订单、库存、结算、商品推广、消费者数据等多个领域实现信息传递,这对不同类型的企业进行合作提出更高要求,需要解决企业间信息流通速度缓慢、信息反馈滞后等问题;要求企业之间建立深层次信任关系,以信息技术为支撑,实现线上、线下企业,上下游企业之间的协同运营,并整合多渠道信息,使之为相关利益方服务,进而提高信息利用效率。

(二) 库存管理控制面临挑战

库存是商贸企业运营管理的重要内容,也是关系到企业成本控制的核心问题。尤其是线下企业面临房租重压情况下,很多商场不设库房或仅提供较小仓库以满足畅销品的需求,线上企业将其作为自提合作门店,在实际运营过程中面临很大问题。首先,线上、线下

---

① 巨头冷静,红利见顶的大败局里,新零售如何突破瓶颈? https://baijiahao.baidu.com/s? id=1626318806762202903&wfr=spider&for=pc.

企业面临的顾客群体有差异，投放的商品也有不同，价格亦存在差距，线下企业为线上提供库存时面临如何处理好与自身销售商品的协调难题，也涉及线下资源调配问题，即需要有统一协调机制，对线上、线下渠道进行职能和角色分配，由系统后台将订单信息与库存信息实时匹配，将所有库存实现全线可视化，并实现就近库存配送。这不仅对企业间供应链管理提出更高要求，而且对线下企业提出更大挑战——不仅要为现场顾客服务，还要为线上订单进行供应、解答线上消费者的各种疑问及售后服务等；一方面，对线上企业的运营管理能力提出挑战；另一方面，对线上企业是否可能与线下企业实行长期合作也提出疑问。其次，即使线上企业自身在线下开设实体店面，也将面临房租、人员以及库存等多方面压力，最终结果也与当前实体零售企业面临同样的窘境。因此，线上企业向线下延伸过程中，亟须进一步创新商业模式，而不仅仅是简单将流量引流，更多的是在线下打造新型消费场景，采用与传统线下企业不同的经营和体验方式，为消费者提供全新体验，才会有可持续性。

（三）物流配送和服务是短板

物流配送一直是网络零售面临的主要问题之一。近年来，大型电商平台纷纷加大物流设施投入，并采用各种先进设备和措施提高配送效率，在很大程度上缓解了电商在物流领域的短板。但在新零售模式中，由于线上、线下同时面向消费者，物流需求更加分散，批次频率增多，既有到店取货，也有线上配送，需要将不同渠道订单与物流配送统一调配，对线上、线下的配送协同提出更高要求，也对物流的快速反应能力及物流时限提出挑战，需要线上、线下融合进入信息共享、仓储物流共享的实质性合作阶段。①

（四）数据挖掘与分析能力需要提升

新零售通过大数据与商业逻辑的高度融合，实现以数据驱动决策。但对于大多数企业来说，数据难，数据分析更难。在数据基数有限的情况下，企业很难作出有效的决策。虽然在拥有海量数据的情况下，企业能利用数据分析出消费者过去的购买行为与动机，却很难预测消费者未来的购买行为与动机。要做到像阿里巴巴拥有积年累月的用户数据、成熟的数据获取渠道和数量众多的用户极其困难。

新零售任重而道远，但转型互联网却势在必行。在其他企业利用互联网做得风生水起的时候，如果连转型互联网都还没有做到，企业很难获得持续发展。②

（五）与消费者互动的体验场景化局面尚未广泛形成

消费场景化的实质，其实就是一种关系营销，区别于传统的只注重一次性买卖活动的传统交易营销，旨在为商家和消费者建立一种长久的战略合作关系。目前，新零售与消费

---

① "新零售"面临的挑战及对策建议：http://www.chinado.cn/?p=6497。
② 新零售优缺点分析，你能看懂几个？https://www.sohu.com/a/305457513_100157822。

者互动的体验场景化局面尚未广泛形成,服务创新并未随技术创新同步跟进,线上渠道的产品和服务无法与线下完全一致。同时,目前部分新零售企业的物流业务由第三方物流公司承担,消费者端往往不能获得较好的物流服务,购买体验感下降,导致顾客大量流失,从而影响企业经济效益。比如,有的商家有微信公众号,但消费者登录后却发现只是一个空架子,根本没有实质性内容,对购物帮助也不大。另外,也有的消费者在网上看到产品的照片很符合自己的要求,但购买后却大失所望,商家展示的图片与实物差别大、虚构好评等现象时有发生,导致许多消费者失望之余只好退货。

(六)存在用户局限性

从大环境来看,人们对于食品消费更倾向多样化,这就要求生鲜电商根据顾客的消费需要采取不同的制作方法使生鲜商品多样化,去满足消费者的需求。现今,中国零售行业消费群体以中青年为主,这类消费人群的消费理念超前,且消费过程更轻价格,重品质和体验,因此零售行业需要挖掘这一消费阶层的消费主张,通过调查年轻消费群体的行为习惯及观念等,进而制定贴合这一群体的消费服务,并且在考虑到获客成本的同时,对供应链进行微调。

第三节 对策建议及未来展望

新零售模式的目标是借助技术手段,为消费者提供满意的商品和服务,提高消费满意度。随着技术手段日趋成熟,企业间竞争激烈,不同企业提供的同一档次的商品品质和商品价格日趋接近,服务成为企业间差异化竞争的核心价值。因此,新零售模式在发展过程中,要将提升服务品质作为重要内容,模式创新以提升服务质量为目标,为消费者提供更好的消费体验,从而提升企业竞争力。

一、对策建议

(一)创造新零售发展必要的政策环境

中国网络零售在发展前期具有典型的"野蛮生长"特征,而后期随着其缺点的暴露,政府加大了鼓励和规范引导的力度,出台了一系列措施为其发展创造条件,对促进网络零售的健康发展起到了重要作用。新零售发展涉及的环节更多、接触面更广、技术标准更高,缺失必要的政策环境,其发展会受到很大限制,为此相关部门应秉持鼓励发展的态度,为新零售发展创造良好的环境,诸如在规划引导、税收优惠、技术标准、基础设施建设、行业规范发展等方面给予支持。但必须注意的是,应重视环境塑造和制度规范,尽量避免对行业的直接干预,同时还要打破各种行政壁垒,鼓励各类企业开展对新零售的实践探索。

(二)加快新技术落地,让新科技成为推动新零售发展的真正驱动力

虽然一直在强调新技术对于新零售的驱动作用,但是新技术真正落地到新零售具体应用过程当中还有很长的路要走。以现在一直都在强调的大数据、云计算和智能科技为例,虽然这些技术强调了很久,但是真正落地到具体应用层面的较少。只有加快新技术与新零售的融合,特别是加快以新技术为代表的新零售赋能方式的改变,新零售才会找到资本之外的驱动力,才能推动新零售更加长远的发展。以大数据技术为例,企业要善于利用大数据分析技术,根据顾客的历史行为和现实需求,动态地把握消费者行为和需求的发展变化,为其提供个性化甚至定制化的商品或者服务。同时,也有助于制定出更为切实可靠的市场战略,全面提升经营管理的效率。

(三)深度介入供给端,告别流量思维和平台逻辑

对于以消费互联网为代表的电商时代来讲,建构一个平台来聚拢流量的做法是非常必要且有效的;对于以产业互联网①为代表的新零售时代来讲,建构一个平台继续聚拢流量的做法只会把新零售的发展带入瓶颈期。

相对于消费互联网时代的海量用户,产业互联网时代并没有太多的流量可供聚拢,而且B(指企业端)端用户需要的不是与大S(指一个大的供应链的平台)的去中间化的对接,而是更加需要大S对B端用户进行更加深度的赋能,从而提升B端行业的产品供给效率,实现B端行业更加深度的改变。

(四)注重商品价值传递,充实服务内容

零售的本质是售卖商品及其附带的服务,而顾客在购买商品的过程中,不仅购买到商品的使用价值,而且也从销售商那里获得服务。零售企业是产品价值的直接传递者,为消费者提供令其信服的购买理由,并为消费者提供满足其需要的选择。因此,在新零售模式中,要将线上、线下功能进一步延伸,线上平台运用大数据分析为消费者精准推送其所需商品以及性价比组合,节约搜寻成本;线下实体店则通过现场服务为消费者提供更多消费场景,丰富消费体验,同时通过建立新型客户关系,关注顾客售后体验,对可能出现的各种产品问题给予指导,并给予及时补救,树立良好口碑,从而吸引顾客重复购买,提高顾客黏性。

(五)以智慧物流为支撑,为消费者提供全方位服务

在新零售模式下,物流发挥着至关重要的作用,但是面临着库存调配和渠道整合等问题。因此,为提高物流服务能力,应着力提高物流供应链管理水平,建立智慧物流体系,将

---

① 产业互联网是一种新的经济形态,是基于互联网技术和生态,对各个垂直产业的产业链和内部的价值链进行重塑和改造,从而形成的互联网生态和形态。

大数据、人工智能和云计算应用到仓储物流管理中,实现预测性调拨,使跨区域、跨品类、跨场景的综合性物流配送成为可能。同时,运用智能技术将不同渠道信息进行整合,将不同渠道的产品、价格、种类、数量等多个模块进行组合,将信息流与物流相结合,实现线上、线下信息同步共享,并针对物流配送末端环节进行改造整合,利用数据分析来优化物流系统资源配置,为用户群体提供与其相匹配的配送方式,使物流服务内容精准化,实现线上、线下渠道无缝化对接,从而提高综合服务能力。

(六)扩大用户群体覆盖范围

面对用户群体存在局限性的问题,新零售企业应该积极增加用户数量。随着新零售生鲜门店数量逐渐增多,企业需要更大的消费者覆盖面,从中了解市场反馈信息。可以通过线上 App、线上店铺、微信小程序进行促销吸引新用户注册消费,线下门店促销挖掘周边潜在客户群,同时还可以与阿里巴巴、拼多多、京东等大型电商平台合作进行联合推广,通过对接客户群体、平台对流等方式,多元化促销吸引更多的消费者,进一步扩大用户群体覆盖范围。

二、未来展望

(一)线上、线下融合

随着新零售模式的逐步落地,线上和线下将从以前的相对独立、冲突逐渐转化为相互融合、促进,其关键在于使线上的互联网力量和线下的实体店终端形成真正的结合,从而完成电商平台和实体零售店面的融合升级,电子商务的表现形式和商业模式也会发生根本性的转变。

(二)精准定位

基于大数据海量数据和分析技术的支持,零售企业可以对客户进行群体细分,精准地定位用户群体,然后了解这个用户群体的具体需求,根据需求来设定不同的消费场景体验,这样才能真正地做到了解用户,将新零售平台和用户紧密地结合在一起,为未来的发展抢占先机。

(三)强化用户体验

在互联网时代快速发展的背景下,消费者自我意识更强,特别是在我国居民人均可支配收入不断提高的情况下,人们对消费的关注点已经不再仅仅局限于价格等方面,而是更多地注重对消费过程的体验。因此,探索运用新零售模式来升级消费购物体验,推进消费购物方式的变革,构建零售业的全渠道生态格局,将会成为企业实现创新发展的重要途径。

(四)与科技进一步融合

随着互联网、云计算、大数据、人工智能等新技术的不断发展,零售行业对商品的生产到消费,都能够实现有效的监控,零售商得以实现对于商品生产的控制和零库存的经营。这种变化对零售行业起到了减负的作用,将直接推动行业的高速发展。新零售通过线上、线下的不断融合,可以将线上流量转到线下店铺,增加用户活跃度,给线下店铺提供新的发展动力,消费者也将得到更加专业的服务、更加优质的产品。企业需要借助互联网时代的传播能力、数据力量、社交化等商业特征营造一个全新的零售业态。总之,新零售给整个零售行业都会带来一次革命性的改变。

当传统零售企业还未能觉察到电子商务对整个商业生态圈所可能产生的颠覆性作用之时,以淘宝、京东等为代表的电子商务平台却已破土而出,电子商务发展到今天,已经占据中国零售市场主导地位。随着新零售模式的逐步落地,线上和线下将从原来的相对独立、相互冲突逐渐转化为互相促进、彼此融合,电子商务的表现形式和商业路径必定会发生根本性的转变。当所有实体零售都具有明显的"电商"基因特征之时,传统意义上的"电商"将不复存在,电子商务给实体经济带来的严重冲击也将成为历史。

【本章习题】

1. 根据你对新零售的理解,总结新零售模式的特点。
2. 新零售模式的发展加速了零售业的新变革,极大地影响了人们的生产和消费方式,你认为新零售模式的价值体现在哪些方面?

【即测即练】

参 考 文 献

[1] 王宝义."新零售"的本质、成因及实践动向[J].中国流通经济,2017,31(7):3-11.
[2] 黄琪.信息不对称与市场效率的关系研究[D].济南:山东大学,2014.
[3] 程艳,贺亮.内生交易费用与流通成本的变动——兼论互联网平台交易费用内生性路径[J].治理研究,2021,37(2):102-109.
[4] 宋宇,张美云.小农与合作经济理论:马克思经济学与西方经济学的比较[J].经济纵横,2020(4):44-52.
[5] 高鸿业.西方经济学(微观部分)[M].5版.北京:中国人民大学出版社,2011.
[6] 刘玲.我国蔬菜价格波动特征与传导机制研究[D].泰安:山东农业大学,2017.
[7] 刘哲.小宗农产品价格波动机制与影响因素仿真研究——以大蒜产品为例[J].价格理论与实践,2018(1):94-97.
[8] 崔丽梅,龙勇.基于蛛网模型的花卉拍卖中价格与供应量波动研究[J].安徽农业科学,2011(22):13724-13730,13741.
[9] 左两军,蔡键,谭砚文.供应链结构对猪肉价格波动的影响:基于"牛鞭效应"视角的探讨[J].南方农村,2016,32(1):36-45.
[10] 马丽莎,马燕.分散型供应链中"双重边际效应"协调策略研究[J].现代物流与采购,2016(11):34-35.
[11] 吴向向.基于大数据理论的供应链需求管理研究[D].北京:北京建筑大学,2017.
[12] 祁峰,冯梦龙.完善农产品供应链促进农村经济发展研究[J].理论探讨,2020(4):101-107.
[13] 但斌,吴胜男,王磊.生鲜农产品供应链"互联网+"农消对接实现路径——基于信任共同体构建视角的多案例研究[J].南开管理评论,2021,24(3):81-93.
[14] 蒋亚萍,任晓韵.从"零售之轮"理论看新零售的产生动因及发展策略[J].经济论坛,2017(1):99-101.
[15] 张小英.新"零售之轮"视角下新零售特征及发展路径——以广东省广州市为例[J].商业经济研究,2021(5):20-25.
[16] 梁莹莹.基于"新零售之轮"理论的中国"新零售"产生与发展研究[J].当代经济管理,2017,39(9):6-11.
[17] 洪涛.我国农产品流通70年发展报告[J].商业经济研究,2019(21):2,190-193.
[18] 杜睿云,王宝义.新零售:研究述评及展望[J].企业经济,2020(8):128-135.
[19] 李曼.生鲜农产品供应链内在矛盾及其优化途径[J].中国流通经济,2017(31):46-54.
[20] 徐静,姚冠新.基于供应链视角的生鲜农产品有效供给保障研究[M].镇江:江苏大学出版社,2017.
[21] 王柯梦,王数.生鲜农产品供应链发展的影响因素分析[J].管理工程师,2018,23(2):35-41.
[22] 石岿然,孙玉玲.生鲜农产品供应链流通模式[J].中国流通经济,2017,31(1):57-64.
[23] 李亚丽.美国、日本农产品供应链管理模式及经验借鉴[J].江苏农业科学,2014,42(7):440-442.
[24] 陈秀兰,章政,张喜才.中国农产品批发市场提档升级的模式与路径研究——基于世界农产品批发市场五大通行原则的经验借鉴[J].中国流通经济,2019,33(2):30-37.
[25] 王晓华,尤兰阳.美国、荷兰和日本鲜活农产品供应链管理及其启示[J].世界农业,2015(5):38-43.
[26] 丁静,王苗苗.互联网背景下生鲜农产品供应链模式创新及协同机制[J].河北农业大学学报(社会科学版),2020,22(1):50-54.
[27] 杨韵.基于"新零售"的生鲜农产品电商供应链模式研究[J].现代商业,2019(16):35-37.
[28] 林冠颖.基于"新零售"的生鲜农产品供应链整合研究[J].现代农业研究,2019(9):139-140.
[29] 王晓宇,刘晓萌."新零售"视角下生鲜农产品供应链模式优化研究[J].新乡学院学报,2019,36(7):

19-23.
[30] 但斌,郑开维,邵兵家.基于消费众筹的"互联网+"生鲜农产品供应链预售模式研究[J].农村经济,2017(2):83-88.
[31] 赵哲."新零售"背景下的农产品供应链发展研究[J].中国市场,2018(3):31,33.
[32] 朱静雅,于渝飞."盒马鲜生"供应链双线协同研究[J].现代商贸工业,2018,39(21):117-118.
[33] 常冬雨.农产品流通供应链风险网络形成与防范控制策略[J].商业经济研究,2019(17):127-130.
[34] 王文利,郭娜.考虑道德风险下订单农业供应链融资策略[J].系统管理学报,2020,29(1):128.
[35] 张成,廖吉林.农产品供应链风险识别与控制实证研究[J].物流科技,2019,42(7):145-150.
[36] 龚雪俊.新零售下盒马鲜生的供应链管理探究[J].广西质量监督导报,2019(6):219-220.
[37] 莱桑斯.采购与供应链管理[M].北京:电子工业出版社,2007.
[38] 宋玉卿,沈小静,杨丽.采购管理[M].北京:中国财富出版社,2018.
[39] 沈小静.采购供应管理[M].北京:北京大学出版社,2016.
[40] 汉菲尔德,特伦特.采购与供应链管理[M].北京:电子工业出版社,2008.
[41] 周洁红,许莹.农产品供应链与物流管理[M].杭州:浙江大学出版社,2017.
[42] 花永剑.基于产业集群的农产品供应链优化研究[M].杭州:浙江大学出版社,2011.
[43] 徐振宇.中国鲜活农产品流通体系演化研究[M].北京:经济科学出版社,2014.
[44] 黄彬红.农超对接模式和实践探索[M].杭州:浙江大学出版社,2013.
[45] 杨敏.鲜活农产品流通协同创新策略[M].杭州:浙江大学出版社,2013.
[46] 陈香玉,陈俊红,张慧智.北京市"菜篮子"外埠基地建设现状、问题与对策分析[J].北方园艺,2021(2):159-164.
[47] 蒋丽君."新零售"风口下农产品供应链演变与协调机制创新[J].商业经济研究,2019(2):105-107.
[48] 赵树梅,徐晓红."新零售"的含义、模式及发展路径[J].中国流通经济,2017,31(5):12-20.
[49] 苏宗荣.新零售下麦德龙生鲜产品采购管理优化研究[D].徐州:中国矿业大学,2019.
[50] 陈国军,王国恩."新零售"环境下"盒马村"经济模式初探[J].农业经济问题,2020(7):14-24.
[51] 伦墨华.生鲜农产品电子商务供应链采购管理研究——以美菜网自营生鲜农产品供应为例[J].全国流通经济,2019(31):12-13.
[52] 郭泉,贺光辉,吴多康.零售商主导的流通供应链商业模式创新——基于"新零售"背景[J].商业经济研究,2019(12):5-8.
[53] 吴秀明.OPM战略、营运资本与企业价值[J].财会通讯,2020(8):80-83.
[54] 李佳润.生鲜超市供应商选择评价与对策研究[D].大连:大连交通大学,2018.
[55] 王亚赛.生鲜供应商选择与评价[J].物流工程与管理,2016,38(7):175-176.
[56] 王云.连锁超市农产品流通与采购优化探讨——基于连锁超市农产品中央采购项目实施的分析[J].中国流通经济,2011,25(9):22-27.
[57] 李佳洁,李楠,任雅楠,等.新《食品安全法》对《农产品质量安全法》修订的启示[J].食品科学,2016,37(15):283-288.
[58] 刘峻岐.有机食品与无公害食品、绿色食品之间的区别[J].黑龙江科技信息,2015(17):128.
[59] 肖文晖.常见食品安全认证知识解读[J].食品安全导刊,2019(13):60-61.
[60] 高鸣,迟亮,宋洪远.发达国家保障农产品质量安全的经验与启示[J].农业现代化研究,2018,39(5):725-733.
[61] 陈松.中国农产品质量安全追溯管理模式研究[D].北京:中国农业科学院,2013.
[62] 韩星,李学工.中国农产品安全追溯系统建设成就及未来发展建议[J].农业展望,2014,10(6):74-79.
[63] 张驰,张晓东,王登位,等.农产品质量安全可追溯研究进展[J].中国农业科技导报,2017,19(1):18-28.
[64] 杨玲.中国农产品质量安全追溯体系建设现状与发展对策[J].世界农业,2012(8):105-107,112.

[65] 苗子.电子商务时代下生鲜农产品质量安全研究——基于物流保障的视角[D].武汉:武汉轻工大学,2018.
[66] 胡祥培,王明征,王子卓,等.线上线下融合的新零售模式运营管理研究现状与展望[J].系统工程理论与实践,2020,40(8):2023-2036.
[67] 张红霞.核心企业主导的食品供应链质量安全风险控制研究[D].北京:中国农业大学,2014.
[68] 周升学,吴哲.我国第三方支付行业发展历程及趋势展望[J].商业经济研究,2021(21):190-192.
[69] 谢琳,卢建军.电子商务中第三方电子支付平台分析[J].计算机应用研究,2003(12):149-151.
[70] 方翔.网络支付相关市场界定困境纾解[J].北京理工大学学报(社会科学版),2021,23(4):145-153.
[71] 李平,余运伟,陈林.第三方支付研究综述[J].电子科技大学报(社科版),2016(6):39-44,98.
[72] 任曙明,张静,赵立强.第三方支付产业的内涵、特征与分类[J].商业研究,2013,(3):96-101.
[73] 王磊.第三方支付平台监管:进展、问题与完善建议[J].价格理论与实践,2021(8):28-34.
[74] 张红梅.从支付宝看第三方支付的盈利模式[J].经济研究导刊,2013(30):155-157,190.
[75] 钱凯凯,蒋秀.从支付宝微信支付看第三方支付的盈利模式[J].商场现代化,2016(30):77-78.
[76] 宋华.互联网供应链金融[M].北京:中国人民大学出版社,2017.
[77] 唐建民,周瑶.基于第三方支付的供应链金融服务创新及其运作模式初探[J].商业经济研究.2015(28):80-81.
[78] 姚行洲,赵红梅,闪茜.基于"新零售"的新型生鲜农产品物流配送模式研究[J].商业经济研究,2020(15):125-127.
[79] 郑其明,窦亚芹,郑明轩."新零售"背景下智慧物流治理策略探讨[J].铁道运输与经济,2020,42(4):12-17.
[80] 贾曦.食品冷链物流系统化管理研究[J].肉类研究,2020,34(7):100.
[81] 黄星.冷链物流对农产品流通业转型升级的影响及思路[J].商业经济研究,2020(12):101-103.
[82] 姜明君,刘永悦,胡津瑞,等.基于大数据技术的农产品冷链智慧物流信息平台构建[J].国际公关,2020(11):240-241,380.
[83] 汪旭晖,张其林.基于物联网的生鲜农产品冷链物流体系构建:框架、机理与路径[J].南京农业大学学报(社会科学版),2016,16(1):31-41,163.
[84] 曾定茜,佟明亮.生鲜电商供应链能力整合与提升研究[J].商业经济研究,2020(18):105-108.
[85] 刘阳阳.大数据驱动生鲜农产品供应链模式创新与运作优化[J].商业经济研究,2020(16):150-152.
[86] 梅宝林.生鲜农产品"智能"供应链运作模式探讨[J].商业经济研究,2021(1):134-138.
[87] 王晓丹,沈思强.大数据在水果冷链供应链中的应用[J].中国果树,2021(1):100-103.
[88] 张喜才,李海玲.基于大数据的农产品现代冷链物流发展模式研究[J].科技管理研究,2020,40(7):234-240.
[89] 汪旭晖.新时代的"新零售":数字经济浪潮下的电商转型升级趋势[J].北京工商大学学报(社会科学版),2020,35(5):38-45.
[90] 马晨,王东阳.新零售时代电子商务推动农产品流通体系转型升级的机理研究及实施路径[J].科技管理研究,2019,39(1):197-204.
[91] 杨怡玲.基于"新零售"背景下促进农产品供应链发展的策略分析[J].全国流通经济,2018(13):3-4.
[92] 贾康,程瑜,张鹏.中国大型零售业现状、趋势及行业发展战略设想[J].经济研究参考,2017(46):3-30,45.
[93] 姜侯,杨雅萍,孙九林.农业大数据研究与应用[J].农业大数据学报,2019,1(1):5-15.
[94] 殷浩栋,霍鹏,汪三贵.农业农村数字化转型:现实表征、影响机理与推进策略[J].改革,2020(12):48-56.

[95] 但斌,刘墨林,邵兵家,等."互联网+"生鲜农产品供应链的产品服务融合商业模式[J].商业经济与管理,2017(9):5-14.

[96] 南农.数字化是现代农业建设的主攻方向[J].南方农机,2020,51(17):6.

[97] 阮俊虎,刘天军,冯晓春,等.数字农业运营管理:关键问题、理论方法与示范工程[J].管理世界,2020,36(8):222-233.

[98] 吴晓晖."新零售"模式下的农产品之路[J].营销界,2021(30):1-2.

[99] 黄媛."后疫情"时期农产品电商数字化转型研究[J].山西能源学院学报,2020,33(6):61-63.

[100] 黄杰.面向消费升级的新零售商业模式创新[J].商业经济研究,2019(10):37-39.

[101] 王晓锋.重构零售:新零售时代企业生存法则与经营实践[M].杭州:浙江大学出版社,2018.

[102] 苏东风."三新"视角的"新零售"内涵、支撑理论与发展趋势[J].中国流通经济,2017,31(9):16-21.

[103] 王晓锋,张永强,吴笑一.零售4.0时代[M].北京:中信出版社.2015.

[104] 肖静华,谢康,吴瑶.数据驱动的产品适应性创新——数字经济的创新逻辑(一)[J].北京交通大学学报(社会科学版),2020,19(1):7-18.

[105] 王正沛,李国鑫.消费体验视角下新零售演化发展逻辑研究[J].管理学报,2019,16(3):333-342.

[106] 陈琳,雷静,李凤,李敏.新兴信息技术背景下生鲜新零售模式解析——以盒马鲜生为例[J].价值工程,2019,38(26):201-202.

[107] 邰熙雅.我国新零售商业企业的融资效率及影响因素分析[D].上海:东华大学,2019.

[108] 龚雪.产业融合背景下零售业演化与创新研究[D].成都:西南财经大学,2014.

[109] 齐永智.消费需求驱动的多渠道零售对顾客忠诚影响研究[D].北京:首都经济贸易大学,2017.

[110] 王媛媛."互联网+"背景下零售企业盈利模式研究——以永辉超市为例[J].财务与金融,2020(5):48-52.

[111] 霍红,吕爽,吴绒."互联网+"环境下生鲜电商商业模式的比较[J].北方园艺,2017(22):174-179.

[112] 于胜男.基于商业模式的生鲜行业初创企业投资价值研究——以盒马鲜生为例[D].哈尔滨:哈尔滨商业大学,2019.

[113] 陈雅.从"盒马鲜生"谈新零售生鲜卖场的经营困境和对策[J].中国商论,2019(22):3-4.

[114] 刘飞.新零售背景下永辉超市盈利模式及其财务评价研究[D].石家庄:河北经贸大学,2020.

[115] 胡健歆,陈喜文.新零售背景下生鲜业态发展的阻碍及突破——以盒马鲜生与超级物种为例[J].商业经济研究,2020(5):108-111.

[116] 邢惠淳."新零售"背景下生鲜电商商业模式比较分析——以盒马鲜生和每日优鲜为例[J].商业经济研究,2019(4):85-87.

[117] 张艳,王秦,张苏雁.互联网背景下零售商业模式创新发展路径的实践与经验——基于阿里巴巴的案例分析[J].当代经济管理,2020,42(12):16-22.

[118] 单良.盒马鲜生"新零售"商业模式创新及对策建议——基于Osterwalder模型[J].商业经济研究,2019(13):104-106.

[119] 王宝义,邱兆林.新零售迭代创新的理论分析与原型观照[J].当代经济管理,2020(8):10-17.

[120] 李其然.永辉超市新零售模式的绩效研究[D].南昌:南昌大学,2020.

[121] 范辰,张琼思,陈一鸣.新零售渠道整合下生鲜供应链的定价与协调策略[J].中国管理科学,2022,30(2):118-126.

[122] 张帆.新零售模式下的零售边界与零售创新[J].商业经济研究,2018(14):30-32.

[123] 赵树梅,门瑞雪."新零售"背景下的"新物流"[J].中国流通经济,2019,33(3):40-49.

[124] 赵树梅,徐晓红."新零售"的含义、模式及发展路径[J].中国流通经济,2017,31(5):12-20.

[125] 杜睿云,蒋侃.新零售:内涵、发展动因与关键问题[J].价格理论与实践,2017(2):139-141.

[126] 刘明朝,陈义梅.新零售模式下生鲜电商企业的物流成本管控[J].财会月刊,2020(S1):94-98.

[127] 徐凌峰.新零售未来发展趋势展望[J].新农业,2019(20):12-13.

[128] ARNOLD M J,REYNOLDS K E. Hedonic shopping motivations[J]. Journal of retailing,2003,79(2):77-95.

[129] COASE R H. The nature of the firm[J]. Economica,1937,4(16):386-405.

[130] OUYANG Y, LI X. The bullwhip effect in supply chain networks[J]. European journal of operational research,2010,201(3):799-810.

[131] SPENGLER J J. Vertical integration and antitrust policy[J]. Journal of political economy,1950(4):347-352.

[132] RINTAMÄKI T,KANTO A,KUUSELA H,et al. Decomposing the value of department store shopping into utilitarian,hedonic and social dimensions—evidence from Finland[J]. International journal of retail & distribution management,2006,34(1):6-24.

[133] WILLIAMSON O E. The Economic institutions of capitalism [M]. New York:The Free Press,1985.

教师服务

感谢您选用清华大学出版社的教材！为了更好地服务教学，我们为授课教师提供本书的教学辅助资源，以及本学科重点教材信息。请您扫码获取。

▶ 教辅获取

本书教辅资源，授课教师扫码获取

▶ 样书赠送

企业管理类重点教材，教师扫码获取样书

 清华大学出版社

E-mail：tupfuwu@163.com
电话：010-83470332 / 83470142
地址：北京市海淀区双清路学研大厦 B 座 509

网址：http://www.tup.com.cn/
传真：8610-83470107
邮编：100084